Leanne Payne
DICH WILL ICH HÖREN, HERR

Leanne Payne

Dich will ich hören, Herr

Wie man durch das Führen
eines Gebetstagebuches
das leise Reden Gottes besser versteht

Projektion J

Titel der Originalausgabe:
Listening Prayer

© 1994 by Leanne Payne
Published by Baker Book House,
Grand Rapids, MI 49506, USA

© 1995 der deutschen Ausgabe
by Projektion J Verlag, Wiesbaden
© 2001 by Gerth Medien GmbH, Asslar
3. Auflage 2001

ISBN 3-89490-091-1

Die Bibelstellen wurden der Einheitsübersetzung entnommen.

Übersetzung: Ulrike Becker
Umschlaggestaltung: Jäger & Waibel
Satz: Projektion J Verlag
Druck: Schönbach-Druck GmbH, Erzhausen

WIDMUNG

Für Sara,
die sich mit Mut für die Wahrheit
eingesetzt hat und
von Christus ermuntert wurde,
ein Pionier zu sein,
der für geliebte Menschen
Wege zur Wahrheit und zur Freiheit erobert.

»So spricht der Herr, der die Erde erschaffen, sie geformt und fest gegründet hat, Jahwe ist sein Name: Rufe zu mir, so will ich dir antworten und dir große, unfaßbare Dinge mitteilen, die du nicht kennst« (Jer 33,2-3).

»Meine Schafe hören auf meine Stimme; ich kenne sie, und sie folgen mir. Ich gebe ihnen ewiges Leben. Sie werden niemals zugrunde gehen, und niemand wird sie meiner Hand entreißen. Mein Vater, der sie mir gab, ist größer als alle, und niemand kann sie der Hand meines Vaters entreißen. Nach anderen Textzeugen: Was mein Vater mir gegeben hat, ist größer als alles, und niemand kann es der Hand meines Vaters entreißen. Ich und der Vater sind eins« (Joh 10,27-30).

Das Gebet, das allen Gebeten vorangehen muß, lautet:
»Möchte das wirkliche Ich sprechen.
Möchte ich das wirkliche Du anreden.«

C. S. Lewis, (»Du fragst mich, wie ich bete«)

INHALT

DANK

Meine Gebetspartner in Milwaukee – Lucy Smith, Connie Boerner und Patsy Casey – waren die ersten, denen ich darüber berichtete, wie ich mein Gebetstagebuch führe. Seitdem haben sie mich ermutigt, auch anderen eine »Gebrauchsanweisung« für ein solches Gebetstagebuch zu geben. Als ich mit dem Schreiben begonnen hatte, beteten diese Frauen nicht nur für das entstehende Buch, sondern auch für die Menschen, die es schließlich lesen würden! Aus diesem Grund und aus vielen anderen Gründen, zu viele, als daß ich sie alle aufzählen könnte, danke ich diesen wertvollen Menschen.

Während ich schrieb, haben Revs. William und Anne Beasley, Mario Bergner, Rev. Conlee und Signa Bodishbaugh, John Fawcett und Valerie McIntyre für mich gebetet und haben mir oft die schwere Last von den Schultern genommen und mich auf jede nur erdenkliche Art ermuntert. Ihre Vision und ihre Begeisterung für dieses Buch haben mich in der langen Entstehungszeit dieses Werkes immer gestärkt und gesegnet. Dr. Jeffrey Burke Satinover war für mich ein besonderer Segen in dieser Zeit; das Licht Christi, das in seiner liebevollen Art sichtbar wurde, hat mich über alles Verstehen hinaus ermutigt.

Gleiches gilt für die Mitglieder von *Pastoral Care Ministries*, die mir jeder auf seine eigene Weise in vielem geholfen haben. Obwohl wir inzwischen über die ganzen Vereinigten Staaten und auf fast alle Kontinente dieser Erde verstreut sind, bleiben wir über Fax und Telefon miteinander in Verbindung, um füreinander zu beten und uns gegenseitig zu stärken. Für jeden dieser Menschen bin ich von Herzen dankbar.

Mein besonderer Dank gilt Stephen Griffith, der die Idee zu *Hamewith Imprint* hatte und diese bei *Baker Book House* verwirklichte, und Amy Boucher, die nicht nur genau die richtige Lektorin für dieses Buch war, sondern zu meiner großen Freude auch in den Gebetsdienst eingestiegen ist, zu dem Gott uns berufen hat.

VORWORT

Dieses Jahr wachte ich zu Weihnachten schon früh auf, holte mir eine erste Tasse Kaffee und begab mich voller Erwartung ins Gebet. Es ist an jedem Tag entscheidend wichtig, daß wir mit Gott reden und auf ihn hören, doch an den wichtigen Feiertagen wie Weihnachten und in Zeiten des Neubeginns wie am Neujahrstag oder an Geburtstagen ist es besonders bedeutsam. Ein Tagebuch zu führen, das dieser ungeheuer wichtigen Aktivität Gestalt und Richtung gibt, scheint an solchen besonderen Tagen noch bereichernder, falls das überhaupt noch möglich ist.

Kurz vor fünf Uhr wachte ich auf, bereit zu beten und Gott zu den Klängen einiger der herrlichsten Lieder zu loben, die je geschrieben wurden: den Weihnachtsliedern des Kirchengesangbuchs, die eine Kirche widerspiegeln, die ganz unter dem ehrfurchtgebietenden Eindruck der Inkarnation steht. An diesem Morgen jedoch fühlte ich mich lustlos und träge. Und auch der Kaffee half nicht.

Das hätte mir etwas ausmachen können. Ich hätte mich auf eine mühsame Gebetszeit einstellen können, und dann wäre mein Weihnachtstag um einiges ärmer gewesen, als er sein sollte. Ich hätte mich dazu verführen lassen können, die Situation falsch zu deuten, geistlich überzubewerten und mich schuldig zu fühlen. Oder ich hätte versucht sein können, meine Schwerfälligkeit einfach der Tatsache zuzuschreiben, daß ich älter werde! Gott sei Dank tat ich dies alles nicht. Ich dachte über den Segen eines winddichten Hauses nach, das für ein kaltes Winterklima gebaut worden war – es hielt nicht nur die kalten Polarwinde ab, sondern hielt auch die frische Luft fern. Darum packte ich mich in meine wärmste Jacke ein, hüpfte ins Freie und dankte dem Herrn »im Geist« und »mit dem Verstand« (1 Kor 14,15), während ich zum Ufer des Michigansees und wieder zurück ging.

Draußen hatte ich an diesem frühen, dunklen Weihnachtsmorgen die frostigen, von Bäumen gesäumten Straßen ganz für mich. Die Häuser, in deren Fenstern blinkende und glitzernde Christbäume zu sehen waren, lagen trotz all dieser Pracht noch tief verschlafen da. Noch hatte keines der Kinder voller Aufregung Alarm geschlagen. Die Allee war ein ganz privates, schönes Gebetskämmerchen im Freien.

Ich kehrte voller Energie zurück. Der erste Teil meines Gebetes, in dem ich Gott lobte und dankte, war tatsächlich etwas ganz Besonderes. Nachdem ich wieder zu Hause war und mein Gebetstagebuch zur Hand genommen hatte, war ich nun ganz versessen darauf, mit meiner morgendlichen Bibellese fortzufahren und über das unglaubliche Geheimnis der Menschwerdung Christi zu meditieren – er stieg hinab und kam als Mensch in unsere Welt, in seine eigene Schöpfung.

Und dann – ich war gerade dabei, das von mir Gehörte aufzuschreiben – kam die gewaltige und sehr durchdringende Inspiration, dieses Buch zu schreiben. Es ist nicht üblich, an Weihnachten mit einem solchen Projekt zu beginnen, doch da das Buch selbst diesen Zeitpunkt für seine Geburt gewählt hatte, konnte ich nicht anders.

So beginne ich mit einer ungewöhnlichen Freude, die sich manchmal fast bis zu einer wilden Ausgelassenheit steigert, während ich den Klängen von Blasinstrumenten und Orgel zuhöre, wie sie all die »Glorias« des Weihnachtsfestes spielen. Und ich beginne in der Hoffnung, daß dieses Buch für Sie zu einem besonderen Geschenk wird. Das Buch soll praktisch geschrieben und leicht umzusetzen sein. Möge es Sie bald in ein reicheres Gebetsleben hineinführen, dies ist meine Hoffnung.

EINLEITUNG

»Du sollst an den ganzen Weg denken, den der Herr, dein Gott, dich während dieser vierzig Jahre in der Wüste geführt hat ...« (Dtn 8,2).

W eil es für mich so hilfreich und bedeutsam ist, ein Gebetstagebuch zu führen, spreche ich bei Vorträgen oder beim Schreiben oft davon. Daraufhin wollen immer wieder Leute von mir wissen, wie ich dieses Tagebuch führe und was ich hineinschreibe.

In der Vergangenheit habe ich auf diese Fragen nur zögerlich geantwortet, zum Teil deshalb, weil sich mein eigenes Tagebuch in seiner jetzigen Form und mit seinem Inhalt einfach so entwickelt hat. Ich erwartete, daß dies bei anderen genauso sein müßte, wenn sie in einer betenden Haltung und mit der Bibel in der Hand zu Papier und Bleistift greifen würden. Doch das ist nicht immer der Fall – außer vielleicht bei den »schriftstellerischen« Typen. Als ich entdeckte, daß sich selbst die Mitglieder meines Gebetsteams ohne Erfolg bemüht hatten, ein Gebetstagebuch zusammenzustellen, kam ich zu dem Schluß, daß das, was ich mitteilen werde, etwas Nützliches sein würde.

Es gab jedoch noch andere Gründe für mein Zögern. Ein Gebetstagebuch zu führen ist etwas sehr Persönliches. Hierin befinden sich Liebesbriefe zwischen der Seele und ihrem Gott. In dem Bemühen, zu hören und zu gehorchen, teilt die Seele – so gefallen und bedürftig, wie sie ist – Gott die intimsten und tiefsten Dinge mit. Darunter befinden sich auch beschämende Dinge. Die Seele nennt und bekennt ihre Sünden und bereut sie. Sie bittet um Gnade und Barmherzigkeit, um allem, was zum Leben gehört, entgegentreten zu können – seinen Freuden (»Herr, hilf mir, in Zeiten der Freude fest zu bleiben!«), seinen Wüstenzeiten (»Herr, sende deinen sanften Regen, weiche den Grund meines Herzens auf und laß die Saat deines Wortes, die du dort ausgestreut hast, aufgehen und gedeihen«), seine Traurigkeiten (»Herr, verwandle du diesen Schmerz auf irgendeine Weise in eine heilende Kraft für andere«). Sie stellt Fragen, die sie in dieser endlichen Welt voller Doppeldeutigkeit und Angst vielleicht niemals anzusprechen gewagt hätte. Und weil ein Gebetstagebuch eine so private

Angelegenheit ist, habe ich das meine vielleicht unbewußt geschützt, indem ich es nie zu genau analysiert habe oder im Detail darüber gesprochen habe. Außerdem weiß ich, daß das eigene Gebetstagebuch die eigenen, ganz speziellen und einzigartigen Bedürfnisse widerspiegelt, und so habe ich gezögert, meines als ein Vorbild für andere offenzulegen.

Der wichtigste Grund für mein Zögern lag jedoch darin, daß es riskant zu sein scheint, über das hörende Gebet an sich zu schreiben. Es ist keine Kleinigkeit, den modernen Menschen zu lehren, auf diese Weise in die Gegenwart Gottes und in die Gegenwart des eigenen Herzens zu treten; dies hat bedeutende Folgen. Ein Priester faßte dieses Risiko einmal so zusammen: »Es ist viel leichter, einem Friedhof vorzustehen als einem Kindergarten!« Und leider haben wir uns nur allzu oft für den Friedhof der Gesetzlichkeit – oder für den blanken Materialismus des 20. Jahrhunderts – entschieden, statt für den Kindergarten der Freiheit durch ein Leben im Heiligen Geist. Um diese Freiheit geht es bei der Reife in Christus und beim hörenden Gebet.

Die meisten von uns verstehen, daß das Gebet wahrhaftig ein Dialog mit Gott ist. Wir besitzen Vorbilder hierfür in der gesamten Schrift vom ersten Buch Mose bis zur Offenbarung, wie auch im Leben der Heiligen durch alle Zeiten hindurch. Doch der Gedanke, mit den Ohren und Augen des Herzens zu hören und zu sehen, ist den modernen Christen fremd. Ja selbst unser Herz ist uns fremd, und wir leiden darunter, daß wir nicht verstehen, was es bewegt und wie unsere Seele mit Gott kommunizieren sollte.[1]

Wenn ich jedoch zurückschaue auf all das, was ich gelehrt und geschrieben habe, dann erkenne ich, daß ich dieses Risiko bereits eingegangen bin. Das hörende Gebet ist ein Thema, das mein gesamtes Werk durchzieht. Es ist der Schlüssel, um die Verletzten aus der psychologischen und geistlichen Finsternis herauszuführen. Jeder, der eine Wiederherstellung der Seele nötig hat, hört auf die verkehrten Stimmen und untersteht dem Gesetz dieser Stimmen. Um geheilt zu werden, muß er sie erkennen, widerlegen und sich von ihnen lossagen. Im zweiten Schritt muß er, und dies ist genauso wichtig, seinen Blick auf Gott richten und das heilende Wort empfangen, das Gott immer an die Stelle der irreführenden oder lügnerischen Worte setzt.

Nachdem ich diese Hürde einmal genommen hatte, dachte ich daran, dieses Buch recht unpersönlich zu halten, indem ich ein paar Prinzipien und »Gebrauchsanweisungen« über den Aufbau eines Gebetstagebuches schreiben würde, das diesen Prinzipien folgt. Doch das erschien mir so schrecklich abstrakt und kalt. Außerdem scheine ich außerstande zu sein, auf eine so »vernünftige« Art zu schreiben. Der Sinn, die Prinzipien, die im Sein und Tun des Lebens Fleisch gewinnen, tritt auf einmal hervor und überwältigt die sauberen, rationalen kleinen »Gebrauchsanweisungen«. Auf einmal ertappte ich mich dabei, wie ich etwas von meinem Gebetstagebuch mitteile – eine Bedrohung für die letzten Überbleibsel der Angst, bloßgestellt zu werden, die noch in meinem Leben geblieben sind.

So bleibt mir nur eine Möglichkeit, ans Werk zu gehen: indem ich einfach und persönlich darüber berichte, wie ich ein Gebetstagebuch führe und wie ich gelernt habe, auf Gott zu hören. Das Gebet ist meine wichtigste Tätigkeit: loben, danken, Fürbitte halten, persönliche Anliegen aussprechen, meine Sünden bekennen, anderen vergeben, mir vor Gott Ziele setzen und auf seine Antworten hören. Es ist meine »kreativste« Tätigkeit, aus der alles andere Tun fließt.

TEIL I

Wie man
ein Gebetstagebuch
führt

Kapitel 1

Eine einfache
»Gebrauchsanweisung«

»Kehrt um zum Herrn, nehmt Worte (der Reue) mit euch ...«
(Hos 14,3).

*»Was den Tag über deine Augen sehen, bringe in Beziehung zu Gott
und tauche es in die Ewigkeit hinein – und du wirst es in der Ewigkeit
als Segen wiederfinden.«* (Mutter Basilea Schlink)[1]

Obwohl einige der tiefsten Erfahrungen und Erkenntnisse des Lebens
daher kommen, daß wir das aufzeichnen, was wir zu Gott sagen, und
das, was wir ihn sagen hören, ist dieser Vorgang des Aufzeichnens an
sich einfach. Und er kann ein einfaches »Organisationsmittel« sein, das
allem übrigen, was wir tun, Gestalt und Ordnung verleiht. Die Ordnung und
der Entwurf Gottes liegen wie ein Mantel auf dem Leben derer, die lernen,
wirkungsvoll zu beten. Da meine Gaben nicht im Bereich der Organisation
liegen, ist diese Strukturierung für mich lebensnotwendig, wenn es darum
geht, meine Prioritäten richtig zu ordnen und die wichtigen Dinge zu tun.

Um Ihr Tagebuch für das hörende Gebet einzurichten, sollten Sie als
erstes ein Ringbuch mit Schreibpapier und fünf bis sechs Trennblättern
ausstatten. Legen Sie sich einen Vorrat guter Schreibstifte zurecht – ich
nehme gern einen schwarzen, besonders feinen Stift und benutze Rot für
Unterstreichungen. Ordnen Sie dann Ihr Ringbuch folgendermaßen: Wort
Gottes, Lob und Dank, Fürbitte, Bitten, Vergebung.

Den größten Stapel Blätter heften Sie hinter das Trennblatt mit der
Aufschrift »Wort Gottes« ein, denn hier werden wir die herausragenden
Punkte unseres täglichen Gesprächs mit Gott niederschreiben. Das Gebet
nimmt seinen Anfang bei der Schrift und bleibt zutiefst in dieser verwurzelt;
das offenbarte Wort Gottes erkennt sehr bald, was in unserem Herzen ist.
Wenn unser Herz ängstlich, beunruhigt, ohne Vergebung oder von Sünde
beladen ist, dann wird es im Reden mit Gott umgehend zurechtgerückt.
Wenn es dankbar ist und sich am Tagwerk freut, dann werden wir den Herrn

loben und preisen und mehr Zeit mit der Fürbitte für andere und mit persönlichen Anliegen verbringen. Ob es nun Freude ist oder ein Aufschreien aus tiefster Not und schlimmstem Elend, ob es eine Zeit der Klarheit ist, in der das Licht überall scheint, oder eine Zeit der Verwirrung, in der die Dunkelheit uns so sehr bedrückt, daß wir unsere Fragen kaum noch vor Gott herausstottern können: alles bringen wir in das Gespräch mit ihm ein.

Der Wortteil ist daher für unseren täglichen Dialog mit Gott gedacht. Dieses Auf-ihn-Hören »trainiert« unsere geistlichen Ohren, so daß sie sein Wort empfangen, das er den ganzen Tag hindurch zu uns spricht.

Die übrigen Registerblätter ermöglichen uns einen leichten Zugriff auf Gebetslisten und Schriftstellen, die nicht nur mit diesen Anliegen verbunden sind, sondern auch unseren Glauben stärken und uns zum Gebet anspornen. Diese Listen entstehen ganz natürlich aus unseren Aufzeichnungen heraus, wenn wir Einsicht darüber gewinnen, für wen wir beten sollen und auch wie wir beten sollen. Der Herr sehnt sich danach, uns, während wir anhaltend beten, »den Geist der Weisheit und Offenbarung« (Eph 1,17) zu gewähren. Wir müssen nur darum bitten. Auf diese Weise baut Gott auf den Einsichten auf, die er uns bereits zuvor gegeben hat. Diese Listen werden zu wahren Schatzkästlein. Doch wenn wir diese Einsichten, Schriftstellen, Querverweise etc. nicht aufschreiben, um bei Bedarf leicht darauf zurückgreifen zu können, werden sie zu vergrabenen Schätzen – vernachlässigt oder völlig vergessen.

Nachdem Sie Ihr Ringbuch mit Papier und Registerblättern versehen und Ihre Stifte parat haben, können Sie die Bibelausgabe zur Hand nehmen, die Ihnen am liebsten ist, und beginnen. Momentan benutze ich eine Bibelausgabe mit benutzerfreundlichen Studienhilfen, doch ich habe immer mehrere Übersetzungen und Kommentare in greifbarer Nähe bereitliegen. (Neben der Elberfelder oder der Lutherbibel können auch neuere Übersetzungen wie »Die Gute Nachricht« oder die »Einheitsübersetzung« hilfreich sein.)

Damit kein Bereich der Schrift vernachlässigt wird, benötigen wir einen guten Bibelleseplan. Ich muß da an die Notlage einer Gemeinde denken, deren Pfarrer eine besondere Liebe für Bibelstellen über Engel hatte. Er nährte daher seine Schar mit regelmäßigen Predigten zu diesem Thema. Ohne Zweifel bot er seiner Herde eine unausgewogene und eingeschränkte Evangeliumsbotschaft! Doch diese Geschichte zeigt etwas, wozu wir alle neigen, wenn wir uns nicht in acht nehmen, nämlich bestimmte Teile der Bibel auf Kosten anderer besonders zu schätzen. Achten Sie darauf, daß Sie einem Bibelleseplan folgen, der sowohl das Alte wie auch das Neue Testament voll ausschöpft.

Ich habe einen Bibelleseplan am häufigsten benutzt, der dem Ablauf des Kirchenjahres folgt: Advent, Weihnachten, Epiphanias, die Fastenzeit und die Passion unseres Herrn, das Fest der Auferstehung, der Himmelfahrt und das Pfingstfest sowie auch die Dreieinigkeit – Gott zu feiern als den Vater, den Sohn und den Heiligen Geist. Es ist außerdem gut, den Bibelleseplan hin und wieder zu wechseln. Zur Zeit benutze ich einen thematisch geordneten Plan. Dabei wird eine ältere Bibelübersetzung verwendet; ich lese jedoch parallel dazu auch eine neuere Übersetzung. Dieses zweifache Lesen des gleichen Abschnitts hat sich als ein Segen erwiesen, denn ich bin mit dieser älteren Übersetzung und ihrer archaischen Sprache großgeworden. Worte und Textpassagen zu vergleichen, führt zu wunderbaren Erkenntnissen und Sinnzusammenhängen.

Außer der Bibel habe ich noch einige Andachtsbücher bedeutender geistlicher Schriftsteller zur Hand. Ihre Meditationen über die Schrift sind kurz und meist an einem Thema orientiert, nur selten werde ich nicht davon angeregt. Ein Klassiker ist »Nachfolge Christi« von Thomas von Kempen, ein späteres Werk ist F. B. Meyers »Our Daily Walk« und Oswald Chambers »Mein Äußerstes für sein Höchstes«, Bücher, die ich seit langem liebe. Es gibt allerdings noch andere Klassiker unter den Andachtsbüchern, auf die ich nicht mehr verzichten möchte.

Vielleicht hilft es Ihnen, die folgenden Sätze als einen Führer durch Ihr tägliches Gebet auf festes, stabiles Papier zu tippen und ganz vorne in Ihrem Gebetstagebuch zu plazieren:

Entwurf für die tägliche Gebetszeit

1. *Wort Gottes – Meditation des Bibeltextes*
   (Hören auf Gott durch sein geschriebenes Wort)
2. *Lob und Dank:* »Vater unser im Himmel, geheiligt werde dein Name.«
3. *Fürbitte:* »Dein Reich komme, dein Wille geschehe, im Himmel wie auf Erden.«
4. *Bitten – für persönliche Anliegen:* »Unser tägliches Brot gib uns heute.«
5. *Umkehr und Gebete der Vergebung:* »Und vergib uns unsere Schuld, wie auch wir vergeben unsern Schuldigern.«
6. *Sich selbst und den Tag Gott ganz anbefehlen:* »Und führe uns nicht in Versuchung, sondern erlöse uns von dem Bösen. Denn dein ist das Reich und die Kraft und die Herrlichkeit, in Ewigkeit, Amen.«
7. *Hörendes Gebet*

Diese Form des täglichen Gebetes paßt in eine halbstündige oder in eine einstündige Gebetszeit. Obwohl wir nicht jeden Tag alle Teile dieses Gebetsablaufs beten müssen, und auch nicht notwendigerweise in der hier gegebenen Reihenfolge, finden sich darin doch die Prinzipien eines gut abgerundeten Gebetslebens. Dies ist eine Möglichkeit, immer das Gebet zu beten, das Jesus uns gelehrt hat.

Schützen Sie Ihr Gebetstagebuch

Ein Gebetstagebuch sollte nicht jedermann zur Einsicht offenstehen. Daher muß man sich überlegen, wie man sein Gebetstagebuch schützen kann, bevor man damit beginnt. Jedes »offene« Gebetstagebuch ist sehr wahrscheinlich nicht echt. Selbst die Angst, jemand könne in die Privatsphäre der Seiten dieses Tagebuches eindringen, kann manchen bereits von dieser suchenden Ehrlichkeit abhalten, die zu einem solchen Gebetstagebuch gehören sollte.

Dies bedeutet nicht, daß wir nicht größere Teile unseres Tagebuchs anderen mitteilen. Vieles vom Inhalt meiner Bücher gewann zunächst in meinen Gebetstagebüchern Gestalt. Doch die Tagebücher sind etwas Privates, und die Menschen, die mir am nächsten stehen, wissen, daß meine Gebetstagebücher mich nicht überleben sollen. Abgesehen von der Tatsache, daß die Tagebücher nur für meine und Gottes Augen bestimmt sind, würden sie zu einer »Selbstbespiegelung«, falls ich mir Sorgen machte, ob wohl andere meine Kritzeleien entziffern oder die Vielzahl an hastig hingeschriebener Einfügungen, die nur ich jemals entziffern oder interpretieren kann, mißverstehen könnten. Die Tagebücher würden ihre herausfordernde Ehrlichkeit und damit ihren Wert verlieren.

Dies soll natürlich nicht bedeuten, daß wir nicht gemeinsam mit anderen auf Gott hören sollten. Es gibt nichts Wertvolleres, als daß ein Ehepaar, ein Team, das gemeinsam dient, oder Gebetspartner zum hörenden Gebet zusammenkommen. Wenn wir nicht mit Gottes Volk gemeinsam auf Gott hören, dann gefährden wir sogar unser persönliches Hören. Wenn wir als Volk Gottes zusammenkommen, so erfüllt er unser Lob und unsere Gebete in größerem Maße. Unsere Brüder und Schwestern haben vom Heiligen Geist Gaben bekommen, die wir nicht besitzen. Ihr Reden und Hören wird unser eigenes Reden und Hören schärfen und ihm neue Dimensionen an Weisheit und Erkenntnis hinzufügen, die wir sonst nicht erlangen würden.

Und außerdem ist da noch die Sache mit unseren blinden Flecken. Jeder von uns besitzt sie. Ich danke Gott für die Gebetspartner, die Licht und Visionen in meine blinden Flecke hineinsprechen. Auf diese Weise wird unser Hören gesteigert und geprüft, unsere Eigenheiten werden offenbart. Unser Gebetstagebuch bereitet uns daher auf die Ehrlichkeit und Offenheit vor, die wir brauchen, wenn wir mit unseren Ehepartnern und unseren Partnern im Gebetsdienst zusammen auf Gott hören. Eine offene Kommunikation mit Gott macht uns fähig, unseren Brüdern und Schwestern in Christus gegenüber offen zu sein, mit der Weisheit der Erkenntnis und ohne Furcht. Das individuelle und das gemeinschaftliche hörende Gebet ergänzen einander. Keines von beiden sollte vernachlässigt werden.

Ein Gebetstagebuch zu führen ist mir so wichtig, daß ich jedes neue Jahr mit »J. J.« oben auf der ersten Seite und mit »S. D. G.« am unteren Seitenrand beschrifte. Diese lateinischen Initialen stehen für die Gebete »Jesus helfe mir« und *Soli Deo Gloria*, was »zu Gottes Ehre allein« bedeutet. Dies habe ich von Johann Sebastian Bach gelernt, der jede seiner musikalischen Kompositionen auf diese Weise begann und beendete. So widmete ein großes Genie Gott sein Tagwerk. Die Tatsache, daß er, wie manche behaupten, jeden Tag ein Meisterwerk schrieb, ist sicher in großem Maß auf diese Widmung zurückzuführen.

Eine Schriftstelle, die zeigt, daß eine solche Gewohnheit gewinnbringend ist, selbst wenn wir weit davon entfernt sind, ein Genie zu sein, habe ich in mein tägliches Gebet aufgenommen:

»Befiehl dem Herrn dein Tun an, so werden deine Pläne gelingen« (Spr 16,3).

Vielleicht wollen Sie jetzt innehalten, um Ihr Tun, Ihr Gebetstagebuch, auf diese oder ähnliche Weise dem Herrn anzubefehlen. Als nächstes werden wir das Meditieren der Schrift als einen Teil des hörenden Gebetes betrachten.

Kapitel 2

Das Wort Gottes

»Forscht nach im Buch des Herrn, dort werdet ihr lesen ...« (Jes 34,16).

»Kamen Worte von dir, so verschlang ich sie; dein Wort war mir Glück und Herzensfreude« (Jer 15,16).

»... die heiligen Schriften, die dir Weisheit verleihen können, damit du durch den Glauben an Christus Jesus gerettet wirst« (2 Tim 3,15).

Wir werden nie aufhören, die Tiefen der Schätze, die Gott uns in der Heiligen Schrift gegeben hat, zu ergründen. Sie, die *lectio divina* (die »göttlichen Texte«), sind von Gott inspiriert. Sie werden das Wort, das Wort Gottes, das Wort Christi oder das Wort der Wahrheit genannt; man bezeichnet sie auch als das Buch des Herrn, das Buch des Gesetzes, das Schwert des Geistes und die Heilige Schrift.

»Aus freiem Willen hat er uns durch das Wort der Wahrheit geboren« (Jak 1,18), deshalb ist es äußerst gefährlich, wenn jemand, der die Schrift – oder Teile davon – gering achtet, ein Tagebuch für das hörende Gebet führt. Das Neue Testament kann zum Beispiel nicht ohne das Alte verstanden werden, insbesondere dann nicht, wenn man eine geringe Meinung vom Alten Testament hat. Der christliche Glaube besteht nicht losgelöst von seinen jüdischen Wurzeln, er ist vielmehr die volle Blüte dieser Wurzel.

Gott spricht zu uns auf eine Weise, die man als übernatürlich bezeichnen muß, wenn der »unvergängliche Samen«, das Wort Gottes, immer wieder neu in unser Herz hineingesenkt wird. Der Heilige Geist nimmt die Wahrheit des Evangeliums Christi aus beiden Testamenten, salbt sie und versiegelt sie in unserem Verstand und Herzen. In dem Maß, in dem unser Herz der Heiligen Schrift beraubt ist, wird auch unsere Fähigkeit, richtig zu hören und zu unterscheiden, begrenzt sein. Um Begriffe aus dem ersten Petrusbrief zu verwenden: das »Vergängliche« neigt dazu, in das »Unvergängliche« hineingemischt zu sein.

»Ihr seid neu geboren worden, nicht aus vergänglichem, sondern aus unvergänglichem Samen: aus Gottes Wort, das lebt und das bleibt. Denn [und nun zitiert Petrus Jes 40,6-8] alles Sterbliche ist wie Gras, und all seine Schönheit ist wie die Blume im Gras. Das Gras verdorrt, und die Blume verwelkt; doch das Wort des Herrn bleibt in Ewigkeit. Dieses Wort ist das Evangelium, das euch verkündet worden ist« (1 Petr 1,23-25).

Zum Gebet gehören drei wichtige Schritte. Der erste Grundsatz und Schritt dazu, Gott zu hören, besteht darin, daß wir die heiligen Texte mit unserem Geist und unserer Seele förmlich aufnehmen, indem wir betend über ihnen meditieren. Das Wort »bleibt« dann »in uns« und brennt als ein inneres Licht, so daß wir ganz natürlich zu Gott rufen. Dieses Wort, das spontan an Gott zurückgerichtet wird, ist der zweite Schritt beim Gebet. Unsere Glaubensvorfahren nannten es die *oratio*, das antwortende Reden, das aus dem Feuer des in uns lebendigen Wortes Gottes geboren wird.

Gott spricht durch sein Wort, und wir antworten darauf – durch unsere Nöte und durch das Drängen des Heiligen Geistes. Zu diesem Antworten gehören Fragen dort, wo wir ein tieferes Verständnis benötigen, sowie Dank, Lob und die Bitte um Weisheit, Erkenntnis, Führung und so weiter.

Dann begeben wir uns zum dritten Schritt des Gebetes, dem Hören auf Gott. Weil dies heutzutage so sehr vernachlässigt wird, ist es das Hauptthema im zweiten Teil dieses Buches. Dieses Hören trainiert unser geistliches Ohr und bereitet uns darauf vor, jedes Wort von Gott zu empfangen, das er uns, selbst in den hektischeren Stunden unseres Tages und unseres Lebens, sendet.

Wir müssen die Wichtigkeit und die zentrale Rolle der Schrift völlig erfassen, bevor wir uns in dieses Thema vertiefen können. Die Bibel, das offenbarte Wort Gottes, ist ein entscheidender Bestandteil des Gebetes. Wer die Bibel gering schätzt, sollte das hörende Gebet nicht versuchen, denn es könnte zu einem gefährlichen gnostischen Hören führen. (Das Kapitel 14 ist diesem Thema gewidmet.) Einige, die eine hohe Meinung von der Schrift haben, neigen dagegen dazu, die Bibel zu isolieren, als sei sie kein lebenswichtiger Bestandteil des Gebetes. Solche Menschen studieren erst die Schrift und beten dann. Doch weil Gott sich uns vor allem durch seinen Sohn und durch die heilige Schrift offenbart, die von ihm Zeugnis ablegt, können wir uns auch dann des Hörens auf Gott erfreuen, wenn wir in der Schrift lesen.[1]

Deshalb schlage ich den Wortteil meines Gebetstagebuches auf, wenn ich morgens nach der Bibel greife. Auf diese Weise bin ich für den zweiten Schritt des Gebetes bereit, die *oratio*, meine Antwort auf das Wort, das

Gott zu meinem Herzen redet. Ich zeichne meine leidenschaftlichen Reaktionen auf, die sowohl meinen eigenen Bedürfnissen als auch dem Drängen des Heiligen Geistes entspringen. Diese Reaktionen betreffen Fragen der Führung, der Ermahnung und der nötigen weiteren Erkenntnis. Ich werde bei dem wichtigen dritten Schritt des Gebetes, dem Hören auf Gott, darauf zurückkommen.

Immer streben wir im Gebet danach, zu einer anstehenden Sache den Willen Gottes zu erkennen; und wir streben nach einem Wachstum in der Weisheit und der Erkenntnis durch den Heiligen Geist. Manchmal wird dieses Gebet sofort beantwortet; dann wieder müssen wir geduldig auf den Herrn warten. Wenn wir uns das Gebet des Paulus aus dem Epheserbrief, Kapitel 1, Verse 17-20, zu eigen machen, so können wir beten:

»Der Gott Jesu Christi, unseres Herrn, der Vater der Herrlichkeit, gebe uns [mir] den Geist der Weisheit und Offenbarung, damit wir ihn erkennen. Er erleuchte die Augen unseres Herzens, damit wir verstehen, zu welcher Hoffnung wir durch ihn berufen sind, welchen Reichtum die Herrlichkeit seines Erbes den Heiligen schenkt und wie überragend groß seine Macht sich an uns, den Gläubigen, erweist durch das Wirken seiner Kraft und Stärke. Er hat sie an Christus erwiesen, den er von den Toten auferweckt hat.«

Wir wissen nicht immer, warum uns ein bestimmter Abschnitt der Schrift so sehr packt. Als ich als Erwachsener zum ersten Mal zu Christus kam und ihn mit all meiner Kraft suchte, da sprach Gott sehr intensiv zu mir durch Jesaja, Kapitel 45. In der Schrift sind diese Worte an den Mann gerichtet, der gesalbt war, Jerusalem zu erobern und wieder aufzubauen, obwohl er dem lebendigen Gott noch nicht diente. Ich konnte diesen Worten ebenfalls nicht entfliehen, als Gott sie zu mir sprach.

»Ich selbst gehe vor dir her und ebne die Berge ein. Ich zertrümmere die bronzenen Tore und zerschlage die eisernen Riegel. Ich gebe dir verborgene Schätze und Reichtümer, die im Dunkel versteckt sind. So sollst du erkennen, daß ich der Herr bin, der dich bei deinem Namen ruft, ich, Israels Gott« (Jes 45,2-3).

Vor dreißig Jahren kam dieser Vers unter der Überschrift »Bitten« in mein Gebetstagebuch. Dort ist er seitdem geblieben. Ich sinne immer noch darüber nach, was »verborgene Schätze und Reichtümer, die im Dunkel versteckt sind« für mich persönlich bedeutet. Ich denke, es bezieht sich auf mein Verständnis über die Heilung der Seele. Am Ende meines Lebens werde ich vermutlich wissen, daß es mehr damit zu tun hat, daß ich immer mehr entdecke, wer Gott ist!

Zur gleichen Zeit redeten die Worte Ezechiels sehr tief zu mir. Dies ist gewöhnlich keiner der biblischen Autoren, denen sich ein junger Christ öffnet, um dann auch bei ihnen zu bleiben. Doch ich konnte mich kaum von diesen Seiten der Bibel losreißen. Die Berufung Ezechiels in den Kapiteln 2 und 3 ergriff mich. Ich las sie noch einmal und spürte, wie Gott zu mir sprach:

»Er sagte zu mir: Geh zum Haus Israel, Menschensohn, und sprich mit meinen Worten zu ihnen! Nicht zu einem Volk mit fremder Sprache und unverständlicher Rede wirst du gesandt, sondern zum Haus Israel, auch nicht zu vielen Völkern mit fremder Sprache und unverständlicher Rede, deren Worte du nicht verstehst. Würde ich dich zu ihnen senden, sie würden auf dich hören.

Doch das Haus Israel will nicht auf dich hören, es fehlt ihnen der Wille, auf mich zu hören; denn jeder vom Haus Israel hat eine harte Stirn und ein trotziges Herz. Ich aber mache dein Gesicht ebenso hart wie ihr Gesicht und deine Stirn ebenso hart wie ihre Stirn. *Wie Diamant und härter als Kieselstein mache ich deine Stirn.* Fürchte sie nicht, erschrick nicht vor ihrem Blick; denn sie sind ein widerspenstiges Volk« (Ez 3,4-9; Hervorhebung durch den Autor).

Ich weiß wohl, daß mich diese Worte so sehr trafen, weil ich eine prophetische Berufung bekommen sollte. Meine Aufgabe sollte es sein, das Volk Gottes zur Umkehr zu rufen, damit es Heilung erfahren kann. Davon wußte ich damals noch nichts, doch ich wußte, daß Gottes Verheißung an Ezechiel auch für mich eine Verheißung darstellte. Es dauerte noch Jahre, bis ich meine Berufung erkannte, doch ich wußte schon sehr bald, daß meine Stirn wie die Stirn Ezechiels war und daß Gott sie gegen viele der Lügen gestählt hatte, auf die das Volk Gottes hörte.

In diesem Wortteil notiere ich auch besonders bedeutsame Meditationen anderer. Ich habe fast jedes Kapitel aus Thomas von Kempens »Nachfolge Christi« in mein Gebetstagebuch aufgenommen, und vermutlich werde ich erst im Himmel erfahren, wie groß der Einfluß der Werke von Adam Clarke, F. B. Meyer und R. A. Torrey auf mich war.

Wo auch immer wir Wahrheit finden, ist es die Wahrheit Gottes. Wenn ich darüber stolpere, dann schreibe ich solche Wahrheit in diesen Teil meines Tagebuches, wo ich sie »beten« kann. Die folgenden Zeilen zum Beispiel stammen aus einem Gedicht von Alexander Pope; sie haben mich ergriffen und in ihren Bann geschlagen. Ich habe sie in ein Gebet verwandelt, während ich mit Gott über diese Worte redete:

»Ein wenig Bildung ist etwas sehr Gefährliches;
nimm einen guten Schluck,
aber koste nicht einfach nur von den Quellen Pierias[2]:
Dort vergiften oberflächliche Entwürfe das Gehirn,
nur vieles Trinken macht uns wieder nüchtern.«

Damals stand ich vor der Entscheidung, ob ich eine Universitätsausbildung angehen sollte oder nicht. Ich wußte, entweder mußte ich »einen guten Schluck« trinken oder gar keinen. Ich mußte vor dem Herrn die Kosten überschlagen, bevor ich einen akademischen Bildungsweg einschlagen konnte (vgl. Lk 14,28ff). Diese Zeilen wanderten in meinen Abschnitt »Bitten«, wo ich sie mehrere Jahre lang »betete«.

Eine weitere Meditation, die mein Leben höchstwahrscheinlich verändert hat, war das, was John Gaynor Banks über die Worte Thomas Trahernes – »Verlange wie ein Gott, damit du wie ein Gott Zufriedenheit erlangst« – gesagt hat:

»Das Verlangen ist eine gewaltige Kraft, eine deiner göttlichsten Attribute! Wonach auch immer dich verlangt, während du betest, glaube, daß du es empfangen hast, und du wirst es erhalten! Erkenne die göttliche Qualität des Verlangens. Denn es ist ein Teil der atomaren Energie der Seele. Das Himmelreich wird durch das Verlangen in dir wirksam. Du darfst es weder auslöschen, noch zerschlagen, noch unterdrücken. Gib es vielmehr mir hin! Gib mir deine elementarsten Sehnsüchte hin, dein Verlangen nach Glück, nach Liebe, nach Selbstverwirklichung, nach Wohlbefinden, nach Erfolg, nach Freude und nach jeder Faser deines Seins – gib sie mir freimütig und ohne Scham hin, und ich werde sie umwandeln, so daß du Erlösung und Erfüllung und völlige Befreiung von aller Enttäuschung erlangen wirst.«[2]

Banks Meditation über das Verlangen machte auf irgendeine Art bestimmte Schriftstellen, die mit dem Verlangen zu tun haben, verständlicher. Solche Verheißungen wie Psalm 37, Vers 4: »Freu dich innig am Herrn! Dann gibt er dir, was dein Herz begehrt« tauchten in meinem Gebetstagebuch bereits häufig auf. Durch Banks Worte gelangte ich zu einem größeren Verständnis des wahren oder wirklichen Selbst, im Gegensatz zum alten Menschen, und der Notwendigkeit, es so anzunehmen, daß wir unser Verlangen ohne Scham und in Freiheit ausdrücken.

Etwa um dieselbe Zeit wanderte auf gleiche Weise auch ein weiteres von Banks »Gehörtes« in meinen Abschnitt »Bitten«, damit ich es vor den Herrn bringen konnte:

»Wirf die letzten Spuren des Unglaubens von dir und begrüße das Schicksal, welches du gefürchtet hast und welches du aufgrund deiner Begrenzungen nicht annehmen wolltest. Diese Einschränkungen werden nun durch die Macht meines Geistes, der in dir wohnt, überwunden.«[3]

Dies waren für meinen Prozeß der Selbstannahme wichtige Worte. Indem ich sie betete, halfen sie mir, meine Furcht vor dem wahren Selbst und vor der Berufung, die Gott mir gegeben hatte, zu vertreiben.

Das alles sind Beispiele dafür, wie mir dieser Hauptteil des Gebetstagebuchs seit Beginn meines Lebens im Heiligen Geist geholfen hat. Die Meditationen wären schon längst zwischen den vielen Seiten meines Tagebuchs verlorengegangen, hätte ich sie nicht in die Abschnitte »Fürbitte«, »Bitten« und »Vergebung« übertragen, um häufig darüber zu beten. Mose bat die Juden, die Worte, die von Gott kamen, auf ihre Stirn, an die Hand und an den Türpfosten zu binden. Ich habe nie richtig herausbekommen, wie das gehen soll, aber in unseren Tagen, wo es Papier und Stifte – ja sogar Computer – im Überfluß gibt, scheint mir das Tagebuch eine sehr viel effektivere Methode zu sein. Es bietet uns einen wunderbaren Reichtum, auf den wir über die Jahre hinweg zurückschauen können, um nicht nur zu bemerken, wie wunderbar Gott Gebete erhört, sondern auch wie unsere Art zu beten die Kraft hat, unser Leben zu verändern.

Thomas Trahernes »Meditation über das Kreuz« aus »Centuries of Meditations« befindet sich normalerweise unter »Das Wort Gottes«, scheint jedoch für eine meiner Gebetslisten bestimmt zu sein, da ich immer wieder durch die alten Tagebucheinträge blättern muß, um sie zu finden. Es wird einen Ruheplatz in der Nähe einer meiner wichtigsten Bitten für meinen Dienst finden, bei der ich den Herrn um Stärke und Kraft bitte, um ihn und sein Kreuz zu erheben. Hier ist diese Meditation von Traherne:

»Das Kreuz ist ein Abgrund der Wunder, das Zentrum der Sehnsüchte, die Schule der Tugenden, das Haus der Weisheit, der Thron der Liebe, das Theater der Freude und der Ort der Schmerzen; es ist die Wurzel des Glücks und das Tor zum Himmel.«

Ich wüßte keinen modernen Dichter, der diese Worte hätte niederschreiben können. Vielleicht gibt es heute einen solchen Menschen, dessen das ganze Leben während Meditation der Erlösungstat Christi für diese Welt an das tiefe Verständnis dieses anglikanischen Geistlichen und Dichters heranreicht. Doch ein solcher Mensch wäre in diesem Jahrhundert, wie C. S. Lewis, so etwas wie ein Dinosaurier, eine Anomalie, die nicht in unsere

Zeit zu passen scheint. Nur einer, der lange und gut zugehört hat – bei dem die ganze jüdisch-christliche Symbolwelt intakt ist –, kann so etwas geschrieben haben.

Das Vaterunser

Während dieses ersten und zweiten Gebetsschritts beginne ich irgendwann das »Vaterunser« mit all seinen Aspekten des Gebetes, bei denen uns die anderen Abschnitte des Tagebuches helfen sollen. Danach kehre ich zu diesem Wortabschnitt zurück, wo alles im dritten Gebetsschritt zusammenfindet – im Hören auf das Wort, das Gott als Antwort auf das Gebet dieses Tages schenkt. Wenn ich dieses Wort empfange, schreibe ich es in den Hauptteil des Gebetstagebuches.

Kapitel 3

Lob und Dank

»Jauchzt vor dem Herrn, alle Länder der Erde!
Dient dem Herrn mit Freude!
Kommt vor sein Antlitz mit Jubel!
Erkennt: Der Herr allein ist Gott.
Er hat uns geschaffen, wir sind sein Eigentum,
sein Volk und die Herde seiner Weide.
Tretet mit Dank durch seine Tore ein!
Kommt mit Lobgesang in die Vorhöfe seines Tempels!
Dankt ihm, preist seinen Namen!
Denn der Herr ist gütig,
ewig währt seine Huld, von Geschlecht zu Geschlecht seine Treue«
(Ps 100,1-5).

Aus den nicht im Kanon befindlichen, aber heiligen Schriften der Apokryphen:

> »Wer sich gegen Gott auflehnt, kann ihm keine Loblieder singen; der Herr legt ihm keine in den Mund. Loblieder gibt es nur da, wo Weisheit ist, und der Herr selbst schenkt Gelingen dazu« (Jesus Sirach 15,9f, Gute Nachricht-Übersetzung).

Vater unser, der du bist im Himmel, geheiligt werde dein Name

In diesen Abschnitt schreiben wir Dinge, die uns bei unserm Lob und Dank Gott gegenüber helfen. »Das Lob ist unsere vornehmste Übung«, so ermuntert uns F. B. Meyer.

> *Wir danken Gott für das, was er für uns getan hat; wir preisen ihn als den, der er selbst ist. Im Lobpreis kommen wir der Anbetung des Himmels am nächsten, bei der die Engel und die Erlösten zu ihrer höchsten Übung finden, indem sie Gott Lob und Ehre und Herrlichkeit zuerkennen.«* [1]

Gott zu preisen und ihm zu danken, bedeutet zu beten: »Vater unser, der du bist im Himmel, geheiligt werde dein Name.« Daher stehen diese Anfangsworte des Gebetes, das Christus uns gelehrt hat, immer ganz oben in diesem Abschnitt meines Gebetstagebuches.

Praktische Anleitung zum Gebetstagebuch

In diesen Abschnitt meines Tagebuches kommen die Schriftstellen, Kirchenlieder und Einsichten der Heiligen aller Tage, die mir in das Lob und den Dank hineinhelfen, wenn ich es brauche. Wenn ich von den irdischen Dingen gefangengehalten und von den Kleinigkeiten meines Alltags verwirrt werde, dann sind dies die Flügel, die mich zu dem raumschaffenden – ja sogar universellen und ewigen – Blickwinkel Gottes erheben, den er seinen Kindern geben möchte.

Mit einigen Ausnahmen variieren diese Schriftstellen von Jahr zu Jahr. Am Silvesterabend lege ich neue Blätter ein, nicht nur, um frisches »Manna« der Inspiration zu sammeln, sondern auch, weil die alten Seiten mit Bemerkungen und Einsichten vollgekritzelt sind. Ich lege die alten Blätter ab, um sie dann häufig (manchmal nach Jahren) wieder in diesen Abschnitt einzulegen. Auf die eine oder andere Weise sind die Dinge, über denen man »viel gebetet« hat, auch weiterhin ein Segen.

Außer diesen Hilfen zum Lobpreis führe ich noch eine Liste der momentanen Gebetserhörungen und anderer unerwarteter Reichtümer, für die ich Gott danken möchte. Eine weitere Liste gibt wieder, was ich mir für den Silvesterabend zur Gewohnheit gemacht habe, eine Zeit, in der ich das Gebetstagebuch des vergangenen Jahres durchblättere und die Segnungen des Jahres aufschreibe. Damit besitze ich eine ziemliche Liste von Leuten, Segnungen und Gebetserhörungen, die ich voller Dank zu Gott bringen kann.

Dieser Abschnitt von Lob und Dank hilft uns, »Gott allezeit das Opfer des Lobes dar[zu]bringen, nämlich die Frucht der Lippen, die seinen Namen preisen« (Hebr 13,15). Es gibt noch einige wichtige Dinge über die Anbetung zu sagen, von denen ich hoffe, daß Sie Ihrer Seele neue Dimensionen eröffnen werden, wenn es um das Verständnis der großartigen christlichen Disziplin von Lob und Dank geht.

Dank

»Bring Gott als Opfer dein Lob, und erfülle dem Höchsten deine Gelübde! Rufe mich an am Tag der Not; dann rette ich dich, und du wirst mich ehren« (Ps 50,14-15).

Zu Zeiten des Alten Testamentes brachte man Gott bei besonderen Gelegenheiten Dankopfer dar. Dazu gehörte auch, den Herrn für die Erhörung von Gebeten zu preisen. Unsere Liturgien – die formalen wie die weniger formalen – bieten uns nur dann genügend Gelegenheit, diese notwendige Antwort zu geben, wenn die »Voraussetzungen der Eucharistie« richtig gelehrt, verstanden und praktiziert werden. Neben unserem täglichen Dank können wir den großen Reichtum, der uns zuteil wurde, und die Gebetserhörungen als ein besonderes »Opfer« zum Abendmahl bringen, wo wir Gott zugleich ein besonderes Geschenk machen können.

Wenn unser Herz voller Dank und voller Lob Gottes ist, müssen wir dem auch Ausdruck geben können. Manchmal sind bei unserem Heilungsdienst die Herzen der Menschen so voller Dank an Gott, daß sie ihm auf eine spürbare Art Ausdruck geben müssen, um noch mehr von Gott zu empfangen! Einmal, als die Menschen viele Wunder der Gegenwart Gottes erlebt hatten, wurde mir plötzlich bewußt, daß wir nicht mit der Lehre fortfahren konnten, bevor die Leute nicht ein »Lob- und Dankopfer« dargebracht hätten. Dieser Gedanke kam mir in der Form, daß ich diejenigen, die bereits vor Dank »platzten«, einladen sollte, vor den Alter der Kirche zu treten und ihren Dank Gott zuzuwinken. Über dreihundert Menschen strömten nach vorne, und sie alle hatten von Gott Heilung empfangen. Sie alle winkten dem Herrn mit erhobenen Armen zu, manche weinten, andere lachten, wieder andere hüpften, doch alle lobten Gott. Und er kam mit noch mehr Macht in unsere Mitte, denn immer ehrt er wirklichen Dank und echtes Lob.

Eine Schriftstelle kann ich nicht aus diesem Abschnitt zu Lob und Dank herausnehmen:

»Der Herr ist nahe. Sorgt euch um nichts, sondern bringt in jeder Lage betend und flehend eure Bitten *mit Dank* vor Gott!«
(Phil 4,5-6; Hervorhebung durch den Autor).

Angst und Sorgen können sich auf Samtpfoten in unser Leben hineinschleichen. Wir müssen sie von Anfang an erkennen. Aus diesem Grund behalte ich diese Schriftstelle vor Augen, denn sie wirkt wie ein Barometer. Sobald ich sie erblicke, erkenne ich jedes ängstliche oder sorgenvolle Gefühl in meinem Herzen.

Manchmal sind Besorgnis und Sorgen ein angelerntes Verhalten; vielleicht denken wir sogar, wir sollten uns sorgen! Doch es ist eindeutig: Paulus verbietet an dieser Stelle regelrecht das »Sich-Sorgen-Machen«. Er sagt uns, was wir damit tun sollen – ein äußerst bemerkenswertes Heilmittel! Wir können jede Sorge mit Dank vor Gott bringen. Es gibt einen

Ort, wohin Angst und Sogen weichen können: »Werft alle eure Sorge auf ihn, denn er kümmert sich um euch« (1 Petr 5,7).

Die schlichte Wahrheit ist, daß Gott an denen unendliche Wunder tut, die ein dankbares Herz haben. Wenn Sie dies Lesen und dabei erkennen, daß Ihr Herz durch Undankbarkeit verhärtet ist, dann bekennen Sie Ihre Haltung einfach als Sünde. Bitten Sie ihn um ein dankbares Herz und hören Sie nicht auf, sich eines dieser biblischen Gebote ständig vor Augen zu halten. Eine hilfreiche Möglichkeit könnte sein, ein paar Seiten in Ihrem Tagebuch zu reservieren, auf der Sie Gott für Ihr gesamtes Leben von Ihrer ersten Erinnerung an in – sagen wir mal – Sieben-Jahres-Abschnitten danksagen. Bitten Sie Gott, Ihnen alles zu zeigen, wofür Sie danken sollen, während er Sie sogar von den frühen Ängsten und Sorgen befreit, an denen Ihr Herz seit Ihrer Kindheit festhält.

Den Namen Gottes heiligen

»Wenn wir zuallererst Gottes Namen heiligen ..., werden wir von allem Bösen erlöst, und alles ist unser.«[2]

Diese Worte von P. T. Forsyth nehme ich nie aus diesem Abschnitt heraus; sie sind unermeßlich. Den Namen Gottes wahrhaft zu heiligen, heißt Gott recht zu lieben und zu preisen. Es bedeutet, ihn und das, was sein Wesen zutiefst ausmacht, zu erheben. Dieses »Ihn-Erheben« ist eine großartige Tätigkeit; unser Verstand und unser Herz sind regelrecht sprachlos angesichts dessen, dem unsere Anbetung gilt.

Wenn wir Gott loben, wächst die Fähigkeit unserer Seele sowohl zu lieben als auch zu verstehen. Indem wir unserer Seele dem Beispiel König Davids folgend gebieten: »Lobe den Herrn, meine Seele!«, fangen wir nicht nur an, dieses erste und größte Gebot zu hören: »Darum sollst du den Herrn, deinen Gott, lieben mit ganzem Herzen und ganzer Seele, mit all deinen Gedanken und all deiner Kraft« (Mk 12,30); nein, wir ergreifen dieses Gebot auch und nehmen es in unser Leben mit hinein.

Diese Schriftstelle nimmt einen besonderen Stellenwert im Abschnitt »Lob« ein. Sie ist ein Weg, mich davor zu bewahren, den zentralen Aspekt der Liebe zu Gott aus den Augen zu verlieren – in einem solchen Fall würden das Lob und der Dank leiden.

Ein Hymnus, der diesen Abschnitt meines Gebetstagebuches unendlich bereichert und Gottes Namen und seine Größe auf eine Weise verherrlicht, die uns bis ins Innerste hinein ergreift, ist der mächtige Lobgesang des Heiligen Patrick, »I Bind Unto Myself« (St. Patricks Brustschild).

»1. Ich binde mir heute den starken Namen der Dreieinigkeit um und berufe mich auf dieselbe, Drei in Einem und Einer in Dreien.

2. *Ich binde mir heute in der Kraft des Glaubens auf Ewigkeit Christi Inkarnation um; seine Taufe im Jordan; seinen Tod am Kreuz zu meiner Erlösung; sein Hervorbrechen aus dem geschmückten Grab; seine Auffahrt gen Himmel; seine Wiederkunft am Tage des Gerichts: dies binde ich mir heute um.*

3. *Ich binde mir heute die Kraft der großen Liebe der Cherubim um, das süße Urteil »Du treuer Knecht« in der Stunde des Gerichts; den Dienst der Seraphim; den bekennenden Glauben, das Wort der Apostel, die Gebete der Patriarchen, die Schriftrollen der Propheten; alle guten Taten, die am Herrn und an der Reinheit oder reinen Seelen getan werden.*

4. *Ich binde mir heute die Tugenden des Sternenhimmels um, die lebenspendenden Strahlen der herrlichen Sonne, das Weiß des Vollmonds, das Blitzen des Gewitters, die Erschütterungen und das Unwetter des wirbelnden Windes, die ruhige Erde, das tiefe, salzige Meer, das die alten, ewigen Felsen umspült.*

5. *Ich binde mir heute die Kraft Gottes um, zu halten und zu führen, seine Augen achtzuhaben, seine Macht zu sprechen, seine Ohren, meine Not zu hören: die Weisheit Gottes zu unterweisen, seine Hand zu leiten, seinen Schild zu schützen; Gottes Welt, die mir Sprache verleiht, seine himmlischen Heerscharen, die über mir wachen.*

6. *Möge Christus mit mir sein, möge Christus in mir sein, möge Christus hinter mir sein, möge Christus vor mir sein, möge Christus neben mir sein; Christus, um mich zu gewinnen; Christus, mich zu trösten und zu erhalten; Christus unter mir; Christus über mir; Christus im Schweigen, Christus in Gefahr, Christus in den Herzen aller, die mich lieben, Christus im Mund eines Freundes oder eines Fremden.*

7. *Ich binde mir den Namen um, den starken Namen der Dreieinigkeit, und berufe mich auf dieselbe, Drei in Einem und Einer in Dreien. Von dem die ganze Natur geschaffen wurde, dem ewigen Vater, Geist, Wort: Ehre sei dem Herrn meiner Erlösung, die Erlösung kommt von Christus, dem Herrn.«*

Durch das Lob werden also wir, die Begrenzten und Geschaffenen, mehr und mehr in die Lage versetzt, den Grenzenlosen und Ungeschaffenen zu lieben und ihm zu vertrauen. Wir, die wir gefallen und in Finsternis sind, werden zu dem einen erhoben, der gut ist und der das Licht ist. Wir rufen mit dem Psalmisten aus: »In deinem Lichte schauen wir das Licht« (Psalm 36,10). Obwohl wir aus uns heraus begrenzt und unvollkommen sind, wachsen wir in der Beziehung zu dem Allmächtigen und Vollkommenen aufgrund der Realität der Inkarnation, der wirklichen Gegenwart Gottes unter uns.

Die Wirklichkeit der Inkarnation

»Doch du bist heilig, der du wohnst unter den Lobgesängen Israels« (Ps 22,4; Elberfelder Bibel).

Mit unserem Lobpreis erheben wir Gott in unerer Mitte, und er wohnt in uns. Seine Gegenwart in unserem Lobpreis spiegelt ein Muster der Inkarnation, also der Menschwerdung Gottes, wider – die Art, wie Gott zu uns kommt und uns immer mehr zu sich zieht. Noch einmal C. S. Lewis:

> *»Das zentrale von Christen bekannte Wunder ist die Inkarnation. Sie sagt, daß Gott Mensch geworden ist. Jedes andere Wunder bereitet auf dieses vor, oder rückt es in den Vordergrund oder ist seine Folge. So wie jedes natürliche Ereignis eine Offenbarung des Gesamtcharakters der Natur an einem besonderen Ort, zu einem besonderen Zeitpunkt ist, so offenbart jedes christliche Wunder an einem besonderen Ort zu einem besonderen Zeitpunkt den Charakter und die Bedeutung der Inkarnation.«*[3]

Gottes Liebe zu uns ist so groß, daß er – während wir in seiner Gegenwart abwarten und ihn, die vollkommene Liebe, preisen – erneut zu uns und in uns hinabsteigt und uns an sich zieht. Wir werden zur Inkarnation seiner Liebe, Weisheit und Gerechtigkeit. Auf diese Weise können wir ihm immer Liebe zurückschenken. Im »Schauen, Sehnen, Lieben werden wir wie der, den wir anschauen«.[4] Dies ist ein fest in der Inkarnation verankertes Prinzip, das C. S. Lewis so beschrieben hat:

> *»Nach der christlichen Überlieferung steigt Gott herab, um wieder hinaufzusteigen. Er kommt herab von den Höhen des absoluten Seins, hinein in Zeit und Raum, herab (…) zu den tiefsten Wurzeln, zum Urboden der von ihm geschaffenen Natur. Doch er kommt herab, um wieder hinaufzusteigen und die ganze zerfallene Welt mit emporzuheben.«*[5]

Im Lobpreis bekleiden wir uns erneut mit dem Herrn, wie dies bei jedem echten Gebet und Gottesdienst der Fall ist. Ein neuer Mantel seiner

Gegenwart ist vorhanden. Wir nehmen Gottes Wesensart an und nehmen Gottes Denken in uns auf. Das heißt,»wir ziehen den neuen Menschen an«, und als eine glückliche Folge davon sterben wir erneut und um so mehr dem alten Menschen ab, welcher das alte Selbst in seiner sündigen Isolation ist. In einer solchen Vereinigung ist der Lobpreis so natürlich wie das Atmen.

Preist ihn mit Herz und Sinn

»Siehe, selbst der Himmel und die Himmel der Himmel fassen dich nicht« (1 Kön 8,27).

Oft fühlen wir uns bei unserem Lobpreis unwürdig. Dies ist ohne Frage zu erwarten, denn Gott ist so groß, und wir sind so klein und begrenzt. Jeder, der von Herzen Gott verehrt, wird bald wissen, was der Verfasser des folgenden Liedes empfand, dessen Geist erhoben wurde, Gott hoch zu loben und ihm mit seiner ganzen Inspiration ein neues Danklied zu singen. Er ruft zu den Engeln, der Sonne und dem Mond, daß sie ihm bei dieser Aufgabe helfen mögen:

»Ihr Engel, helft uns, ihn anzubeten,
ihr, die ihr ihn von Angesicht zu Angesicht erblickt.
Sonne und Mond, verneigt euch vor ihm,
alle, die ihr in Zeit und Raum zu Hause seid.«[7]

In diesem Lob erkennen wir die Himmel so, wie das Volk Israel sie ursprünglich verstanden hatte. Gott hat die Himmel geschaffen, sie sind wirklich, sie begleiten uns, und sie sind voll von der Herrlichkeit Gottes. Um mit den Worten Dallas Willards zu sprechen: es sind »erstens, die Himmel der Vögel und der Wolken (diese sind uns am nächsten), zweitens die Himmel der Sterne, und drittens die Himmel der Engel.«[8]
    Wie Willard feststellt, handelt es sich hierbei um eine übliche Erkenntnis, von der wir nicht mehr allzu oft hören. »Die Kirche in früheren Zeiten wußte mehr darüber« und besaß einen lateinischen Ausdruck für diese Himmel.

»Der dritte Himmel liegt außerhalb des Raumes, er ist so weit entfernt.
… Gott ist so groß, daß dieses riesige Universum ihn nicht zu fassen
vermag. … Wir müssen die Idee von einem kleinen Gott, der irgendwo
in einem großen Universum herumschwirrt, machtlos seine Arme

schwenkt bei dem Versuch, alles so zu lenken, daß sich die Dinge anständig benehmen, hinter uns lassen. Nein, dies ist ein kleines Universum, und Gott ist so unendlich groß.« [9]

Möge der Herr in uns die Hoffnung auf den Himmel und das ewige Leben wiederherstellen, eine Hoffnung, die so lebendig ist, daß unser Verstand und unsere Vorstellungskraft die unsichtbaren Realitäten des Himmels und der Erde nicht länger ausschließt – und viel weniger noch den unendlich größeren Gott, der sie erschaffen hat, der sie erhält und mit seiner Herrlichkeit erfüllt. Dann werden wir Gott auf rechte Weise lieben und fürchten, und aus uns werden ständig Lob und Dank hervorgehen.

Wir werden lernen zu feiern, daß wir so klein sind. Wenn wir am deutlichsten spüren, daß wir als Kanal für das Lob, das in uns aufsteigt, zu klein sind, dann können wir bewußt unseren Platz in den Blick bekommen und einnehmen, den wir in diesem ganzen Universum innehaben, mit all den Heiligen und Engeln, ja mit der ganzen Schöpfung, die durch Raum und Zeit ihren Schöpfer und Bewahrer preist, den Allmächtigen, Heiligen und Guten.

Dies ist noch ein weiterer Grundsatz beim Lobpreis: Wenn uns ein besonderes Charisma des Lobpreises [10] gegeben ist, dann rufen wir automatisch aus, daß die ganze Schöpfung in unser Lob einstimmen möge, ob wir nun allein sind oder in der Gemeinde derer, die Gott anbeten. Wenn wir mit dem Leib Christi gemeinsam anbeten und ihn mit jedem Instrument, das wir finden können, und mit allen Stimmen loben, dann werden wir meist zum höchsten Lob emporgehoben. Dies sind Momente, in denen einem vor Freude und Licht und Heilung der Atem stockt. Das muß so sein, denn diese Augenblicke sind angefüllt mit der Gegenwart Gottes. Wenn wir ihn gemeinsam loben, gibt es so viel mehr Lobgesang, in dem er Wohnung nehmen kann. Wir haben so viel mehr Lob zu geben, mit dem wir ihm einen Thron bereiten können.

Um es zusammenzufassen: Wir sollen Gott in unserem persönlichen Gebet loben, denn wenn wir dies tun, entdecken wir, daß wir dazu geschaffen wurden, Gott inmitten seines Volkes zu preisen, ja inmitten seiner ganzen Schöpfung.

Der Lobgesang der großen Gemeinde

»Und Viertausend sollten den Herrn mit den Instrumenten preisen, die David zum Lobpreis anfertigen ließ« (1 Chr 23,5).

Manchen Menschen fällt es schwer, in den Lobpreis einzutreten, weil sie in ihrer Gemeinde kein angemessenes Vorbild dafür haben. Es fehlt ihnen diese gemeinsame Erfahrung einer solchen echten Anbetung. Freunde von mir besuchten einen Gottesdienst in einer der historischen Kathedralen eines der Länder, die erst vor kurzem von der Knechtschaft des atheistischen Kommunismus befreit wurden. Im Zusammenhang mit der Feier der Eucharistie leiteten die führenden Musiker und Sinfonieorchester dieser Nation eine große Menschenmenge im Lob Gottes an, mit dem sie dem Herrn für ihre neugefundene Freiheit dankten. Meine Freunde konnten die Ehrfurcht kaum beschreiben, die sie empfanden, als dieses von Herzen kommende Lob zu Gott aufstieg. Sie verstanden wie nie zuvor, was das Volk Gottes gewinnt, wenn Gott in seiner Gemeinde auf rechte Art verherrlicht wird. Im Herzen jedes einzelnen wurde eine Flamme des Lobes Gottes und des Dankes entzündet – und zweifellos preisen heute viele Gott, deren Herz noch nie die Fähigkeit dazu besessen hatte.

Ich bin durch die Musiker meines Gebetsteams besonders gesegnet. Obwohl sie nur wenige sind, ist ihre Anbetung und ihr Lob Gottes so sehr auf Gott ausgerichtet, daß Menschen, die das gemeinsame Lob noch nie erlebt haben, sehr schnell mitgerissen werden. Diese Neulinge des wahren Lobpreises entdecken bald, wie sich der Bruch zwischen Kopf und Herz schließt und sich dadurch in ihrer Persönlichkeit ein Stück Heilung vollzieht.

Wenn der Heilige Geist sie entsprechend führt, dann laden diese Musiker andere Anbetungsleiter ein, mit ihnen gemeinsam zu dienen. Es ist wunderbar zu sehen, wie ihr besonderes Charisma, in die Anbetung hineinzuführen, auf diese Weise an andere weitergegeben wird. Überall erzählen mir christliche Leiter, wieviel Segen diese Musiker für unsere Konferenzen bedeuten.

Connie Boerner und Patsy Casey, die den Lobpreis meist leiten, wuchsen in der katholischen Kirche auf. Dies mag der Grund sein für ein bestimmtes Phänomen, das ich und auch andere beobachtet haben. Obwohl sie von dem Gewicht ihrer E-Gitarren nach unten gezogen werden müßten, berühren ihre Füße, wenn sie uns im Lobpreis anleiten, manchmal kaum noch den Boden. Bevor ich durch Connie und Patsy in der Lobpreisleitung gesegnet wurde, konnte ich mit den Darstellungen der heilige Theresa auf alten Gemälden, die sie beim Lob Gottes abgehoben vom Boden zeigten, wenig anfangen. Nun fällt es mir nicht mehr schwer, diese christliche Form der »Levitation« zu verstehen![11]

Der Schlüssel für eine gelungene Lobpreisleitung liegt in der Frage, worauf sich der Lobpreisleiter konzentriert. Es soll nicht der geringste Hinweis auf den Musiker oder »Künstler« sichtbar werden. Je mehr sich der Blickwinkel verschiebt – weg vom Lob Gottes und hin dazu, die best-möglich »Darbietung« zu erreichen, das Beste aus dem Gesang der Gemeinde herauszuholen, oder wenn der persönliche Ruf des Musikers einen zu großen Raum einnimmt und so weiter –, um so weniger ist der Betreffende als Lobpreisleiter geeignet, egal, wie geübt oder begabt er oder sie auch sein mag.

Wenn die Leiter nicht anbeten, können sie andere nicht in die An-betung führen. Sie wie auch ihre Musik werden dann um das eigene Selbst kreisen und nicht um Gott. Dies führt zu einer betäubenden Art von Horizontalität, die unser Lob nicht zu Gott emporsteigen lassen kann; es wird keine Vertikalität geben, jenes geradlinige Aufwärtsgerichtetsein, das dem Heiligen Geist einen Weg in unseren Kopf und unser Herz bahnt. Große Anbetungsleiter sind zuerst und vor allem Männer und Frauen des Gebetes. Wie die heilige Theresa haben sie so viel Zeit in der Gegenwart Gottes verbracht und ihn gepriesen, daß ihr Herz oder gar ihre Füße nicht mehr am Boden haften.

Wer sich zutiefst nach mehr Freiheit im Lobpreis sehnt, sollte vielleicht nach solchen Menschen suchen, die diese Freiheit im gemeinsamen Gebet bereits erlangt haben. Ich kann mir nicht vorstellen, ohne dieses gemein-same Lob zu sein, ob es nun in meiner Gemeinde stattfindet oder in dem Dienst, den Gott mir anvertraut hat.

Die göttliche Armut

»Denn ihr wißt, was Jesus Christus, unser Herr, in seiner Liebe getan hat: Er, der reich war, wurde euretwegen arm, um euch durch seine Armut reich zu machen« (2 Kor 8,9).

Eine meiner Freundinnen, die fürbittend für ein Neugeborenes in der Hand einer krankhaft selbstsüchtigen Mutter eintrat, konnte aufgrund ihrer im-mensen Sorge um das Kind nicht schlafen. Sie hatte versucht, dem Kind irgendwie zu helfen, doch all ihre Bemühungen, und scheinbar auch ihr Gebet, hatten versagt.»Ich fühlte mich in eine Schlacht hineingestellt und konnte beinahe das Geklirr der Waffen hören.« Sie versank in einem Teu-felskreis negativer Gedanken. In ihrer Verzweiflung und während sie zu Gott schrie, nahm sie das Neue Testament zur Hand und beschloß, so lange darin zu lesen, bis sie eine Antwort fand. Sehr bald wurde sie zu dem Bericht über Jesu Geburt geleitet, und plötzlich, in einer tiefen nächtlichen Vision, wurde sie vom Heiligen Geist an die Wiege des neugeborenen Jesus geführt – dessen Leben auf Erden von Anfang an in Gefahr gewesen war. Sie schaute in die Wiege hinein und erlebte einen kurzen Augenblick lang die unglaubliche Niedrigkeit und Verletzlichkeit dieses Babys, das sowohl Mensch als auch Gott war. In ihrem Schmerz über die Ohnmacht des Neugeborenen, um das sie sich so sehr sorgte, wurde sie auf diese Weise daran erinnert, wie ohnmächtig das Christuskind gewesen war, welche Armut Jesus auf sich genommen hatte, damit er unsere Armut tragen konnte.

Meine Freundin wurde auf übernatürliche Weise getröstet und konnte im Glauben für dieses Baby beten, das in die Obhut einer Mutter hineingeboren worden war, die für alles geeignet war, nur nicht für diese Aufgabe. In der diesjährigen Weihnachtszeit befanden sie und ich uns inmitten anderer Probleme, darunter auch einige heftige geistliche Kämpfe. Aber immer wenn die Wogen besonders hoch schlugen, sagte sie mit gedämpfter Stimme zu mir: »Schau nur in die Krippe; schau dir nur das Kind an.« Ihr war eine Ahnung davon geschenkt worden, was die Menschwerdung Christi – das zentralste aller Wunder – wirklich bedeutet, eine Ahnung, die alle übliche Erkenntnis darüber weit überstieg. Auch hatte sie eine Idee davon bekommen, was es Jesus und den Vater gekostet hat. Und sie wird niemals mehr ganz derselbe Mensch sein wie zuvor.

Die Menschwerdung Christi ist überwältigend. Daß der Schöpfer der ganzen Welt sich danach sehnt, unser Vater zu sein, und uns seinen Sohn auf eine so besondere Weise geschenkt hat – den Sohn, den er durch den Mutterleib Marias in unsere dunkle Welt gesandt hat, damit er die Gestalt eines Menschen annehmen sollte –, dies ist etwas, das wir nur begreifen können, wenn der Vater selbst uns die Fähigkeit dazu gibt. Dann aber vertrauen wir wie Maria, um das Heilige zu empfangen, und die Inkarnation wird in uns immer mehr Gestalt gewinnen, indem der Heilige Geist über uns ausgegossen wird. Auch dies können wir nur begreifen, wenn der Vater uns dies schenkt und über uns ein ganz persönliches Pfingsten ausgießt. Selbst dann versagt unsere Vorstellungskraft. Daß der Gott allen Lebens nicht nur erlöst, sondern auch ameisengroßen Menschen seine Geheimnisse und seine Gegenwart offenbart, ist fast mehr, als der menschliche Verstand zunächst aufnehmen kann.

Im Meditieren dieser Gedanken trafen mich besonders diese letzten Worte Christi vor seiner Auffahrt in den Himmel:

»Mir ist *alle Macht* gegeben im Himmel und auf der Erde. Darum geht zu allen Völkern, und macht alle Menschen zu meinen Jüngern; tauft sie auf den Namen des Vaters und des Sohnes und des Heiligen Geistes, und lehrt sie, alles zu befolgen, was ich euch geboten habe. Seid gewiß: Ich bin bei euch alle Tage bis zum Ende der Welt« (Mt 28,18-20; Hervorhebung durch den Autor).

Dieses »alle Macht« steht in einem so krassen Gegensatz zu der Armut und Niedrigkeit, die er als der göttliche Sohn, der »nicht daran festhielt, Gott gleich zu sein« und »sich entäußerte«, erlebt hat. Seine Verletzlichkeit wandelte sich nie, sondern fand ihren Höhepunkt im Kreuz und in seinem vollkommenen Opfer für unsere Sünden. Und Paulus sagt, wir sollten Christi Niedrigkeit imitieren, und unsere Haltung solle der seinen entsprechen:

»Er war Gott gleich, hielt aber nicht daran fest, wie Gott zu sein, sondern er entäußerte sich und wurde wie ein Sklave und den Menschen gleich. Sein Leben war das eines Menschen; er erniedrigte sich und war gehorsam bis zum Tod, bis zum Tod am Kreuz. Darum hat ihn Gott über alle erhöht und ihm den Namen verliehen, der größer ist als alle Namen, damit alle im Himmel, auf der Erde und unter der Erde ihre Knie beugen vor dem Namen Jesu und jeder Mund bekennt: ›Jesus Christus ist der Herr‹ – zur Ehre Gottes, des Vaters« (Phil 2,11).

Die Größe dessen, den wir verehren, und der Personen, die wir werden – durch Christus angenommene Söhne und Töchter Gottes –, bringt uns dazu, die Demut Gottes anzuschauen und dieser Demut nachzueifern.

Inkarnation und die Wirklichkeit, die uns dadurch zuteil wird

»Ich in ihnen und du in mir« (Joh 17,23).

Seitdem ich als erwachsener Mensch mit Gott auf dem Weg bin, hat mich das Geheimnis bewegt, daß Christus in die Menschheit und in die Geschichte hineingeboren wurde. Mich bewegt auch, was dieses Geheimnis für uns, die wir ihn als den göttlichen Menschensohn, den Messias und den leidenden Knecht angenommen haben, bedeutet. Diese sieben Worte Jesu an den Vater – »ich in ihnen und du in mir« – drücken den zentralen Gedanken und den Angelpunkt alles Christlichen aus. Er kam, er starb, er wurde von den Toten auferweckt, er lebt in Ewigkeit. Und das alles, damit wir diese zweifache Inkarnation des Vaters im Sohn und des Sohnes in uns, dem Volk Gottes, erkennen mögen.

Auch in dieser Weihnachtszeit blicke ich in die Krippe und schaue das Gott-Baby an, das sich erniedrigte, um unsere Natur anzunehmen, und ich werde erneut an die Armut meines Geistes, meines Körpers und meiner Seele erinnert, die ich gekannt hatte, solange ich von Gott und dem heiligen Gespräch mit ihm getrennt gewesen war. Meine Blindheit und

Taubheit, in die er hinabgestiegen ist und der er sich entgegengestellt hat, war *ein* Aspekt dieser schrecklichen Verletzlichkeit.

Während ich ganz in diese Gedanken versunken war und mein Herz aufs neue angefüllt war von Staunen und Dank gegenüber Gott, dessen Handeln mein Leben völlig verändert hat, meldete sich eine Cousine bei mir, von der ich seit vielen Jahren nicht mehr gehört hatte. »Leanne«, sagte sie, »ich staune so sehr über das, was du getan hast …« Hier geriet sie ins Stocken. »… und es hat doch so armselig angefangen.« Sie war besorgt, ich könnte ihre Ehrlichkeit mißverstehen, doch sie konnte gar nicht ahnen, welch einen Segen ihre Worte für mich bedeuteten. Sie bestätigten das, woran ich mich in meinem Herzen erinnerte. Einen Augenblick lang schien sie neben mir zu stehen, um voller Ehrfurcht anzuschauen, wie Gott ein zerbrochenes Leben nimmt und es nicht nur heilt, sondern ihm sogar Sinn verleiht. Und natürlich rief ich aus: »Das war der Herr!« Das war keine banale Antwort – es sprudelte aus mir heraus in dem sicheren Wissen, was aus mir geworden wäre ohne das Geschenk der Inkarnation, ohne das Geschenk des Lebens Christi in mir. Nachdem ich mit ihr geredet hatte, rief ich Gott im Lobpreis an:

»Oh Herr, du warst es.
Du bist es, oh Herr.
Ich hörte dich inmitten meiner größten Not;
ich hörte dich sagen: »Du hast nicht, weil du nicht bittest.«

Und ich habe viel von dir erbeten,
und du hast gegeben …

Oh Herr, vor langer Zeit habe ich dir vertraut,
und du hast mich ganz und gar erlöst.
du erhobst mich aus der Asche,
wo nur Ohnmacht und Tod waren,
und ließest mich Frucht bringen.

Du machtest mich zu einem Baum,
dessen Äste in alle Richtungen zeigen,
der deine reiche und mannigfaltige Frucht trägt
und von dem heilendes Wasser, Harz und Öle tropfen.

Du grubst meine Wurzeln tief in die Erde,
damit sie die verborgenen Reserven der Güte,
Schönheit und des Leben anzapfen konnten.

Ich ziehe dich von neuem an, oh Herr.
Ich rufe dich von neuem an …«

Ich schrieb mein Gebet so schnell es ging vor dem Herrn auf und fuhr fort, ihn zu preisen. Einige ganz besondere Segnungen und Ehrungen begegneten mir, Dinge, die zu empfangen ich nie erwartet hätte, und ich rief zum Herrn:»Herr, das alles ist von dir geschenkt. Warum ich, Herr, warum ich?« Und hier erkannte ich wieder, daß diese Freude des Fruchtbringens allen gehört, die bereit sind,»Christus anzuziehen« und ihn in seiner Armut nachzuahmen. Dies ist ganz einfach die Verheißung des Evangeliums. Dies ist einfach eine Gebetserhörung. Sie richtet sich an alle, die ihn sagen hören:»Zieh mich an, empfange mich in deinem Innersten, lebe mit mir im Gehorsam.«

Christus anziehen

»Legt [als neues Gewand] den Herrn Jesus Christus an ...«
(Röm 13,14).

In gewissem Sinne»ziehen« wir das Gute»an« – wir tragen es sozusagen und gestatten dem wohltuenden Einfluß des Guten bis ins Innerste unseres Seins hineinzusickern. Wenn wir zum Beispiel noch nicht gelernt haben, in den Lobpreis einzutreten, dann können wir den Mantel des Lobes»anziehen«.[12] Darüber hinaus ruft Paulus die Christen in Kolossä auf, alle Tugenden anzuziehen:

»Ihr seid von Gott geliebt, seid seine auserwählten Heiligen. Darum bekleidet euch mit aufrichtigem Erbarmen, mit Güte, Demut, Milde, Geduld! Ertragt euch gegenseitig, und vergebt einander, wenn einer dem andern etwas vorzuwerfen hat. Wie der Herr euch vergeben hat, so vergebt auch ihr! Vor allem aber liebt einander, denn die Liebe ist das Band, das alles zusammenhält und vollkommen macht« (Kol 3,12-14).

Wir haben vor allem die gnädigen Taten Gottes in unserem Leben angeschaut; er steigt in unser Lob und in unser Herz hinab. Nun müssen wir einen kurzen Blick auf das werfen, was wir tun – auf die Art, wie unser Handeln die Gnade ergänzt. Dies hat mit der»menschlichen Seite« der Inkarnation zu tun, mit dem menschlichen Willen und der Art, wie unsere Entscheidungen den Schlüssel dafür bilden, daß wir das Alte und Kranke ablegen und das Neue und Gute anlegen.[13] Uns wird sogar geboten, »Christus anzulegen«,»den alten Menschen abzulegen«, ja sogar Gott nachzuahmen, zu dessen Bilde wir geschaffen sind. Dies tun wir im Glauben:

»Legt den alten Menschen ab, der in Verblendung und Begierde zugrunde geht, ändert euer früheres Leben, und erneuert euren Geist und Sinn! Zieht den neuen Menschen an, der nach dem Bild Gottes geschaffen ist in wahrer Gerechtigkeit und Heiligkeit« (Eph 4,22-24).

Unter den vielen herausragenden Romanen von Elizabeth Goudge bietet eine Trilogie, die mit dem Buch »Der Vogel im Baum« beginnt, ein wunderbares literarisches Beispiel dafür, wie dies in unserem Leben vor sich gehen kann. Zwei Frauen, die ihre Männer nicht liebten, achteten ihr Eheversprechen und »zogen« Liebe zu ihren Männern »an«. Dies geschah erst, nachdem beide beinahe ihr Zuhause und ihre Kinder verlassen hätten, um mit einem Mann zu gehen, von dem sie dachten, sie »liebten« ihn. Indem sie das Richtige taten, fanden sie nicht nur zu einem liebenden Verhältnis zu ihren Ehemännern und Kindern, sondern sie erlebten schließlich auch, daß sie sich eines Tages fragten, warum sie jemals glauben konnten, sie hätten jene anderen Männer geliebt, nach denen es sie so leidenschaftlich und egoistisch verlangt hatte.

Elizabeth Goudge geht es hier um das richtige Handeln und darum, wie dies der Wahrheit dient. Ihre weiblichen Charaktere, die unserem Jahrhundert entstammen, fragten sich, ob ihre Gefühle echt, »wahr«, waren. Dies ging so weit, daß sie rationalisierten, der Wahrheit sei besser gedient, wenn sie ihren subjektiven Gefühlen gegenüber »ehrlich« wären, statt einem objektiven ethischen Wert gegenüber treu zu sein. Zwei Generationen dieser Familie waren versucht, sich selbst auf diese Weise zu zerstören. In beiden Fällen siegte der ethische Wert, nachdem die Frauen sich für diesen Wert entschieden hatten; die Familie wurde gerettet. Aus dem Mund der geliebten Großmutter Lucilla, die eine junge und anmutige Frau gewesen war, als sie beinahe ihre Ehe und ihre Familie zerstört hätte, stammen die Worte der Weisheit, die ihre Familie retten sollten, als sie wieder in dieser Gefahr stand:

»Ich dachte es zu Ende, und ich sagte mir, die wahre Handlung ist das Schaffen des Vollkommenen, und die verlogene Handlung ist das Schaffen von etwas, das hinter dem Ideal zurückbleibt ... Ich mußte mich ganz allein zu der Vorstellung durchkämpfen, daß die Wahrheit, wenn sie das Schaffen des Vollkommenen ist, Tätigkeit ist und nichts mit dem »Gefühl« zu tun hat. Und am nächsten können wir dem Schaffen des Vollkommenen in dieser Welt kommen, wenn wir Gutes für die größtmögliche Anzahl schaffen, für die Gemeinschaft oder die Familie, nicht bloß für uns selbst; es für uns selbst schaffen, das bedeutet nur Elend und Verwirrung für alle. So kam ich zu der Einsicht, daß es nicht

immer Lügen heißt, wenn man etwas vortäuscht, es ist vielmehr oft der
beste Weg, der Wahrheit zu dienen. Es ist viel wahrheitsgemäßer zu
spielen, was wir empfinden sollten, wenn der Gemeinschaft gut gedient
sein soll, als uns so zu verhalten, wie es im Augenblick unseren egoisti-
schen privaten Empfindungen entspricht.«[14]

C. S. Lewis deutet auf die gleiche Lektion in ihrer grundlegendsten Form
hin, wenn er schreibt:

>»Wir sollen nicht lange fragen, ob wir unseren Nächsten ›lieben‹, wir
>sollen so handeln, als ob wir es täten. Dann entdecken wir eines der
>größten Geheimnisse. Wenn wir uns nämlich so verhalten, als würden
>wir einen Menschen lieben, werden wir langsam beginnen, ihn wirklich
>zu mögen. Wenn wir einen uns unangenehmen Menschen schlecht
>behandeln, wird er uns immer unangenehmer werden. Sobald wir ihm
>aber etwas zuliebe tun, wird er uns weniger unsympathisch.«[15]

Die Falschheit der Sünde und dessen, was an unserem inneren Menschen
schließlich geschieht, wenn wir eine falsche Haltung uns aneignen und mit
uns tragen, ist ein erschreckender Gedanke. Die folgenden Worte der
Schrift malen ein perfektes Bild der häßlichen Realität: »Er zog den Fluch
an wie ein Gewand; der dringe wie Wasser in seinen Leib, wie Öl in seine
Glieder« (Ps 109,18). Sie können das Wort »Fluch« durch jedes andere
Fehlverhalten ersetzen, insbesondere durch eines, das Ihnen in Ihrem eige-
nem Leben bewußt ist. »Er zog den Zorn an wie ein Gewand« ... oder
Neid, Lust, Lüge, Heuchelei, Ehrgeiz, Stolz, Haß, Bitterkeit und so weiter.
Welches dunkle Gewand wir auch anlegen, sein Einfluß wird sich mit
furchtbaren, oktopusgleichen Tentakeln in uns hineingraben. Schließlich
werden wir feststellen, daß unsere äußere Hülle eine tiefe und scheußliche
innere Wirklichkeit »widerspiegelt«. Wir werden nicht mehr nur von Wut,
Lust oder eines anderen Fehlverhaltens heimgesucht – nein, wir sind selbst
dieses Fehlverhalten. Wir haben unseren Leib zu einem wirklichen Tempel
dieses bestimmten Verhaltens gemacht. Das äußere Bild, das wir einst
angezogen haben, spiegelt nun einen inneren Zustand wider, den wir uns
zunächst vielleicht überhaupt nicht vorstellen konnten.

Wenn Gott uns durch die Schrift lehrt, die Sünde, die uns befleckt,
abzulegen, dann weiß er nur zu gut um die Befreiung, die wir nötig haben,
Befreiung nicht nur von dieser Sünde an sich, sondern auch von den krankhaften Ablegern dieser Sünden, die sich einen Weg in unser tiefstes Selbst
gebahnt haben. Nur durch Christus können diese Ableger entwurzelt und
ausgerissen werden. Haltungen und Untugenden sind reale Dinge – reale

Fähigkeiten zum Guten oder zum Bösen, die jedem von uns vertraut sind. Aus den Tugenden kommen gute Taten, gute Charakterzüge und, in Verbindung mit dem Heiligen Geist, sogar die Früchte des Geistes. Aus den Untugenden kommen bestimmte Sünden und die bösartigen Gewohnheiten, die einen schlechten Charakter bilden.

Wir sind angewiesen, erstere, die Tugenden, anzulegen und letztere, die Untugenden, von uns abzuwerfen. Die Tatsache, daß unser Handeln einem Befehl folgt, bedeutet nicht, daß wir das eine oder das andere ohne die Gnade Gottes zu tun versuchen.

Viele der älteren Schriftsteller haben über die Heiligen gesagt, sie hätten »nach außen hin geleuchtet vor Tugend und Gnade«. Wir hören so etwas heute nur noch selten, und das bedeutet einen Verlust. Die Tugenden selbst werden heute verachtet, als ob wir nichts damit zu schaffen hätten, sie zu üben oder anzulegen. Die Untugenden und das individuelle Handeln, das daraus entspringt, werden heute nicht mehr benannt. Ironischerweise hat auf der einen Seite Gesetzlichkeit und auf der anderen ein regelrechter Antinomismus[16] diese Lehre ersetzt. Diese älteren Schriftsteller zeigten, daß das Anlegen der christlichen Tugenden bedeutet, die Gegenwart Christi zu praktizieren. Es bedeutet, Christus als eine ganz und gar gute Garderobe anzulegen. Das Endresultat ist in der physischen Welt sichtbar.

Heuchelei – wenn nur das äußere Image zählt

»Die äußere Erscheinung hat in einem bemerkenswerten Ausmaß die Wirklichkeit ersetzt.« [17]

Wir können ein äußeres Image »anziehen«, das nichts mit dem bewußten Sein in der Gegenwart Gottes zu tun hat, oder auch nur mit den Haltungen, wie sie ein »heiliger Heide« versteht. In einem solchen Fall halten wir ein äußeres Image aufrecht, um anderen zu gefallen oder gar um sie zu täuschen.

Die falsche Haltung, nur auf das äußere Image zu achten, wird heute von den Medien unverhohlen ausgenutzt, um Brieftaschen zu leeren. Die Welt des Mammon legt großen Wert auf Oberflächlichkeit und Heuchelei. Ohne Zweifel ist dies die weltliche Gesinnung, die am meisten in der Kirche Fuß gefaßt hat. Auf jeden Fall schenken heute viele dem äußeren Image die meiste Beachtung, wie dies früher bei den Pharisäern der Fall war. Ein solcher Mensch mag eine gepflegte »christliche« Rolle spielen, doch im Innern, tief in der Seele verwurzelt, ist sein Zustand geistig und geistlich äußerst widerwärtig. Erst kürzlich habe ich einige der schlimmsten Begebenheiten erlebt, die man sich denken kann, Fälle, in denen jemand die Maske eines frommen Christen trägt und doch voller Abneigung, Haß und Zorn gegenüber Gott und einigen oder allen Christen ist. Hier handelt es sich nicht um Fälle, bei denen der Haß gegen die eigenen Eltern oder gegen die Gemeinde fälschlicherweise auf Gott übertragen wurde; obwohl es damit womöglich angefangen hat. Vielmehr handelt es sich hier um erschreckende Beispiele dafür, daß Menschen sich strikt weigern, Abneigungen aufzugeben, anderen zu vergeben und vor Gott den massiven Stolz niederzulegen, der dem Herrn den Zugang zum Herzen dieser Menschen verwehrt.

Von all den Lastern in einem solchen Herzen scheint der Unglaube das Entscheidende zu sein. Wenn ich eine christliche Rolle angenommen habe, um mein Erscheinungsbild aufrechtzuerhalten, dann befinde ich mich im Würgegriff des Unglaubens. Meine Liebe zu Gott und meine Ehrfurcht vor ihm fehlen. Mein Herz wird durch die Falschheit der Sünde verhärtet – durch jene Sünden, die aus dem Unglauben entstehen und den Platz echter Liebe und Gottesfurcht einnehmen. Anstelle dieser werden sich die Furcht vor anderen und die Sorge, was andere über mich denken, einstellen.

Wenn äußeres Benehmen und Ansehen auf diese Weise als Selbstzweck angesehen werden, dann tritt der bloße Schein des Guten (wie dies bei manchen Pharisäern der Fall war) an die Stelle der Wirklichkeit selbst. Wenn mein Herz des Wirklichen – der tugendhaften Gewohnheiten, der Früchte des Heiligen Geistes und Gottes selbst – beraubt ist, dann verhärtet es sich. Ich werde zu jenem »getünchten Grab«, zu jenen lebenden Toten – wie Jesus einige der religiösen Führer seiner Zeit bezeichnete.

Im Gegensatz zum Stolz der Heuchler steht die Demut der Heiligen. Christus anzuziehen bedeutet, das eigene Verständnis über die gefallene Natur eines Herzens ohne Christus zu erweitern. Alle Untugenden sind dem Herzen einer gefallenen Menschheit eigen. Je größer im Herzen der Heiligen die Erkenntnis über die Güte Gottes ist, um so sicherer wissen sie auch, daß selbst ihr Bestes ohne Gott nicht genug ist. Sie wissen, daß dieses Gute verkommt und den Prüfungen auf Dauer nicht standhält. Indem sie lieber die Gottesfurcht wählen, statt die Menschenfurcht, entscheiden sie sich für eine innere Integrität, eine von Innen kommende Veränderung, die schließlich zu einer Erfüllung des Seins führt. Sie hassen und verachten die hohle Schale – die bloße Rolle oder das Schaufenster eines äußerlichen Images.

Zusammenfassend ist zu sagen: Die Heiligen achteten das trans-zendente Gute und wußten, daß der, der in Christus ist, eingehüllt ist in das ehrfurchtgebietende objektiv Gute. Sie wußten, daß sie ihre Glieder vor diesem höchsten Gut beugen konnten, statt vor egozentrischen Sehnsüchten und Gefühlen; so konnten sie tugendhafte Gewohnheiten einüben und wurden gleichzeitig von den schlechten Gewohnheiten befreit. Sie wußten, daß der, der die Tugenden achtet und nicht die Laster, in der Lage ist, gute Verhaltensmuster und Charakterzüge einzuüben, statt seines Gegenteils, das aus der Sünde erwächst. Sie wußten, daß dies ein lebensnotwendiger – und nicht in ihr Belieben gestellter – Bestandteil jener Disziplin ist, die es ihnen ermöglicht, Gott zu gehorchen und in seiner Gegenwart zu bleiben.

>Der Herr ist mit euch, wenn ihr zu ihm haltet. Wenn ihr ihn sucht, läßt er sich von euch finden; wenn ihr ihn aber verlaßt, verläßt er euch< (2 Chr 15,2).

Dieses Verständnis darüber, was es heißt, das Denken und die Tugenden Gottes »anzuziehen«, dieses wahre Bewußtwerden der Gegenwart Gottes und des transzendenten Guten, ist der Schlüssel zur persönlichen Ganzheit. So heißt es schon in jener alten Redensart: »Säe einen Gedanken und du erntest eine Tat; säe eine Tat und du erntest eine Gewohnheit; säe eine Gewohnheit und du erntest einen Charakter; säe einen Charakter und du erntest ein Schicksal.«[18] Diese Übung, Gottes Art anzunehmen, ist ausschlaggebend bei der Heilung kranker Seelen. Ja, es ist sogar ausschlaggebend, wenn überhaupt irgend jemand geheilt werden soll.

Wenn wir christliche Gewohnheiten »anziehen«, so ist dies der Anfang einer dramatischen Entwicklung

Das Gute, das wir »anziehen«, sinkt in das Innerste unseres Seins und verbindet sich mit dem *imago dei* (»Bild Gottes«) in uns. Wir fangen an, mit dem Heiligen Geist zusammenzuwirken, um den Willen des Vaters zu tun. Wir »ahmen Christus nach«, so wie Paulus uns ermahnt:

>Ahmt Gott nach als seine geliebten Kinder, und liebt einander, weil auch Christus uns geliebt und sich für uns hingegeben hat als Gabe und als Opfer, das Gott gefällt« (Eph 5,1-2).

Es ist interessant, daß Paulus in direktem Anschluß an diese Worte die Ermahnung folgen läßt, sich nicht der Unzucht hinzugeben. Warum sind diese Ermahnungen, auch gerade in diesem Zusammenhang, so wichtig?

Das liegt daran, daß in dem Moment, in dem wir Christus und das transzendente Gute anziehen, unser wirkliches, neues Selbst gegen die Gitterstäbe zu schlagen beginnt, um gegen jede Niedertracht aufzubegehren, die es gefangenhält. Dann zerbricht es diese Gitterstäbe und bricht zur Wahrheit und zur erhärteten Wirklichkeit hindurch; es erhebt sich, um sich mit einer heiligen Gegenwart zu verbinden. Es drängt vorwärts in die Gegenwart Gottes und fordert das alte Selbst mit all seinen illusorischen und disintegrativen Aktivitäten (all das, was sinnliche Begierden der Liebe vorziehen würde und das Böse dem Guten) zu einem Kampf auf Leben und Tod heraus. Es durchbohrt das alte Selbst, tötet es ganz und wirft es dann als ein schmutziges Gewand von sich.

Die Haltungen des Lobes und des Dankes »anziehen«

Laßt uns darum, in diesem ersten Teil des Gebetes, die Haltungen von Lob und Dank »anziehen«. Dieser Mantel schafft die Bedingungen, in denen unser tiefstes Sein zu einem Tempel der Anbetung wird. Ich lade Sie ein, das folgende Gebet zu sprechen:

> *»Herr, komm in unsere Herzen, um uns immer wieder zu erneuern und neu zu machen. Laß mein Gesicht leuchten von deiner Gegenwart, mögen all die Tugenden deiner Gegenwart in mir Heimat finden.«*

Kapitel 4

Fürbitte

»Vor allem fordere ich zu Bitten und Gebeten, zu Fürbitte und Danksagung auf, und zwar für alle Menschen, für die Herrscher und für alle, die Macht ausüben, damit wir in aller Frömmigkeit und Rechtschaffenheit ungestört und ruhig leben können. Das ist recht und gefällt Gott, unserem Retter; er will, daß alle Menschen gerettet werden und zur Erkenntnis der Wahrheit gelangen. Denn: Einer ist Gott, Einer auch Mittler zwischen Gott und den Menschen: der Mensch Christus Jesus, der sich als Lösegeld hingegeben hat für alle, ein Zeugnis zur vorherbestimmten Zeit« (1 Tim 2,1-6).

Dein Reich komme, dein Wille geschehe, im Himmel wie auf Erden

Wenn wir Fürbitte tun, so beten wir eigentlich: »Dein Reich komme, dein Wille geschehe, im Himmel wie auf Erden.« »Biblische Spiritualität«, so hat Donald Bloesch deutlich gemacht,

»... bedeutet keinen Rückzug aus dem Durcheinander der Welt, sondern ein Sich-Identifizieren mit der Welt in all ihrer Schande und Not. Die persönliche Bitte würde egozentrisch werden, wenn sie nicht von Fürbitte, Anbetung und Dank im richtigen Gleichgewicht gehalten würde ... Wir bitten nicht nur um persönliches Glück oder um Schutz ..., sondern wir bitten um das Fortschreiten und die Ausbreitung des Reiches Gottes«.[1]

Weil Gott sich für die ganze Welt interessiert, sollen wir dieses Interesse teilen. Sein schöpferischer Wille und sein Ziel ist, die Welt durch uns zu lieben. Schon bald begreifen wir, daß das fürbittende Gebet keine geringe Aufgabe ist.

Praktische Anleitung zum Gebetstagebuch

Dieser Abschnitt unseres Gebetstagebuches enthält unsere Fürbittlisten und alles, was uns beim Gebet für andere hilft. Ich schlage vor, daß wir eine Liste für Familienangehörige, eine für bestimmte christliche Leiter und Gemeinden, eine weitere für die speziellen Nöte in unserer Nachbarschaft, eine weitere für unser Land und schließlich noch eine Liste für internationale Anliegen führen. Wenn wir bereits an verschiedenen Orten gelebt haben, ist es hilfreich, »geographische« Listen zu führen, damit wir daran denken, für Freunde aus unserer Vergangenheit zu beten. Einige Menschen stehen bereits seit über dreißig Jahren auf meinen Gebetslisten. Ich nehme diese Listen nicht jeden Tag und nicht jede Woche in mein Gebet hinein. Aber ich bete sie so regelmäßig, daß der Herr mir diese Menschen aufs Herz legen kann, wenn sie Gebet brauchen.

Unsere eher persönlichen Fürbittgebete gehören in den nächsten Abschnitt mit der Aufschrift »Bitten«. Darauf folgt die Abteilung »Vergebung«, wo ich spezielle Gebetslisten für unsere »Feinde«, Menschen, die uns nicht wohlgesonnen sind und große Schwierigkeiten machen, führe.

Der Herr wartet nur darauf, uns seinen Willen zu offenbaren, wie wir all diese Fürbitten tun können. Das ist etwas sehr Spannendes. Während wir für andere eintreten, dient der Heilige Geist häufig uns selbst und offenbart uns eine andere Art zu beten oder Worte der Weisheit und Erkenntnis. Daher sind diese Gebetslisten bald vollgekritzelt mit neuen Einsichten, Glaubensbekräftigungen und biblischen Verheißungen.

»So nimmt sich auch der Geist unserer Schwachheit an. Denn wir wissen nicht, worum wir in rechter Weise beten sollen; der Geist selber tritt jedoch für uns ein mit Seufzen, das wir nicht in Worte fassen können. Und Gott, der die Herzen erforscht, weiß, was die Absicht des Geistes ist: Er tritt so, wie Gott es will, für die Heiligen ein« (Röm 8,26-27).

Der biblische Auftrag

Die Schrift ermahnt uns, mit Vollmacht für alle Menschen zu beten: Für die Kirche und ihre Pfarrer, für die über und unter uns – Herren und Sklaven –, für Kinder, Freunde, Mitbürger, für die Kranken, für die, die uns verfolgen, und sogar für die, die gegen Gott murren. Kurzum, wir sollen für alle Menschen überall beten.

Dies kann uns leicht überwältigen, besonders in unserer Zeit, in der die Sorgen der Welt uns tagtäglich in Technicolor erreichen, sobald wir den Fernseher anschalten. Obwohl unsere Fürbitte den ganzen Globus umspannen soll, können wir nicht einmal mit den Ängsten und der Finsternis einer kleineren Stadt richtig umgehen, vom gesamten Globus ganz zu schweigen. Sollten wir es dennoch versuchen, so würden wir bald von den enormen Bedürfnissen dieser Welt überwältigt und würden schließlich für niemanden mehr erfolgreich beten. Das ist einer der Gründe, warum dieser Abschnitt unseres Gebetstagebuches so wichtig ist. Hier listen wir die Personen, Leiter, Gemeinschaften, Gemeinden und christlichen Unternehmungen auf, die wir in der Fürbitte beständig vor Gott bringen sollen.

Der Mittelpunkt, auf den sich unser Gebet konzentriert, muß immer eindeutig bleiben. Jedes Gebet richtet sich an Gott. Daher identifizieren wir uns in unserem Gebet mit Christus, dem Licht der Welt. Wenn wir diesen Mittelpunkt deutlich im Blick behalten, werden wir uns nicht zu sehr mit der Finsternis dieser Welt identifizieren und beschäftigen. Unsere Gebete werden leuchten, weil unser Glaube so stark ist.

Christus ist unser Vorbild. Er schaut auf Gott, den Vater. Sein Gebot, Fürbitte zu tun, ist leicht, wenn wir unseren Blick auf »den Herrn der Ernte« konzentrieren und nicht auf die immensen Nöte dieser Welt.

»Da sagte er zu seinen Jüngern: Die Ernte ist groß, aber es gibt nur wenig Arbeiter. Bittet also den Herrn der Ernte, Arbeiter für seine Ernte auszusenden« (Mt 9,37-38).

Die globale Perspektive

Vor vielen Jahren hörte ich, daß Dr. Bob Pierce, der Gründer von *World Vision*, schluchzend einen Globus in die Arme geschlossen haben soll. Er betete für die verwaisten Kinder dieser Welt. Gott vertraute ihm einen Auftrag an, durch den er speziell diesen Kindern dienen wollte. Die Vision, die Pierce hatte, deckte sich mit der Gottes – es war eine globale Vision. Er hatte den Willen Gottes erkannt, wie er beten und welche Arbeit diesen Gebeten folgen sollte.

Diese Gewohnheit Dr. Pierces beeindruckte mich so sehr, daß ich heute immer einen Globus zur Hand habe. Als ich von dieser Gewohnheit zum ersten Mal hörte, konnte ich mir kaum vorstellen, daß Gott mich weltweit gebrauchen könnte. Doch ich warf ebenfalls meine Arme um den Globus und rief zu Gott, er möge mich auf irgendeine Art gebrauchen, um diesen bedürftigen Planet durch mich zu lieben. »Herr, liebe du deine Welt durch mich«, dies ist ein Gebet, das mich seitdem begleitet. In der gemeinsamen Fürbitte greifen wir bei *Pastoral Care Ministries* manchmal zu einem Globus, um unsere Fürbitte auf ein bestimmtes Land oder eine Region zu konzentrieren.

Wir versuchen, so detailliert wie möglich für die Arbeit des Evangeliums zu beten, die Gott uns anvertraut hat. Wir bitten darum, daß diese Arbeit sich überall in dieser Welt zu den verletzten, suchenden und hungrigen Herzen einen Weg bahnen möge. Wenn wir gemeinsam für die kommenden Dienste von *Pastoral Care Ministries* (PCM) in den USA und weltweit beten, dann staunen wir immer wieder darüber, wie der Heilige Geist uns oft sehr detailliert zeigt, wie und für welches Anliegen wir beten sollen. Manchmal werden wir ermahnt, gewarnt und manchmal bekommen wir auch im voraus Instruktionen, die uns auf unvorhergesehene Probleme vorbereiten, mit denen wir es zu tun bekommen werden.

Ich habe bemerkt, wie gnädig Gott »gemischte«, interkonfessionelle Gebetsgruppen segnet. Wir sind nicht berufen, Menschen zu einer bestimmten Konfession zu bekehren. Wir sollen vielmehr das Evangelium so lehren, daß sich an allen Orten Menschen zu Christus bekehren. Das *PCM*-Team setzt sich aus Mitgliedern der Episkopalkirche, aus Baptisten, Lutheranern, Katholiken und aus Gliedern verschiedener anderer Gruppierungen zusammen, und wir schöpfen hieraus einen ganz besonderen Segen. Zum einen wissen wir, daß Gott die Fürbitter nicht dazu beruft, die brüchigen Mauern der Konfessionen zu stützen. Wenn wir die Gemeinde sind, also die Gemeinschaft des Heiligen Geistes, und Christus in Treue erheben, dann werden die, die sich zu ihm bekehren, zwangsläufig die institutionellen Kirchenstrukturen reformieren. Auch hier müssen wir die wichtigsten Prioritäten an die erste Stelle setzen, dann werden sich die weniger wichtigen Dinge von selbst lösen.

Bei unserer persönlichen Fürbitte und bei unserem gemeinsamen Gebet kann es geschehen, daß wir uns zu sehr auf lokale Nöte konzentrieren und die größere Perspektive aus dem Blick verlieren. Oder wir können im Gegensatz dazu nur allzu leicht für die Nöte »in weiter Ferne« beten und die Dinge in unserer Stadt oder gar in unserer Familie vernachlässigen. Doch ein wahrhaft globales Gebet – das nicht so allgemein ist, daß es wie ein Routineablauf aussieht, und nicht so problembeladen, daß es uns überwältigt – ist nicht nur als Gebet äußerst effektiv, sondern erhält uns auch als Gebetsgruppe gesund. Christus starb für alle Menschen, die zu ihm kommen; sein Heilsplan ist global. Wir sollen – in unserem Gebet – in alle Welt hinausgehen. Dann werden wir um so effektiver sein, wenn wir für die Nöte beten, die uns näher sind.[2]

Wie unsere Fürbitte nicht aussehen soll

In jeder kirchlichen Tradition gibt es Menschen, die das fürbittende Gebet zu einer besonders zermürbenden Arbeit machen. Manchmal tun dies sogar jene, die eine besondere Begabung für das fürbittende Gebet besitzen. Ihr emotionales Krankheitsbild und die Notwendigkeit einer fundierteren Theologie sind meist nur allzu offensichtlich. A. W. Tozer spricht hierzu in einem Artikel unter der Überschrift »Born After Midnight« ein ausgleichendes Wort:

> »Unter Christen, die stark auf Erweckungen hin ausgerichtet sind, habe ich die Redensart gehört: ›Erweckungen werden nach Mitternacht geboren.‹ Dies ist einer dieser Sprüche, die zwar nicht ganz wahr sind, aber auf etwas durchaus Wahres hindeuten. Wenn wir diese Redensart so verstehen, als habe unser Gebet mehr Kraft, wenn wir müde und ausgelaugt sind, als in der Zeit, wenn wir ausgeruht und frisch sind, dann ist dies wiederum nicht wahr. Gott müßte wahrhaftig sehr streng sein, wenn er von uns verlangen sollte, unser Gebet zu einer Bestrafung zu machen, oder wenn er Gefallen daran hätte, daß wir uns durch unsere Fürbitte selbst strafen. Spuren einer solchen asketischen Neigung lassen sich noch unter einigen Evangeliumschristen finden. Man muß diese Brüder zwar um ihres Eifers willen loben, doch man darf nicht entschuldigen, daß sie Gott unbewußt einen sadistischen Zug beimessen, der selbst eines gefallenen Menschen unwürdig ist.« [3]

Erst gestern öffnete ich den Brief einer verängstigten Fürbitterin, die den Eindruck hatte, daß all ihre bisherige Fürbitte »fleischlich« gewesen sei, nur weil sie nicht aus dieser zermürbenden, klagenden und mühsamen Art des Betens kam. Sie quälte sich, weil sie glaubte, sie habe nie »genug Liebe geübt« und so weiter. Dies zeigt, welcher Schaden Menschen angetan werden kann, wenn eine falsche Askesehaltung ins Spiel kommt. Eine solche Ausrichtung des Gebetes richtet unseren Blick schließlich meist nur noch auf uns selbst – darauf, wieviel wir erleiden, wieviel Liebe wir üben, wie sehr wir »unser Fleisch bekämpfen« und so weiter. Auf diese Weise konzentrieren wir uns bald auf die »Gebetsmühen«, insbesondere unsere eigenen, und verlieren das Objekt unseres Gebetes aus den Augen.

Wenn dies lange genug andauert, erkranken wir ernsthaft an der »Krankheit der Selbstbeobachtung«, jenem unglücklichen und fragmentierenden Zustand, der uns dann überkommt, wenn wir zum Gebet niederknien und, statt Gott anzubeten, uns selbst, unsere Gebete und unsere

Motive für das Gebet analysieren. In diesem introspektiven Zeitalter ersetzen wir sehr leicht die objektive Gabe des hörenden, liebenden Ohres Gottes, die Vergebung und das heilende Wort, das er zu uns spricht, durch die subjektiven Gefühle, die wir über uns haben, besonders über all die Dinge, von denen wir meinen, sie bräuchten Korrektur oder Heilung. Wenn wir auf die Knie gehen und uns selbst dabei hassen, werden wir vermutlich nicht von unserem depressiven Selbst aufschauen können, um von Gott zu empfangen – ganz zu schweigen vom glaubensvollen Gebet für andere. Statt dessen sind wir tief in einen emotionalen Zustand hineingesunken, in dem wir bestimmt werden von den uns eingepflanzten Gefühlen über uns selbst und von einem emotionalen Blickwinkel, den wir schon so lange haben, daß wir ihn kaum noch bemerken. Das ist kein Gebet. Das ist eine weitverbreitete und ernstzunehmende Barriere für jegliche Kommunikation mit Gott, nicht nur das fürbittende Gebet.[4]

Wenn wir beim Fürbittgebet die Gabe der Tränen und des intensiven Rufens zu Gott geschenkt bekommen, so wurde uns keine besondere Ehrung zuteil. Es ist vielmehr das gnädige »Werk« des Heiligen Geistes. Wir sollten dankbar sein und Gott dafür danken. Der Versuch, diese Gnade zu duplizieren, ist absurd und steht der Fürbitte im Weg. Der größte Teil unserer Gebetsarbeit wird geschehen, ohne daß wir von dieser Gnade etwas spüren. Wenn dies geschieht, so danken wir ganz schlicht dafür.

Im Anschluß möchte ich jedoch anfügen, daß es asketische Glaubenspraktiken gibt, die in unserem Leben nicht fehlen sollten. Ohne diese werden wir mit großer Wahrscheinlichkeit nicht sonderlich viel Fürbitte tun. Wir sind machtlos, wenn in unserem Leben Fasten, Einsamkeit, Stille und die klassischen Wege, unseren Körper darin zu üben, ein Tempel des Heiligen Geistes zu sein, fehlen. Wir können diese Praktiken an Christus, an denen, die er unterwies und an der frühen Kirche beobachten.

Neben der Frage einer falschen Askese mit ihren verunglückten Ansichten über Gott und uns selbst, sind heute noch zwei weitere Praktiken weitverbreitet, die uns im Gebet hindern. Zum einen geht es um die Praktik der *Substitution* – d.h. wir beten, um die Schmerzen, die Krankheit, die Ängste oder das Leid eines anderen Menschen auf uns zu nehmen. In solchen Fällen treten wir nicht vor Gott fürbittend für diesen Menschen ein, sondern wir versuchen, an die Stelle dieser Menschen zu treten, zu »substituieren«. Statt auf Christus zu schauen, als den, der gestorben ist, um den Schmerz, die Sünde oder die Krankheit dieser Menschen auf sich zu nehmen, bitten wir darum, diese Dinge selbst auf uns nehmen zu können. Statt auf den Erlöser zu schauen, versuchen wir selbst, ein Erlöser zu sein. Statt anderen zu helfen, ihre Last an Schuld, Schmerz, Krankheit und was es sonst noch sein mag, im Gebet zu Gott zu bringen, versagen wir selbst in unserem Vertrauen zu Gott. Wir versuchen, aus eigener Kraft die Bedürfnisse dieser Menschen zu tragen.

Substitution findet also dann statt, wenn wir den Unterschied verwischen zwischen dem Heiland und Erlöser – dies ist allein Jesus, nur *er* war dazu in der Lage – und seinem Jünger, der ein Kanal ist, durch den das Leben Jesu fließen soll. *Substitution* bedeutet den Versuch, das Werk, das Christus bereits vollbracht hat, selbst zu tun, und gleichzeitig die Aufgabe, die uns eigentlich zukommt, zu unterlassen. Die Finsternis anderer als Mittler auf sich zu nehmen und in sich hineinzulassen ist im besten Fall das Ergebnis von Unkenntnis, im schlimmsten Fall die Folge von Stolz. Beide Male verfallen wir jedoch einem Messias- oder Erlöserkomplex, und wir werden unseren Stolz bekennen müssen, um aus diesem Komplex wieder herauszukommen.

Eine der großen Gefahren der Substitution liegt darin, daß bei einer Krankheit des Geistes, der Seele und des Körpers geistliche Kräfte unmittelbar involviert sein können, die wir nicht verstehen oder nicht erkennen. Im Fall einer dämonischen Gegenwart »transferieren« sich solche Kräfte recht gern von der kranken Person auf den, der darum gebeten hat, für diese Person zu »substituieren«. Wer das tut, öffnet seine Seele und seinen Körper unbeabsichtigt der Finsternis. Er lädt den Feind ein hereinzukommen und sendet seinem eigenen Geist und Körper gleichzeitig das Signal zur Selbstauflösung.

Ein solches Handeln ist natürlich nicht darin verwurzelt, auf Gott zu schauen und ihm zu vertrauen – wie im wahren Gebet. Der weithin bekannte Film »Der Exorzist« hat gar keinen Exorzismus gezeigt, sondern eine Substitution. Ein Priester, der versäumt, zu Gott zu beten und die Autorität seines Amtes auszuüben, nimmt statt dessen die dämonischen Kräfte, die ein Kind heimsuchen, in sich auf. Der Film endet damit, daß sich der Priester aus einem Fenster zu Tode stürzt. Dies zeigt sehr anschaulich, welcher Preis bei solch einem falsch verstandenes »Substitutions«-Verhalten zu zahlen ist. Dieser Preis hat nichts mit dem zulässigen Leiden eines Christen zu tun.

Eine interessante Bemerkung sei an dieser Stelle erlaubt: Bei *PCM*-Konferenzen lassen wir das Evangelium zur Heilung von Menschen wirken. Da wir psychosomatische Wesen sind – Körper und Seele –, beginnt in unserem Körper ganz natürlich, manchmal sogar augenblicklich, ein Heilungsprozeß. Gegen Ende jeder unserer Konferenzen sind wir häufig geführt, für körperliche Heilung zu beten, insbesondere um solche Heilungen, die mit der emotionalen und geistlichen Heilung verbunden sind, die die Menschen empfangen haben. Wenn Menschen jedoch die

Gelegenheit haben, Substitutionen zu widerrufen, so erleben wir ausnahmslos dramatische und sofortige körperliche Heilungen – ebenso auch geistige und emotionale Heilungen. Es geschahen durch einen solchen Widerruf schon übernatürliche Heilungen von Krebs, Gefäßkrankheiten und ähnlichem. Heilungen, so wie diese, die in Verbindung mit einer Substitution stehen, scheinen nur in Verbindung mit einer spezifischen Unterweisung sowie der Gelegenheit zum Gebet zu geschehen. Leider reicht die Zeit bei diesen Versammlungen nie aus, um jegliche Unterweisung und jedes Heilungsgebet unterzubringen.

Wenn Sie diesen obigen Abschnitt gelesen haben und Sie wissen oder denken auch nur, daß es bei Ihnen »vielleicht« eine solche Substitution gegeben hat, dann ist jetzt der Augenblick gekommen, diese zu benennen, zu bekennen und zu widerrufen. Sie können geradewegs zu Gott aufschauen und das folgende Gebet sprechen:

»Herr, ich bat darum, den Schmerz, die Krankheit beziehungsweise die Finsternis [benennen Sie die geistliche Finsternis, die körperliche Krankheit, wie Blindheit, Verkrüppelungen oder eine mentale oder emotionale Depression, oder jede andere Form der Finsternis] von [Name] auf mich nehmen zu dürfen. Ich bekenne jetzt meine Dummheit und meinen Stolz vor dir. Du allein bist der Heiland und der Erlöser. Mir fehlte der Glaube an dich, und so bat ich zu tun, was du bereits vollbracht hast – du trugst unsere Krankheit, unsere Sünden, unser Leid. Vergib mir, Herr, während ich diese Substitution widerrufe«.

Die Substitution wird nun im Detail widerrufen:

»Herr, ich habe die Sünde, den Stolz und den Unglauben dieser Substitution bekannt. Jetzt widerrufe ich diese Substitution vor dir. [Widerrufen Sie die von Ihnen begangene Substitution so detailliert wie möglich, zum Beispiel: ›Herr, ich bat darum, die Blindheit von (Name) auf mich nehmen zu können, ich widerrufe diese Substitution, indem ich die Sünde, den Stolz und Unglauben bekenne, der darin lag.‹] Ich blicke zu dir und bitte dich um Gesundheit und Ganzheit von [Name]. Ich danke dir, daß du dieses Leiden aufgrund meines Fehlverhaltens von mir trennst, so weit, wie der Osten vom Westen entfernt ist.«

Dieses Gebet endet mit Lobpreis und Dank für Gottes Vergebung, für seine Befreiung von Substitution und für all die Heilung, die geschenkt wird.[8]

Eine weitere falsch verstandene Praktik ist heute ebenfalls ungeheuer weit verbreitet und wird als Mittel zur »geistlichen Kampfführung«* gelehrt. Statt im Gebet allein auf Gott zu schauen, konzentrieren Leute ihren Blick die dämonischen »Mächte und Gewalten«, um sie zu »binden«. Die folgenden Abschnitte sind inhaltlich aus dem vierzehnten Kapitel meines Buches »Restoring the Christian Soul Through Healing Prayer« entnommen. In diesem Kapitel geht es darum, wie man den geistlichen Kampf *nicht* führt.

Eine falsche Personifizierung der Sünde

»Der Herr sprach zu Kain: Warum überläuft es dich heiß, und warum senkt sich dein Blick? Nicht wahr, wenn du recht tust, darfst du aufblicken; wenn du nicht recht tust, lauert an der Tür die Sünde als Dämon. Auf dich hat er es abgesehen, doch du werde Herr über ihn!« (Gen 4,6-7).

Die Sünde tritt in dieser bemerkenswerten Schriftstelle als Person auf. In einem Kommentar zur Bibel wird der Ursprung dieser metaphorischen Sprache erklärt:»Das hebräische Wort für *lauern* ist mit einem alten babylonischen Wort identisch, das einen bösen Dämon bezeichnet, der an der Tür eines Hauses lauert, um die Menschen, die darin sind, zu bedrohen. Die Sünde wurde hier also womöglich als ein solcher Dämon dargestellt, der Kain auflauert, um sich auf ihn zu stürzen – er will Kain haben.«[9]
Die Sünde im Herzen des Menschen ist ein Zerstörer. Es gäbe keine bessere Metapher für das Böse als die hier benutzte. Die Personifizierung von Sünde macht es uns möglich, die verschlingende Macht der Sünde besser zu verstehen. Die Symbole, Metaphern, Ausschmückungen, Gleichnisse und Sprachmalereien der Bibel sind von unschätzbarem Wert und helfen uns, diese ernsten Dinge so auszudrücken, daß unser Herz sie ganz erfassen kann.
Es ist jedoch eine Sache, Sünde in einem abstrakten Sinn als »dämonisch« zu verstehen. Es ist etwas völlig anderes, die Sünde im Innern des Menschen so anzuschauen, als sei sie ein dämonisches Gebilde und nicht eine falsche Entscheidung und falsches Handeln des Menschen, für das die Seele vor Gott verantwortlich ist.

---

* Im folgenden verwendet die Autorin diesen Begriff häufig. Gemeint ist die aktive, auf biblischer Grundlage beruhende Auseinandersetzung mit den Mächten der Finsternis, die versuchen zu verhindern, daß Menschen in einer gottgewollten Bestimmung leben in Zeit und Ewigkeit.

In dieser Zeit tiefgreifender Unkenntnis über die Seele greifen viele Christen auf die Terminologie der Befreiung von bösen Mächten zurück und bezeichnen solche Bewegungen der Seele beziehungsweise das Fehlen derselben als »Dämonen«. Sie identifizieren nicht nur das Fehlen der Gnade und guter Emotionen in der Seele des Menschen als eine dämonische Heimsuchung, sondern auch die dementsprechende Fülle an sündigen Untugenden, Phantasien, Gefühlen und Einstellungen. Damit versäumen sie, die Probleme richtig zu erkennen – sowohl die Sünde als auch die psychologischen Defizite und Probleme. Noch ernster ist das völlige Versäumnis, den Betreffenden als einen Menschen zu sehen, der Hilfe braucht. Wir werden zu absoluten Gnostikern, indem wir die menschliche Seite »wegspiritualisieren«. Diese beklagenswerte Ignoranz besitzt keinerlei biblisches Vorbild. Jesus handelte an *Personen*, Männern und Frauen, die eine Einheit von Herz und Seele besaßen. Er half diesen Menschen, ihre Sünden zu benennen und zu widerrufen. Er versäumte nie, sie als Personen zu sehen.

Wir sind Menschen mit einer Seele in unserem Zentrum, die entweder mit Christus verbunden ist oder nicht. Wenn wir die Einheit von Leib und Seele eines anderen Menschen nicht erkennen, dann streichen wir mit Erfolg alles heraus, was an dieser Person und an der Art, wie sie geschaffen ist, spezifisch menschlich ist. Wir löschen das Menschliche aus. Wenn wir versäumen, das zu erkennen und zu achten, was an dem Menschen, für den wir beten, einzigartig ist und seine *Person* ausmacht, dann wird es uns nicht gelingen, diesem Menschen so zu helfen, daß er mit seiner wirklichen Sünde und seinen echten emotionalen Schwierigkeiten richtig umgehen kann. Es kann sogar sein, daß wir, in unserer Unkenntnis und in unserem Eifer zu helfen, diese Dinge als dämonisch bezeichnen und uns dann vorstellen, wie wir diese Dinge »binden« und »austreiben«. Doch es geht darum, die Sünde zu binden und die Person von dieser Sünde freizusetzen. Im Gegensatz dazu gilt es, die Verletzungen zu heilen.

Wo dies in der Seelsorge erkannt wird, dürfen Menschen dankbar erfahren, was in ihrem eigenen Herzen vorgeht. Dort, in der Gegenwart Gottes, werden sie schließlich verstehen, wer sie sind. Statt Menschen zu helfen, daß sie ihre eigene Sünde erkennen und davon umkehren können, daß sie ihre krankhaften Haltungen ändern und es zulassen können, daß Gott in ihnen ein neues Herz schafft, treiben wir angeblich dämonische Mächte dieser oder jener Art aus, die gar nicht existieren. Ja wir werden sogar versuchen, Charakterzüge und Defizite »auszutreiben«. Außerdem wird – und dies ist nicht minder tragisch – alles Positive und Einzigartige dieser »Seele« übersehen. Wenn das Gute ignoriert wird, fehlt ihm auch die Bestätigung. Tatsächlich wird sogar seine Existenzberechtigung geleugnet.

Das Gute wird somit nicht ins Leben gerufen, und ein lebenswichtiger Gebetsschritt zur Heilung dieser Person wird unterlassen.

So beten also heute wohlmeinende Christen für andere, indem sie zu dämonischen Mächten sprechen, die meist nicht existieren.[10] Diese Menschen brauchen mehr Unterweisung in der Theologie des Kreuzes und der Buße. Außerdem muß klarer gezeigt werden, wie die echte Geistesgabe der »Unterscheidung der Geister« aussieht. Allzu oft wird die wirkliche Gabe der Erkenntnis und der Unterscheidung verdunkelt und dann durch eine falsche Theologie ersetzt, die sich häufig aus einem verkürzten Schriftverständnis entwickelt hat. Zwangsläufig folgt daraus ein falscher Umgang mit diesen Gaben.

Bei jeder der drei großen Barrieren zur Ganzheit, fehlende Selbstannahme, fehlende Vergebungsbereitschaft anderen gegenüber und die Unfähigkeit, selbst Vergebung zu empfangen, können möglicherweise auch widergöttliche Mächte am Werk sein, die durch Sünde oder Verletzungen einen Schwachpunkt an einem Menschen gefunden haben. Wenn wir solchen Menschen im Gebet dienen, dann zeigen sich diese Mächte, und wie Christus gebieten würde:»Weiche und schweig still!« Dies ist der leichteste Teil des Heilungsgebetes, wenn Menschen erst einmal ihre Sünden bekennen oder von den Folgen der Sünden, die andere an ihnen begangen haben, freigesetzt werden. Doch wenn wir nicht auf Gott und auf die einzigartige und kostbare Seele, die zu Gott aufblickt, hören, sondern statt dessen lautstark von »Dämonen« sprechen und imaginären Mächten gebieten, sie sollen ausfahren, werden den betroffenen Menschen schmerzliche Verletzungen zugefügt.

Ich werde als nächstes diese unbiblische Praktik gegenüber der Gegenwart der Mächte der Finsternis und die höchst ernstzunehmenden Gefahren, die mit dieser Praktik verbunden sind, ansprechen. Außerdem möchte ich eine deutliche Warnung an jene – wieder gehören sie vor allem zu bestimmten Kreisen der Erneuerungsbewegung – aussprechen, die zu unterscheiden versäumen, welche Ebenen des geistlichen Kampfes uns und welche rechtmäßig Gott und seinen Engelscharen zukommen. Wer dies nicht unterscheiden kann, begeht schließlich den Fehler, in die Gegenwart unseres Widersachers und seiner Untergebenen einzutreten – statt in die Gegenwart Gottes. Und wenn wir uns auf das Böse lange und ernsthaft genug fixieren, dann zeigt es sich auch. Wenn wir unseren Blick auf ihn konzentrieren, bereiten wir ihm schließlich einen Weg, auf dem er Raum einnehmen kann.

Wir richten unseren Blick auf Gott

»Es gibt zwei Irrtümer über dämonische Mächte, in die das Menschengeschlecht leicht verfällt. Sie widersprechen sich und haben doch dieselbe Auswirkung. Der eine Irrtum ist, ihre Existenz überhaupt zu leugnen. Der andere besteht darin, an sie zu glauben und sich in übermäßiger und ungesunder Weise mit ihnen zu beschäftigen. Diese Mächte selbst freuen sich über beide Irrtümer in gleichem Maße. Sie begrüßen den Materialisten wie den Anhänger der Schwarzen Magie mit demselben Vergnügen.« [11]

Viele, die heute Vorträge über die »geistliche Kampfführung« halten, beginnen mit der wichtigen Feststellung, daß wir uns dabei nicht auf den Widersacher konzentrieren sollen. Dann jedoch bewirkt der Gesamttenor ihres Vortrages, daß sowohl sie selbst als auch ihre Zuhörer genau dies tun. Um ihre Zuhörer zu warnen, nennen sie sogar häufig die oben zitierte Feststellung von C. S. Lewis und stimmen völlig mit ihr überein. Doch dann leben sie etwas völlig anderes.

Zwei Praktiken, die beide das Dämonische in den Mittelpunkt rücken, haben sich vereint und richten nun den schlimmsten Mißbrauch an. Bei der einen geht es um die sog. »geistliche Kampfführung« *gegen* Mächte und Gewalten, die von denen durchgeführt wird, die nicht erkennen, welche Ebenen des geistlichen Kampfes uns zukommen und welche Gott und seinen Engelscharen vorbehalten sind. Die zweite betrifft den falschen Gebrauch der Begriffe »binden und lösen« – die fehlerhafte Anwendung dieser Begriffe und die daraus resultierende falsch verstandene Praktik, »gegen Satan« zu beten, statt zu Gott. Wir beten *zu* Gott für die «Seelen«, die unter dem Agieren des Widersachers leiden, und helfen ihnen, ihre Sünden zu bekennen und dadurch von der Kontrolle dieser Mächte und Gewalten freizukommen. Das bedeutet nicht, daß wir nicht manchmal Mächte erkennen, die über Menschen, Nationen, Städten oder Gemeinschaften zu herrschen suchen. Doch es bedeutet, daß wir sehr darauf achthaben müssen, worauf sich unser Blick konzentriert. Wir werden immer Gott dienen – ihm singen und in Anbetung und Dank und Lobpreis zu *ihm* sprechen. Wir werden immer bewußt uns im Gebet seiner Gegenwart aussetzen. Indem wir dies tun, werden wir auch gegen Gott gerichtete »Mächte und Gewalten« direkt ansprechen und ihnen gebieten, daß sie weichen sollen, falls wir sie durch die Gabe der Unterscheidung erkannt haben.

Ebenen des geistlichen Kampfes

Christen lassen sich bei der Frage, was es bedeutet, »in den geistlichen Kampf zu gehen«, leicht durcheinanderbringen. Dies liegt an ihrer Unkenntnis über die wahre Natur unserer Seele, an falscher Unterweisung und daran, daß sie sich nicht an den biblischen Vorbildern für die Gabe der »geistlichen Kampfführung« orientieren. Jede Verwirrung führt dazu, daß wir meinen, *wir* müßten die Schlacht führen und nicht der Herr – und wir führen dann den Kampf nach unserer eigenen Weisheit und aus unserer eigenen Kraft. Dies auch nur teilweise zu tun ist gefährlich, und es gibt keine Entschuldigung dafür. Die Schrift drückt sich sehr deutlich aus, sowohl in der Frage, welches Vorbild uns Christus und die Apostel für den geistlichen Kampf geliefert haben, wie auch in der Frage, welche Ebene uns zukommt.

Christen, die dies nicht verstehen, können für jeden, der unter ihren Einfluß gerät, gefährlich werden. Der Feind, dem es gelingt die Aufmerksamkeit dieser Christen auf sich zu lenken, findet einen »Landeplatz«, an dem er »andocken« kann, um jede Art von Mißbrauch und Verführung hervorzubringen.

Eine der schwerwiegendsten Erfahrungen, die dem *PCM*-Team in dieser Richtung widerfahren ist, zeigt noch deutlicher, wie gefährlich eine solche Praktik sein kann. Bei diesem Beispiel ging es um Fürbitte und den Versuch einer zutiefst irregeführten Gruppe, »Mächte und Gewalten, die über einer Stadt herrschten«, zu binden.

Vor mehreren Jahren kam innerhalb eines kürzeren Zeitraums eine Reihe christlicher Leiter auf mich zu, weil sie vom Herrn das Wort empfangen hatten, das *PCM*-Team benötige Fürbitter. Einer von ihnen wurde mitten in der Nacht aufgeweckt, um für uns zu beten, und empfing eine Vision über einen geistlichen Kampf, in dem wir uns befanden, insbesondere in bezug auf unseren Dienst an Menschen mit sexuellen Neurosen. Ein anderer hatte ein ganz bestimmtes prophetisches Wort für das *PCM*-Team, nämlich daß diejenigen, die berufen sind, für diesen Dienst zu beten, eine wichtige und sogar entscheidende Rolle spielen würden. In diesem Wort wurden wir unter anderem ermahnt: »Betet darum, daß eine Armee von Fürbittern sich erheben möge; sie wird vor euch herziehen und die Fallstricke des Feindes durchschneiden.«

Wir befolgten diese Mahnung und baten durch unseren Rundbrief um Fürbitter. Gott in seiner Gnade rief viele auf, für uns zu beten, und erst im Himmel werden wir erfahren, welch ungeheurer Segen uns dadurch zuteil wurde. Wir staunen darüber, wie treu Gott ist, daß er die Fallstricke des Feindes durchschneidet.

Dadurch, daß wir unsere Not veröffentlichten, förderten wir jedoch auch eine gefährliche, unbiblische Art der Fürbitte zutage, in die einige Leute hineingeraten waren. Unglücklicherweise zogen wir diese Leute ebenfalls an. Diese fehlgeleiteten Menschen hatten eines gemeinsam – sie alle dachten, »geistlicher Kampf« bedeute, sich ganz auf dämonische Mächte und Gewalten zu konzentrieren, die über einer Stadt herrschen, um sie zu »binden«. Sie zu »binden« bedeutete, durch verbale Behauptungen – die gesprochen wurden, aber an »die da« gerichtet waren – die Kontrolle über sie zu übernehmen.

Diese Menschen, die unter dem Einfluß einer extremen Lehre, von manchen auch als »Faith Formula Theology«[12] bezeichnet, stehen, versuchen auf gleiche Weise auch, unseren allmächtigen und allwissenden, heiligen Gott »zu kontrollieren«. Sie glauben, daß sie Gott »zwingen« können, ihr Anliegen zu erhören, wenn sie ihre Ziele auf eine bestimmte Art und Weise formulieren und durch den »Glauben« bekräftigen. Dies hat jedoch nichts mit biblischem Glauben zu tun, sondern ist eine bestimmte psychologische Geisteshaltung. Diese Fürbitter glauben von sich, sie würden dämonische Mächte »binden«, indem sie zu ihnen sprechen – in Wirklichkeit beten sie zu diesen Mächten und wiederholen fortwährend Worte wie »Ich binde dich …, (wie auch immer der »Dämon«, die Macht oder Gewalt angeblich heißen soll), und befehle dir …« Dies nennen sie dann Fürbitte und »geistliche Kampfführung«.

Als das Team und ich zum ersten Mal den negativen Auswirkungen dieser gefährlichen Gebetspraktiken ausgesetzt waren, sollten wir gerade in einer Gemeinde dienen, in der sich viele versammelt hatten, um sowohl zu lernen, wie man für andere betet, als auch, um selbst Hilfe zu finden. Einige, die dieses falsche Verständnis, wie ich soeben beschrieben habe, selbst lehrten, waren ebenfalls gekommen – nicht um zu lernen, sondern um zu versuchen, uns zu beeindrucken. Es dauerte nicht lange, bis wir tatsächlich auf eine äußerst negative Art beeindruckt waren, denn wir hatten noch nie eine derartige Entfesselung der Finsternis bei einem unserer Gebets- und Heilungsdienste erlebt. Wir erkannten sofort, daß diese Leute die Finsternis versehentlich eingeladen und sozusagen in Aufruhr versetzt hatten. Solche Praktiken sind gerade für alle suchenden Menschen und Gläubige verwirrend und gefährlich.

Vor dem ersten Gottesdienst sagte der Leiter dieser Gruppe zu mir: »Wir beten und fasten im voraus gegen Mächte und Gewalten [d. h. gegen dämonische Kräfte], bevor wir überhaupt irgendwohin gehen, und das haben wir auch für Sie getan. Sie sind jetzt in Sicherheit, denn wir haben das erreicht, wir haben die Mächte und Gewalten auf den Höhen über dieser Stadt gebunden …«

Ich wußte sofort, daß sie in ernsten Schwierigkeiten steckten. Ich konnte ihnen jedoch nicht helfen, denn sie kannten nur ihre düstere »spiritualisierte« Sprache, die völlig überspannt war und keinen Raum für einen vernünftigen Austausch, für Kommunikation oder Gemeinschaft ließ. Bei ihnen war kein Platz für das wirklich Schöne, ob es nun aus dem Bereich des Natürlichen und völlig Menschlichen stammte oder aus dem Bereich des Himmlischen. Es gab nur »Dämonen«, und man mußte sie aufspüren und mit ihnen fertig werden. Sie hatten kein Gespür mehr für die Gegenwart Gottes – sie kannten nur eine Vorstellung, und die war angefüllt mit dem »Dämonischen«.

Ohne es zu wissen, hatten sie sich in einem geistlichen Stolz verfangen, der das normale Maß weit überschritt. Sie hatten mir im Prinzip gesagt: »Wir sind die einzigen, die wirklich wissen, wie man den Teufel ›bindet‹ und wie man einen ernsthaft von Dämonen besessenen Menschen befreit, denn wir wissen wirklich, wie man den geistlichen Kampf führt. Wir suchen die ›ganz Großen‹, die Mächte und Gewalten, und lassen uns mit ihnen ein. Wir sind gekommen, um das für Sie zu erledigen und um Ihnen zu zeigen, wie man das macht.«

Sie hielten sich selbst für außergewöhnliche Fürbitter und für die einzigen, die »den geistlichen Kampf führten«, doch in Wirklichkeit richteten sie sich nicht auf Gott aus, sondern fixierten sich auf finstere Mächte. Sie hatten die Aufmerksamkeit finsterer Mächte auf den Leib Christi an diesem Ort gelenkt, indem sie zu diesen finsteren Mächten beteten und voller Stolz dachten, sie selbst könnten diese Mächte »binden«. Wir erkannten sehr schnell, daß, anstatt »Mächte gebunden zu haben«, diese sehr aktiv an unserer Versammlung teilnahmen und wir es mit Mächten zu tun hatten, denen einzig Gott und seine Engel entgegentreten konnten. Wir taten das einzig Richtige: Wir beteten und schauten ganz bewußt auf Gott.

Überflüssig zu sagen, daß wir in einen geistlichen Konflikt von ungewöhnlichem Ausmaß hineingerieten, zu dem es niemals hätte kommen müssen. Diesen Leuten, die sich für Fürbitter hielten, war es dem Anschein nach nur gelungen, die Mächte der Finsternis in, über und um diese Stadt herum ausdrücklich über unser Kommen zu informieren … Als ich ihnen zuhörte, wie sie stolz von all ihren haarsträubenden Balgereien mit finsteren Mächten berichteten, wurde mir bewußt, daß sie diese vermeintliche »Gabe« mit sich tragen, wo auch immer sie hingehen. Ihre Art zu beten sorgt dafür, daß die Menschen, mit denen sie zusammen sind, dramatische und schreckliche Auseinandersetzungen mit bösen Mächten erleben und daß einige einer ernsthaften dämonischen Verführung ausgesetzt sein werden. Dies ist ein gefährlicher Irrtum.

Ich erzähle von dieser extremen Praktik nur, weil dies inzwischen kein seltenes Beispiel mehr ist. Diese Art des Umgangs breiten sich, im allgemeinen in einer abgemilderten Form, unter vielen Leuten aus, die es gut meinen und täglich Fürbitte tun. Als jemand, der Menschen hilft, zur Ganzheit in Christus zu finden, bin ich mir auch bewußt, daß es viele gibt, die versuchen, mit dem Leben zurechtzukommen, indem sie in der Regel unbewußt versuchen, die Geschehnisse und Menschen um sie herum zu kontrollieren – man nennt solche Leute heute »mitabhängig«. Oft versuchen diese Menschen, in ihrer Angst vor dem Dämonischen, mit Hilfe solcher Gebete alles zu »kontrollieren« – und hoffen, auf diese Weise das Böse abzuwenden. So wird »das Reden mit dem Teufel« und ein solches Fixiertsein zu einer gefährlichen Begleiterscheinung der Mitabhängigkeit, unter der diese Menschen ohnehin schon leiden. Aus Furcht vor jeglicher Art von Konflikten versuchen sie sich dadurch zu schützen, daß sie die Charakterzüge anderer »kontrollieren« – Züge, die sie möglicherweise als dämonisch betrachten.

Manch einer wird, wenn man ihm sagt, was er da tut, fragen: »Aber wie kann ich dann beten?« Es gibt wirklich teure Christenseelen, die nicht wissen, wie sie beten können, ohne mit dem Teufel zu reden. »Wie«, so fragen sie, wenn sie mit Menschen, die ihnen zusetzen, in übergeistliche Kämpfe verwickelt sind, »bete ich bei dieser Lüge« oder »dieser Verleumdung« oder dieser wie auch immer gearteten Finsternis? »Soll ich eine Stunde früher aufstehen und einen ›geistlichen Kampf‹ führen?«, womit sie meinen: »Soll ich eine Stunde früher aufstehen, mich auf die ›Dämonen‹ konzentrieren und sie binden?« Nein, das ist nicht das, worum es geht. Es ist wunderbar, eine Stunde früher aufzustehen und den Blick auf Gott zu richten, zu bekennen, daß er den Sieg errungen hat, und ihn zu fragen, wie wir ihm angesichts der Finsternis und der Verleumdungen, denen wir ausgesetzt sind, vertrauen sollen.

Doch wir müssen diese Finsternis oder diese Verleumdungen nicht kontrollieren und in Griff bekommen. Er tut das, und wir vertrauen ihm unsere Gegenwart und unsere Zukunft völlig an! Dies geschieht nicht, indem wir auf widergöttliche Mächte wie Lüge, übler Nachrede und so weiter schauen oder indem wir Namen für sie finden oder sie fortwährend in unserem Gebet »binden«. Dies führt im besten Fall zu Mühe und Furcht, im schlimmsten Fall führt es zu einer dämonischen Unterdrückung oder gar Verführung.[13] Statt dessen blicken wir geradewegs zu Gott und reden mit ihm. Christus hat den Feind gebunden, und uns bleibt nur, ein bißchen abzustauben. Die Schrift zeigt uns, wie wir beten sollen, aber sie zeigt uns niemanden, der sich dabei auf diese finsteren Mächte konzentriert hätte. Vielmehr beten wir, wie Christus uns gelehrt hat: »Sondern erlöse uns von dem Bösen.« Mit anderen Worten: »Kümmere du dich darum, Herr.«

Wir müssen uns nicht in unseren Gebeten verausgaben, um von Mächten und Gewalten frei zu sein. Wir vertrauen Gott, und er sendet seine heiligen Engel, damit sie den geistlichen Kampf führen. Wenn uns eine dämonische Macht über den Weg läuft, dann gebieten wir ihr zu verschwinden, nachdem wir sie durch den Heiligen Geist entlarvt haben. Nur dann sprechen wir zu ihr – wenn uns der Heilige Geist gezeigt hat, daß diese böse Gegenwart anwesend ist: »In Christi Namen, verschwinde!«

Wir erlebten einen großen Sieg an dem Ort, wo sich dieser finstere Zwischenfall ereignet hatte. Gott ist treu, und Menschen wurden von neuem geboren – geistlich und psychologisch. Viele kamen aus der tiefen Finsternis heraus, von der unsere heutige Kultur geprägt wird. Dazu gehörten auch Menschen, die in ihrer Vergangenheit mit Okkultismus, Hexerei, sexueller Perversion und vielem mehr zu tun gehabt hatten. Wir waren mit solchen Umständen wohlvertraut und wußten, wie wir mit dämonischen Störmanöver umzugehen hatten. Doch wir hatten einen höheren Preis zu zahlen als üblich, was die Intensität des Kampfes und den rein physischen und geistlichen Streß angeht, den eine solche Situation abverlangt. Dies war völlig unnötig.

Ein Beispiel wird an dieser Stelle zeigen, welch wunderbare Auswirkung wahre Fürbitte hervorbringt. Wir sollten in einem anderen Land an einem bekannten, aber liberalen Seminar dienen, das sich in einer Stadt befand, die selbst für heutige Maßstäbe bemerkenswert korrupt ist. Wir wußten, daß wir in einen großen geistlichen Kampf eintraten für die Menschen an dieser Unversität und besonders für diejenigen, die auf eine theologische Lehrstelle oder auf ein Pastorat hin studierten, um in vielen Ländern ihren Dienst zu verrichten. Während wir die Sünden, die bekannten und die unbekannten, dieser Stadt und der Universität bekannten und Gott anriefen, er möge uns seine Salbung geben, um in seinem Namen zu predigen, zu unterweisen und zu heilen, wurden unsere geistlichen Augen geöffnet. Der Herr zeigte uns die Schlacht der Engel um das Seminar, an dem wir sein sollten. Bevor wir dort ankamen, sahen wir bereits, wie als Antwort auf unser Gebet die heiligen Engel mit den Engeln des Bösen kämpften und sie überwanden. Wir erlebten dort eine wirklich unglaubliche Zeit, deren Auswirkungen heute noch spürbar sind, und gingen nicht durch überflüssige Konfrontationen mit finsteren Kräften unnötig geschwächt von dort fort.

Christus, unser Vorbild in der Fürbitte

»Denn wer begreift den Geist des Herrn? Wer kann ihn belehren? Wir aber haben den Geist Christi« (1 Kor 2,16).

Unsere Fürbitte gründet sich auf das Vorbild Christi in der Schrift. Er betete nur zu seinem Vater im Himmel. Er suchte und fand in allen Dingen den Geist Gottes, und ebenso sollen auch wir beten.

»Er aber hat, weil er auf ewig bleibt, ein unvergängliches Priestertum. Darum kann er auch die, die durch ihn vor Gott hintreten, für immer retten; denn er lebt allezeit, um für sie einzutreten« (Hebr 7,24-25).

Es ist wunderbar, über die Tatsache zu meditieren und nachzusinnen, daß Christi Fürbitte für uns nicht mit seinem Tod, seiner Auferstehung und seiner Himmelfahrt »zur Rechten des Vaters« endete. Denn er ist der Mittler und Priester schlechthin und als solcher »lebt er allezeit, um für uns einzutreten«. »Jesus, tritt beim Vater für mich ein!«, so rufe ich immer aus, wenn ich am verzweifeltsten bin. Oft frage ich mich, warum ich so lange gewartet habe, bevor ich mich an ihn als Fürbitter wende. Welch ungeheures Privileg besitzen wir. Welch unendlicher Kreislauf der Gnade eröffnet sich uns, wenn wir daran denken, ihn in seinem Amt als göttlicher Mittler anzurufen.

Menschliche Vorbilder

»Ein Leben voller Gebet mit einem dazu passenden Charakter ist eine bessere Einladung zum Gebet als viele Ermahnungen«.[14]

So wie es uns hilft, unter Menschen zu sein, die Gott in aller Freiheit loben, da sie uns ein unmittelbares Vorbild und Ermutigung sind, so sind wir auch gesegnet durch die Heiligen, die uns ein Vorbild dafür sind, was es heißt, Nachahmer Christi beim fürbittenden Gebet zu sein. Ich kann mich in dieser Hinsicht sehr glücklich schätzen, denn meine Mutter war ein solcher Mensch. Sie betete mit meiner Schwester und mir nicht nur am Tisch und bei unserer abendlichen Bibellese, sondern sie suchte sich auch regelmäßig einen ungestörten Ort, um Fürbitte zu tun. Samstag morgens betete sie für die Gottesdienste am folgenden Tag und für die Sonntagsschulklasse, die sie leitete. Meine Mutter tauchte immer tiefer in das Gebet für andere ein und

»vergaß sich völlig«; dann wurde ihre Stimme allmählich immer lauter. Schließlich hörte man sie für die Anliegen der Gemeinde und der Nation laut zu Gott rufen.

In ihrem Gebet gab es nicht den leisesten Hinweis darauf, daß es sich um etwas Gesetzliches oder um eine außergewöhnlich ermüdende Arbeit handelte. Meist bekam man diesen besonderen Eindruck von der Gegenwart Gottes bei uns zu Hause zu spüren, während Mutters Fürbitte sich steigerte, und als Kind wurde dann immer auch mein Geist von diesem Geist des Gebetes »infiziert«. Obwohl ich nicht bei ihr in ihrem Gebetszimmer war, trat ich doch mit ihr ins Gebet ein. Ein paarmal geschah dies auch bei meinen Spielkameraden, die zu uns gekommen waren – eine Tatsache, die für ihre Eltern völlig unverständlich war.

Mutter schätzte die Werke von Andrew Murray zum Thema Gebet. Ich nehme seine Bücher ab und zu zur Hand, aber für mich sind sie überflüssig, denn sein Geist und der meiner Mutter waren einander sehr ähnlich. Was er schrieb, das lebte sie mir vor. Als alleinstehende, berufstätige Mutter, die bereits in jungen Jahren während der Weltwirtschaftskrise Witwe wurde, besaß sie wenig oder gar keine Freizeit. Doch sie betrachtete das fürbittende Gebet nicht als etwas Nebensächliches. Sie vertraute Gott in allem, selbst in den grundlegendsten Bedürfnissen des Lebens. Ich hätte kein besseres Vorbild finden können.

Niemals verwechselte sie die Liebe zu anderen, zur Gemeinde oder zu ihrem Land mit dem Gefühl von Liebe. Sie wußte, daß es bei der Nächstenliebe nicht um aufgepeitschte Gefühle ging. Sie ließ sich nicht von dem abbringen, an den ihre Gebete gerichtet waren, nur um ihre Gefühle zu untersuchen. Ihr fehlte diese Untugend wie keinem anderen. Sie hatte auch nichts mit Sentimentalität zu schaffen, einer finsteren und gefährlichen Untugend, von der die institutionalisierte Kirche heute durchsetzt ist und welche sich erfolgreich als Liebe ausgibt.

In ihrer Fürbitte für andere wußte Mutter etwas darüber, was Liebe wirklich heißt. Und sie wußte um die ehrfurchtgebietende Größe der wahrhaftigen und oft sogar ehrfurchtgebietenden Liebe Gottes zu seinem Volk. Wir müssen nicht lange Fürbitte tun, um zu entdecken, daß sich über uns die Schleusen des Himmels öffnen, wenn wir andere auf diese Weise lieben. Wir erleben die erstaunlichsten und höchst übernatürlichen Erhörungen unserer Fürbittgebete, und wir empfangen, während wir beten, hin und wieder großartige Gaben.

Mutter zum Beispiel gehörte keiner Gemeinde an, die die Gaben des Heiligen Geistes betonte, doch diese wurden in ihr zum Leben erweckt, während sie für andere betete. Im Gebet für andere empfing sie die Gabe des Sprachengebetes. Sie erzählte mir dies erst, als ich erwachsen war –

vermutlich wußte sie nicht, wie sie es mir hätte erklären sollen. Es war eine wunderbare Gabe Gottes und eine große Hilfe bei der Fürbitte.

Ebenfalls während des Gebetes für andere erlebte sie die Liebe Gottes so mächtig, daß sie dadurch auf immer verändert und gestärkt wurde. Sie nannte dies die »Taufe« mit der Liebe Gottes. Sie beschrieb es als eine Liebe, die sie wie eine Flüssigkeit überströmte, Welle um Welle. Jede Welle bestand aus lebendigen Farben, die sie nicht mit Worten beschreiben konnte. Liebe, in ihrem tiefsten Sinn, schien sie wie die Herrlichkeit, *Shekinahs* (hebr.: »die Gegenwart Gottes«), zu überspülen, so meinte sie – es war fast mehr, als sie ertragen konnte, um dennoch weiterzuleben. Gegen Ende ihres Lebens erzählte sie klugerweise nur einigen wenigen Menschen davon. Eine solche Freude kann verlorengehen, wenn man sie überall herumerzählt, ganz besonders, wenn andere sie womöglich nicht verstehen. Doch ihre heilende Wirkung kann sich – sogar für andere – vervielfältigen, wenn sie auf die richtige Weise gesammelt und verwaltet wird.

Später, als junge Erwachsene, entdeckte auch ich, daß Gott uns im Gebet für andere mit unerwarteten und guten Gaben überrascht – auch wenn wir nicht um des persönlichen Vorteils willen Fürbitte tun sollen. Ich erinnere mich daran, wie ich zu meinem Pastor ging in der festen Überzeugung, das Gebet müsse ein Sakrament sein, da daraus so viel Segen fließt. Ich erkannte schließlich, welch ein »Gnadenmittel« das fürbittende Gebet ist. Tatsächlich wurde ich damals davon fast umgehauen. Ich hatte die Lektion gelernt, die jene Frau, die fürchtete, ihre Gebete seien umsonst gewesen, weil sie nicht genug gekämpft und deshalb auch nicht genug geliebt hatte, noch lernen mußte. F. B. Meyer hat es folgendermaßen ausgedrückt:

»Der vermutlich einzige Weg, die Liebe Christi kennenzulernen, besteht darin, daß wir anfangen, sie zu zeigen. Der emotionale Mensch, der sich leicht von Gefühlsregungen beeinflussen läßt, kennt sie nicht; der Theoretiker oder Schwärmer kennt sie nicht, doch die Seele, die sich aufmacht, Christi Liebe zu zeigen, kennt sie. Wenn Christi Liebe durch dich an Weite, Länge, Tiefe und Höhe zunimmt, so wirst du die Liebe Christi kennenlernen – nicht mit dem Verstand, sondern auf experimentelle Weise.« [15]

Kapitel 5

Bitten

»Gib uns täglich das Brot, das wir brauchen. Und erlaß uns unsere
Sünden; denn auch wir erlassen jedem, was er uns schuldig ist. Und
führe uns nicht in Versuchung« (Lk 11,3-4).

*»In der Bibel stehen Bitte und Fürbitte an erster Stelle, obwohl auch
Anbetung, Dank und das Sündenbekenntnis eine Rolle spielen. Doch
das bittende Element ist in allen diesen Gebetsformen präsent.
Biblisches Gebet bedeutet, aus der Tiefe zu Gott zu rufen (1 Sam 1,15;
Ps 88,1-2; 130,1-2; Klgl 2,19; Mt 7,7-8; Phil 4,6; Hebr 5,7). Oft
nimmt es eine aufdringliche Gestalt an, wird zu einem leidenschaft-
lichen Bedrängen Gottes, ja sogar zu einem Ringen mit Gott.«* (F. B.
Meyer)[1]

Im Gegensatz zu unserer Fürbitte für andere und für das Wirken Gottes
überall auf dieser Erde ist der Abschnitt »Bitten« in unserem
Gebetstagebuch für eher persönliche Anliegen reserviert. Hier beten
wir, wie Christus uns gelehrt hat: »Unser tägliches Brot gib uns heute.«
Diese Bitten leiten oft direkt in die Fürbitte für andere über – wie wir ja
auch beim fürbittenden Gebet oft so geführt werden, daß wir schließlich
unseren eher persönlichen Nöten gegenüberstehen. Das soll auch so sein.
Unser Gebet zu Gott wird immer die Grenzen unserer kleinen Kategorien
sprengen und um ein Vielfaches übersteigen.

Es gibt jedoch Menschen, die die persönliche Bitte als etwas irgendwie
Geringeres oder gar Selbstsüchtiges ansehen. Doch in Wahrheit müssen
wir auf die persönlichen Nöte und Sehnsüchte des Herzens achtgeben und
uns die Mühe machen, sie vor Gott zu bringen:

»Das Gebet im christlichen Sinne akzeptiert den Gedanken einer höheren Stufe des Gebetes, bei der wir die Bitte hinter uns lassen, … nicht.
Der Fortschritt, den das Christentum im geistlichen Leben entdeckt,
führt vom Sprechen auswendig gelernter Gebete zum Gebet des
Herzens.«[2]

Praktische Anleitung zum Gebetstagebuch

Der Herr tut mächtige Dinge für die, die auf ihn und vor ihm harren. Maria hatte dies verstanden, als sie zu Jesu Füßen saß und Martas Zorn in Kauf nahm, weil sie »nichts« anderes tat, als nur mit Jesus zu reden. Während wir auf den Herrn warten, füllen wir diesen Teil unseres Gebetstagebuches mit unseren persönlichen Bitten, den großen wie den kleinen, die beständiges Gebet und sogar Beharrlichkeit verlangen. Ich notiere die meisten meiner persönlichen Bitten im Wortteil, so wie sie aus dem täglichen Gebet entspringen. Die Bitten, die ich in diesem Abschnitt auflíste, benötigen jedoch noch ein weiterführendes hörendes Gebet. Es sind die Anliegen, mit denen ich Jesus zu Füßen sitzen und mit meinem Herrn reden muß.

Wenn wir unsere Sehnsüchte und Anliegen beständig zum Herrn bringen, wächst in uns ein tieferes Verständnis über unser eigenes Herz. Wir erkennen auch immer mehr, wie wir am besten für uns selbst, für andere und für die Situationen, in denen wir stehen, beten können. Dies ist ein Prozeß der bewirkt, daß wir manchmal eine Bitte modifizieren oder ganz streichen und sie durch einen neuen, besseren Gedanken ersetzen. Durch diesen aktiven Vorgang nehmen wir an Weisheit, Verständnis und Erkenntnis zu, indem wir den Willen Gottes erkennen. Wir können sogar den Geist Christi, seinen Ratschluß und Willen bezüglich unserer Bitten, erkennen.

Das Gebet besitzt Kraft. Wir können unseren Glauben am falschen Platz oder zum verkehrten Zeitpunkt freisetzen. Christus hat gesagt:

»Bittet, dann wird euch gegeben; sucht, dann werdet ihr finden; klopft an, dann wird euch geöffnet. Denn wer bittet, der empfängt; wer sucht, der findet; und wer anklopft, dem wird geöffnet« (Mt 7,7-8).

Es ist daher wichtig, um Gottes Ratschluß und sogar um seinen vollkommenen Willen über unseren Anliegen zu bitten. Auf diese Weise beharrlich bei Gott zu bleiben, tut not. Wir bitten, wir suchen, wir klopfen weiter an und wir empfangen, wie die hartnäckige Witwe aus dem achtzehnten Kapitel des Lukasevangeliums (vgl. Vers 5).

Bei Gott ausharren

»Das Gebet der biblischen oder evangeliumsgemäßen Spiritualität ist sowohl in der Erfahrung der Gottverlassenheit verwurzelt als auch in dem Empfinden der Gegenwart Gottes. Es wird sowohl von dem emp-

fundenen Bedürfnis nach Gott inspiriert als auch von der Dankbarkeit über sein Werk der Versöhnung und Erlösung in Jesus Christus«.[3]

Solange wir nicht lernen, Gott alle Nöte, Schreie und Sehnsüchte unseres Herzens bittend zu bringen, werden wir weder ihn noch unser Herz so kennenlernen, wie es sein sollte. Mit den persönlichen Bitten zu ihm zu kommen bedeutet, sich seiner und unseres eigenen Herzens bewußt zu werden. Dann brauchen wir Ohren, um sein Herz für uns hören zu können: Seine Sehnsüchte, Verheißungen, Ermahnungen und Gebote. Auf diese Weise beten wir nicht mehr nur Auswendiggelerntes, sondern wir erlangen das »Gebet des Herzens«.

Ich werde niemals die Freude vergessen, als ich zum ersten Mal zu diesem Gebet des Herzens gelangte. Meine Not war groß, und so hatte ich vieles, das ich vor Gott offenlegen mußte. Als ich seine Verheißungen entdeckte und in meinem Herzen bewegte, vermehrten sich meine Bitten. Heißt es denn nicht im Jakobusbrief: »Ihr erhaltet nichts, weil ihr nicht bittet« (Jak 4,2)? Dieser Teil meines Gebetstagebuches war schon sehr früh einer der längsten.

Ich lernte, als Überschriften zu meinen Bittlisten Schriftstellen herzunehmen, die mich zu einem größeren Glauben ermahnten; solche Schriftstellen sind zum Beispiel: »Bis jetzt habt ihr noch nichts in meinem Namen erbeten. Bittet, und ihr werdet empfangen, damit eure Freude vollkommen ist« (Joh 16,24) und: »Und alles, was ihr im Gebet erbittet, werdet ihr erhalten, wenn ihr glaubt« (Mt 21,22). Es ist wunderbar, in den Gebetstagebüchern zurückzublättern und von den Antworten Gottes auf mein Gebet zu erzählen. Manchmal, wenn etwas Bemerkenswertes geschehen ist, finde ich beim Zurückblättern die Stelle, wo ich den Herrn genau für diese eine Sache gebeten hatte. »Kein Wunder, daß so etwas Wunderbares geschehen ist!« rufe ich dann plötzlich laut aus. Es gibt auf dieser Welt keine gewissere Wahrheit als die, daß Gott Gebete hört und erhört. Man sagt, es sei eine Spielregel im Hause des Vaters, daß wir für das bitten sollen, was wir bekommen. Auf jeden Fall ermahnt uns die Schrift zu bitten. Dann müssen wir nur noch lernen, die Fülle, die er schenkt, auch zu empfangen.

Als ich damals lernte, mein Herz vor Gott offenzulegen – was mir durch das bittende Gebet möglich wurde –, empfing ich mehr Heilung und Erkenntnis, als ich mir jemals hätte vorstellen können. Die Psalmen mit ihren wunderbaren Verheißungen lieferten in den frühen Tagen meiner Tagebuchnotizen eine übervolle und grenzenlose Grundlage an Bittgebeten. »Freu dich innig am Herrn! Dann gibt er dir, was dein Herz begehrt« (Ps 37,4). Dieses Wort war für mich ein besonderes Trainingsfeld.

Wie freut man sich eigentlich »innig« am Herrn, so fragte ich immer und immer wieder. Was waren diese Dinge, die mein Herz begehrt? Ich wußte es nicht. Ich hatte sie zu sehr verdrängt; ich hatte kaum noch Hoffnung für sie. Ich suchte in der Schrift nach Anhaltspunkten, und es stachen mir die Stellen ins Auge, die Gottes Gegenwart verkünden. König David kannte die Antwort: »Vor deinem Angesicht herrscht Freude in Fülle« (Ps 16,11). Aus Psalm 27, Verse 4 und 8, schrieb ich in mein Tagebuch:

»Nur eines erbitte ich vom Herrn, danach verlangt mich: Im Haus des Herrn zu wohnen alle Tage meines Lebens ... Mein Herz denkt an dein Wort: ›Sucht mein Angesicht!‹ Dein Angesicht, Herr, will ich suchen.«

»Ja, Herr, dein Angesicht will ich suchen! Ich will geradewegs zu dir aufblicken. Mit meiner ganzen Kraft will ich deine Gegenwart suchen.« Ich schrieb alle Schriftstellen über Gottes Gegenwart unter uns und in uns auf und machte sie zu Bittgebeten. Ich meditierte sie, stellte dem Herrn Fragen zu diesen Schriftstellen, lauschte, was er mir dazu sagen würde – und wurde geradewegs in das bewußte Erleben der Gegenwart Gottes hineingeführt!

Es gibt wohl keine andere Übung, die von Gott mehr benutzt wurde, um mein Leben zu verändern, als dieses bewußte Eintreten in seine Gegenwart. Dies ist die schlichte Anerkennung der Tatsache, daß er mit mir ist und mich nie verläßt. Ich betete die folgenden Worte täglich, bis diese Übung fest in meinem Leben verankert war:

»Ich mache fest vor dir: Ich will heute bewußt in deiner Gegenwart sein und beharrlich bleiben. Ich mache fest vor dir: Christus, der mein Leben ist, wird heute durch mich sichtbar sein.«

Ohne Zweifel spielte das Niederschreiben dieser Bittgebete eine wichtige Rolle, um sie in meiner Seele Wirklichkeit werden zu lassen. Hätte ich diese Sache nicht beständig dem Herrn hingehalten und die dazugehörigen Schriftstellen in meinem Gebetstagebuch aufgeschrieben, dann hätte ich vermutlich mit dem nächsten dringenden Anliegen fortgefahren – dazu neigen wir zerstreuten modernen Menschen. Doch wie einfach sind die Dinge und Wege, die Gott benutzt, um uns dabei zu helfen, im Heiligen Geist zu leben.

Ein bescheidener Missionar, dessen Namen ich nicht kenne, teilte mir ein weiteres Herzensanliegen mit. Als Gastpfarrer unserer Gemeinde erzählte er uns von seiner persönliche Bitte, die mein Herz packte. Ich machte sie umgehend zu einem Bestandteil meiner täglichen Bitten.

»Mein Leben ist kurz.
Und ich bin nichts (ohne dich).
Hilf mir, dieser Welt Jesus Christus ganz und
vollkommen zu vermitteln.«

Der Glaube, daß Gott nicht nur existiert, sondern daß es auch keinen gähnenden Abgrund zwischen uns und Gott gibt, bewirkt eine große Freude in unserem Herzen. Wir können uns nicht innig im Herrn freuen, wenn wir so nach ihm suchen und uns so nach ihm abmühen, als wäre er in unserem Leben nicht gegenwärtig! Diese Bekräftigung seiner Nähe, verbunden mit dem aktiven Hören auf Gott im Gebet, bringt uns also mit den Sehnsüchten unseres Herzens in Berührung.

Die Sehnsüchte des Herzens – die atomare Energie der Seele

Es ist keine kleine Sache, mit seinen tiefsten Sehnsüchten in Berührung zu kommen. Ich wußte, was es heißt, ohne Gott meinem eigenen Willen zu folgen – ich kannte meine bösen oder selbstsüchtigen Sehnsüchte. Ich wußte, zu welchen Schwierigkeiten diese führten. Daher bat ich eindringlich: »Herr, ich sehne mich danach, daß mein Wille eins wird mit dem deinen.« Diese Bitte bewegte mich dazu, jedes biblische Gebot Christi so zu verstehen, als habe er es mir ganz persönlich gegeben. Ich schrieb diese Gebote nieder. In meinem ersten Gebetstagebuch füllten sie einen eigenen Abschnitt. Ich kann den tiefgreifenden Einfluß, den dies auf mich hatte, gar nicht überbetonen.

Gott wartet darauf, ja er sehnt sich sogar danach, mit uns über seine Gebote und Verheißungen zu sprechen und uns zu sagen, wie sie mit unseren Nöten und Sehnsüchten zusammenhängen. Sehr früh in meinem Leben hatte ich eine tiefgehende Veränderung erfahren: das Wirken Gottes an uns Menschen, das die Schrift mit »neuer Schöpfung« umschreibt (2 Kor 5,17). Gott hatte seinen Teil ohne Zweifel erledigt. Nun vollzog sich in mir durch das Bitten und durch das Hören auf die Antworten Gottes eine durchgreifende *Bekehrung.* Mein Wille wurde tiefgreifend verändert, und das in einem andauernden Prozeß, der sich völlig von der Erneuerung meiner ursprünglichen Beziehung zu Gott unterscheidet.

Je mehr wir mit Gott zusammen leben, um so deutlicher wird uns, wo wir noch Veränderung brauchen. Wenn wir in die Gegenwart Gottes und unseres eigenen Herzens treten, steigt das, was sich unterhalb des Bewußten befindet, in unser Bewußtsein auf. Wir müssen es uns eingestehen und zu Gott bringen. Diese völlige und andauernde Veränderung erlaubt uns, viel zu ersehnen, ohne uns zu fürchten. Wir sind frei von der

Furcht vor Enttäuschungen, von der Furcht, wir könnten das, was Gott gibt, mißbrauchen oder sogar vor der Furcht, wir könnten das Wohlwollen Gottes nicht wert sein. Wir wissen, daß die Sehnsüchte unseres Herzens mit den Sehnsüchten Gottes eins geworden sind, so wie wir unseren Willen mit dem seinen eins machen. Wir vertrauen auf ihn, daß er uns zeigen wird, wo unsere Sehnsüchte falsch sind oder einfach nicht dem Besten entsprechen, was er für uns gewählt hat.

Wenn wir von ihm tiefgreifende Veränderung erfahren haben und wenn wir die Sehnsüchte unseres Herzens – die atomare Energie unserer Seele[4] – vor Gott offenlegen, kommen wir auch mit unseren Ängsten, Begrenzungen und sogar den ausgesprochen negativen Gefühlen, die wir über uns selbst hegen, in Berührung. Wir entdecken, daß wir vor dem wahren Selbst Angst haben. Ja, wir laufen sogar vor ihm davon, weil wir Angst haben vor seinen kreativen Energien. Wir fürchten uns vor der Fähigkeit, für sich und andere ein höheres Gut oder Ziel vorzustellen und sich danach zu sehnen. Ich entdeckte ein tiefes Minderwertigkeitsgefühl bezüglich meiner Fähigkeit, anderen etwas zu geben. Ich spürte meine Begrenzungen. »Herr, ich bin doch schließlich eine geschiedene Frau«, so betete ich oft und erinnerte Gott an viele andere Dinge, bei denen ich versagt hatte: »Du, Herr, siehst dieses Gefühl der Kraftlosigkeit und der Verletzbarkeit …« – nur um ihn dann sagen zu hören:

»Bekenne deinen Stolz und deinen Unglauben. Natürlich bist du eine Sünderin, aber eine, der vergeben wurde; natürlich bist du kraftlos und verletzbar. ›Ohne mich könnt ihr nichts tun‹, nichts, was bleibende Bedeutung besäße. Doch ich bin mit dir. Lebe bewußt in meiner Gegenwart, wisse, daß du mit mir deine Grenzen überwinden kannst, ja sogar alle deine Begrenzungen. Liebe mich einfach und erlaube mir, andere durch dich zu lieben. Nimm meinen Willen für dich freudig an, dein Schicksal, vor dem du dich fürchten wirst, solange es Stolz und Unglauben bei dir gibt.«

In meinem Unglauben, und ich nannte es zunächst nicht bei diesem Namen, war ich unfähig, von Gott zu empfangen. In meinem Stolz fürchtete ich, bloßgestellt zu werden. Ich fürchtete mich davor, für die Fehler der Vergangenheit kritisiert und von meiner Unzulänglichkeit überführt zu werden. Ich schrieb jede dieser Ängste in mein Gebetstagebuch. Mit der Zeit lernte ich die Bedeutung der Worte: »Denn wer sein Leben retten will, wird es verlieren; wer aber sein Leben um meinetwillen verliert, wird es gewinnen« (Mt 16,25). Mich um mein Leben zu sorgen würde bedeuten, es zu verlieren. Ich mußte bereit sein, alles zu verlieren, um Christus zu gewinnen. Was machte es schon, wenn ich alles verlieren würde, solange ich bei Gott Gefallen fände! Ich mußte alles bereitwillig auf den Altar legen, ohne mir ein Hintertürchen offenzuhalten.

Was ich schließlich verlor, war mein Versuch, in den Augen anderer gerechtfertigt dazustehen, von den Menschen geliebt und bestätigt zu werden. Welch eine Erleichterung, das alles loszulassen; ich wollte nur noch Gott gefallen. Und was für eine unglaubliche Rolle spielt das Bittgebet bei dieser Freisetzung. Ich lernte, meine Unzulänglichkeiten zu feiern, was zu einem äußerst wichtigen Bestandteil meiner bewußten Zeit in seiner Gegenwart wurde. Ich nahm die Gerechtigkeit Gottes und seine alles umfassende Zulänglichkeit anstelle meiner eigenen und wurde befreit von dem sinnlosen Sich-Abmühen.

»Es ist fürwahr ein denkwürdiger Augenblick in der Geschichte des menschlichen Geistes, wenn wir plötzlich aufwachen und erkennen, daß der Allmächtige der liebende Vater ist und daß die Gerechtigkeit nicht länger ein Grund für Angst und Furcht ist, sondern für eine begründete Hoffnung.« [5]

Eine Bitte nannte ich regelmäßig: mich und andere mit den Augen Gottes sehen zu können. Mit der Zeit veränderte dies meine Einschätzung und auch mein Gebet. Jeder, der so betet, wird persönlich in großem Maße davon profitieren, weil dabei sowohl das Gefühl der Minderwertigkeit als auch das der Überlegenheit überwunden wird. Beide Gefühle gehören natürlich zum Stolz und müssen als solche bekannt werden.

Im Hören auf Gott, den Vater, gewann ich die große Tugend der Selbstannahme. Ich wurde auch von vielem geheilt – vor allem aber von den Folgen der Tatsache, daß ich seit meinem dritten Lebensjahr ohne Vater gewesen war. Gott wurde mein Vater und begegnete meinem Bedürfnis nach Führung und Bestätigung als Mensch und als Frau. Ohne Zweifel wird der Seele, die ihre Bedürfnisse erkennt und sie vor Gott nennt, eine tiefgreifende Heilung zuteil. F. B. Meyer hat gesagt:

»Es mag sein, daß du in ein fernes Land gefahren bist und die kostbaren entscheidenden Lebensjahre mit selbstsüchtiger Lustbefriedigung verbracht hast. Doch wenn du den großen Vater seinen vollen Willen für dein Training, für deine Entwicklung und dein Werden und besonders auch für dein Gebetsleben verwirklichen läßt, dann wirst du mit Jesaja entdecken, daß kein Auge je einen solchen Gott gesehen hat und kein Ohr je von einem solchen Gott vernommen hat, der gut an dem handelt, der auf ihn harrt.« [6]

Diese frühen Bittgebete halfen meiner geistlichen Entwicklung und bedeuten mir auch heute noch sehr viel. Heute ist der »Bitten«-Teil meines Gebetstagebuches voll von den Bedürfnissen meines Dienstes und von meinen Nöten und Sehnsüchten in der jetzigen Phase meines Weges mit Gott.

Um nicht den Eindruck zu erwecken, daß nur Bitten um geistliches Wachstum und Wohlbefinden in diesem Abschnitt meines Gebetstagebuches zu finden ist, möchte ich anfügen, daß jedes persönliche Anliegen des Alltags, das sich als schwer lösbar erweist, auch auf diesen Listen endet. Zum Beispiel ist das Gebet um den richtigen Arzt oder um einen vertrauenswürdigen Installateur häufig eine entscheidende Angelegenheit, die sich oft nicht so einfach lösen läßt. Und solange diese Kleinigkeiten nicht geregelt sind, können unsere Gebete von ärgerlichen Sorgen unterbrochen werden, besonders wenn sich viele Dinge anhäufen.

Ich habe gelernt, all meine Bedürfnisse und Bitten des täglichen Lebens ebenfalls zu notieren. Dies gibt mir nicht nur die Möglichkeit, später darüber nachzudenken, falls dies nötig sein sollte, sondern es stellt auch sicher, daß meine Gedanken davon nicht länger unterbrochen werden, während ich bete oder in der Bibel lese. Wenn ich jedoch an so alltäglichen Dingen wie der Notwendigkeit, passende neue Kleider für Vorträge und Reisen zu finden, verzweifle, dann wandern diese in den Abschnitt »Bitten«. Weil ich weiß, daß ich nicht diese riesige Metropole durchstöbern werde, um etwas zu finden, das mir steht, setze ich noch etwas hinzu wie: »Und bitte, Herr, laß mich diese Kleider in *einem* Geschäft finden, damit es nicht zuviel Zeit und Energie kostet!« Ich danke Gott immer im voraus für die Erhörung dieser Gebete. Es ist völlig erstaunlich, wie wunderbar er uns erhört, wenn wir erst einmal bedürftig genug sind zu bitten.

Vor mehreren Jahren betete ich um ein Zuhause, nachdem der Wunsch danach so stark geworden war, daß ich ihn nicht länger verdrängen konnte. Es sollte nicht nur irgendein Haus sein. Ich prüfte wie üblich mein Herz und bat um Befreiung von allen selbstsüchtigen Wünschen und ähnlichem, falls dieser Wunsch nicht von Gott war. Dann formulierte ich vor dem Herrn, was ich mir wünschte, bis hin zu der Frage, wo dieses Haus sein sollte. Ich bat darum, daß dieses Haus voller Licht sein möge, daß es von dort aus einen Zugang zum Wald geben möge, daß es Wege zum Gehen und Fahrrad fahren geben möge, daß es völlig tiergerecht sein möge und daß es für die Freiheit von Allergien am besten sein möge. Ich bat um hübsche Bäume und Blumen. In diesem Landteil, den ich mir ausgewählt hatte, um all das zu bitten bedeutet, ein Wunder zu verlangen. Über diese Bitte um das »Unmögliche« stellte ich das Wort: »Bittet und es wird geschehen.«

Nun, da ich in meinem eigenen Heim lebe – ein unglaubliches Geschenk, das direkt vom Herzen Gottes kam –, erkenne ich mehr und mehr, wie dringend nötig ich dies brauchte. Mich umgeben nicht nur schöne Bäume, Gras und Blumen, auch die Präriesümpfe, mit ihren weißen und blauen Reihern, den Schildkröten, Bibern und vielen anderen Vögeln und Kreaturen sind in der Nähe. Die heilende Schönheit und die Stille der Natur helfen mir, den Druck des wachsenden Dienstes auszugleichen.

Als Antwort auf so besondere Bitten wie »Herr, mache mich fähig, deinen Willen für mich zu erfüllen« gab der Herr selbst mir diesen Wunsch ins Herz und ließ ihn in mir immer größer werden. Dieses Wunder stiller, bescheidener Schönheit und Schlichtheit ist notwendig, wenn ich das Werk vollenden soll, das Gott von mir verlangt. Dieses Zuhause hilft mir, in der Kraft weiterzumachen, die Gott mir gibt, während ich älter werde.

Die Bitte um Kraft

»Wer redet, der rede mit den Worten, die Gott ihm gibt; wer dient, der diene aus der Kraft, die Gott verleiht« (1 Petr 4,11).

Das Gebet um Kraft nimmt auf diesen Seiten meines Gebetstagebuches allezeit einen großen Raum ein. Nie haben mir die Worte König Davids mehr bedeutet als heute: »Ich liebe dich, Herr, denn durch dich bin ich stark!« (Ps 18,2; Gute Nachricht). Nie bin ich durch biblische Worte und Verheißungen mehr gesegnet worden.

Das liegt nicht so sehr daran, daß ich weiß, was Erschöpfung bedeutet, und das habe ich wirklich, noch nicht einmal daran, daß diese Schriftstelle mir mehr und mehr erhellt wird, je älter ich werde. Es liegt vor allem daran, daß ich Gottes Treue erfahren habe. Ich fühle mich von seiner liebevollen Freundlichkeit durch und durch gesättigt. Dies ist zweifellos einer der Vorzüge, wenn wir Gebetserhörungen uns aufzeichnen. Er verleiht uns wahrhaftig seine Kraft für das Werk, zu dem er uns berufen hat.

Die körperliche Kraft hat mich längst verlassen, und eine Immunschwäche, die zu einer chronischen, allergischen Ermüdung führt, hat sich zunehmend verschlimmert. An manchen Tagen besitze ich nur ein paar Stunden »guter Energie«; an anderen gar keine. Ich muß jeden Tag vorsichtig sein. Wie Paulus habe ich den Herrn mehrfach gebeten, diesen »Stachel in meinem Fleisch« wegzunehmen, nur um seine Ermahnung zu hören, daß seine Kraft mir genügen wird und daß er in meiner Schwäche stark ist. Und in alledem gibt er mir die erstaunlichsten Verheißungen.

»Der Gerechte gedeiht wie die Palme, er wächst wie die Zedern des Libanon. Gepflanzt im Haus des Herrn, gedeihen sie in den Vorhöfen unseres Gottes. Sie tragen Frucht noch im Alter und bleiben voll Saft und Frische; sie verkünden: Gerecht ist der Herr; mein Fels ist er, an ihm ist kein Unrecht« (Ps 92,13-16).

In den vergangenen Monaten ist der Abschnitt »Hörendes Gebet« meines Gebetstagebuches erfüllt mit Worten von Gott, die ein andauerndes »Grünen« und Aufblühen der Arbeit verheißen, die Gott mir übertragen hat. Das Fruchtbringen wird nicht aufhören, sondern sich sogar vermehren. Ich werde frisch und »grün« bleiben! Und der Herr hat diese Worte auf mehrerlei wunderbare Weise durch andere bestätigt. Dieser »Stachel in meinem Fleisch« wird vielleicht doch noch von mir genommen. In der Zwischenzeit hat Gott jedoch selbst diesen Stachel in meinem Leben zum Guten benutzt. Ich weiß, ohne auch nur den Schatten eines Zweifels zu hegen, daß ich dauerhaft in der Kraft des Herrn gehen werde.

Neben der Tatsache, daß ich viel Kraft und Konzentration zum Schreiben brauche, scheine ich auch mindestens zwei Lebensspannen zu benötigen, um alles aufzuschreiben, was ich im Herzen trage. Ich lege jedes Thema dem Herrn als Bittgebet vor. Eines nach dem anderen – es scheint ewig zu dauern – werden sie geboren. Es wäre eine Untertreibung, wenn ich behaupten würde, ich wüßte nicht, wie sie fertig werden; ich weiß einfach, daß sie durch ein Wunder eben doch fertig werden. Eine Bitte spreche ich in diesem Zusammenhang regelmäßig aus:

»Stärke meinen Verstand – Herr, wenn ich bis ins hohe Alter hinein leben sollte. Dann möge mein Verstand noch geschärfter sein als heute ..., und zwar, weil ich mehr von dir gewinne und an deiner Weisheit und Gerechtigkeit, an deiner Erkenntnis und Vollmacht zunehme«.

Menschen mit Immunproblemen, wie ich sie habe, reisen normalerweise nicht, und sie tun erst recht keinen Dienst, der einen so öffentlichen Charakter hat. Doch ich tue weiterhin beides. Ich staune über die besondere Kraft und Gnade, die mir gegeben ist. Meine Bitte ist schon seit langer Zeit: »Herr, ich bitte dich um eine blendende Gesundheit bis hin ins hohe Alter, damit ich immer in der Lage bin, dein Kreuz groß zu machen und deine Botschaft zu verkünden.« Und so merkwürdig es auch scheinen mag, ich weiß, der Herr hat dieses Gebet vernommen und erhört. Auf gewisse Weise scheine ich eine außergewöhnliche Kraft und Gesundheit zu haben sowie die Energie, etwas zu erreichen.

Ich versuche den Herrn an dieser Stelle nicht, indem ich versäume, zusammen mit meinem Team, in dem ja auch meine Gebetspartner sind, sein Angesicht zu suchen, um zu erkennen, wohin ich gehen oder was ich tun soll. Doch so wie er führt, so gehe ich auch in der Kraft, die er mir gibt. Während ich an diesem Buch geschrieben habe, war mein Zustand ernst – ich besaß jeden Tag nur für einige wenige Stunden körperliche und mentale Energie. Dies geht schon seit Monaten so. Doch nächste Woche werde ich nach Deutschland aufbrechen! Ich dachte, der Herr würde sicher sagen, es sei in Ordnung, die Reise dieses Mal abzusagen. Doch mein Team ging ins Gebet und hörte den Herrn etwas völlig anderes sagen. Und sie haben richtig gehört!

Ich freue mich schon darauf, daß ich eines Tages Paulus fragen werde, was sein »Stachel« war, ein Zustand, der im Vergleich mit den Problemen, die er mit den Menschen hatte, ohne Zweifel unbedeutend schien. Wir wissen bereits, in wessen Kraft er handelte, als er wieder aufstand, nachdem man ihn geschlagen hatte und halbtot liegenließ, nachdem er in der stürmischen See als Schiffbrüchiger überlebte, nachdem er von Schlangen gebissen wurde und doch weiterlebte, um anderen zu dienen. Nichts konnte Paulus aufhalten! Ohne Frage ist er für uns ein Beispiel, das seinesgleichen sucht. Wer sein Leben betrachtet, wird beobachten können, wie Paulus an jeder Biegung seines Lebensweges das Unmögliche möglich machte. Wenn ich den Apostel Paulus richtig anschaue, dann staune ich über meine eigene Schwachheit.

Doch meine Bitte um körperliche Kraft ist nur eines der »unmöglichen« Dinge, bei denen ich regelmäßig Gottes Hilfe erlebe. Bei vielen Dingen scheint es menschlich gesehen so, als würde ich das Unmögliche erbitten. Doch mein Verlangen nach »dem Unmöglichen« ist in meinem Herzen sehr mächtig, und ich habe es vor dem Herrn geprüft. Daher weiß ich, wie ich es voll und ganz Gott hinlegen kann. Mit anderen Worten, ich erbitte viel von Gott und bete anhaltend dafür. Wenn es dann geschieht, erkenne ich jedesmal, daß es für Gott eigentlich eine Kleinigkeit war!

Die Bitte um Weisheit

»Die Furcht des Herrn ist der Anfang der Weisheit« (Ps 111,10).

»Anfang der Weisheit ist: Erwirb dir Weisheit, erwirb dir Einsicht mit deinem ganzen Vermögen! Halte sie hoch, dann wird sie dich erhöhen; sie bringt dich zu Ehren, wenn du sie umarmst. Sie setzt dir einen schönen Kranz auf das Haupt, eine prächtige Krone wird sie dir schenken« (Spr 4,7-9).

Eine der intensivsten Bitten in meinen frühen Tagebüchern war die Bitte um Weisheit. Mein bedrängendster Fehler und Sünde schien die Impulsivität zu sein. Meine Mutter, die keine Spur von Impulsivität besaß, mußte oft zu mir sagen: »Kind, du mußt lernen zu schauen, bevor du springst.« Doch in meiner Ungeduld zu leben, kehrte ich diese beiden Dinge oft um und mußte aus meinen Fehlern lernen.

Als ich als Erwachsene geläutert zu Christus zurückkehrte, dachte ich über diesen Charakterzug nach und verzweifelte darüber. Ich fragte mich, ob Gott meinen »blinden Fleck« wohl wegnehmen könnte oder würde. Er konnte es, und er tat es natürlich auch, aber erst, nachdem ich ihm meine Uneinsichtigkeit sowohl als Sünde wie auch als Fehler[7] bekannt und ihn gebeten hatte, sie durch seine Weisheit zu ersetzen. Ich kämpfte immer noch damit, aus diesem unreifen, »unter dem Gesetz stehenden«, bestätigungslosen Zustand herauszufinden. Ich kämpfte darum, im Heiligen Geist zu leben und in Christus an Reife zu gewinnen. Um diese Verwandlung zur geistlichen Reife zu vollziehen, würde allein die Weisheit Gottes genügen. Dazu gehörte auch zu lernen, auf den Herrn zu harren; dazu gehörte das beharrliche Stehen in seiner Gegenwart. Als ich dies lernte, öffnete mir der Herr meine geistlichen Ohren und machte mich fähig, auf ihn zu hören und mich von ihm führen zu lassen.

Weisheit ist ein Attribut Gottes, das wir suchen und finden sollen. Interessanterweise tritt die Weisheit in den Sprüchen und in der Weisheitsliteratur in weiblicher Gestalt auf. Als Attribut Gottes ist sie an der Schöpfung der Welt beteiligt (vgl. Spr 8,22-31). Hier erleben wir, wie sich die Weisheit in der Freude entwickelt, etwas zu schaffen:

> »Als er die Fundamente der Erde abmaß, da war ich als geliebtes Kind bei ihm. Ich war seine Freude Tag für Tag und spielte vor ihm allezeit. Ich spielte auf seinem Erdenrund, und meine Freude war es, bei den Menschen zu sein« (Spr 8,30-31).

Weisheit zu erlangen bedeutet, ein Ventil zu finden für unsere Fähigkeit, wie ein Künstler an der Seite des Schöpfers Dinge zu schaffen. Es bedeutet, unsere Impulsivität in Kreativität zu verwandeln. Durch sie finden wir Befreiung von unserem eigenen Streben und unserem Aktivismus, von unserem ungeläuterten Verstand. Ebenso wichtig ist, daß wir zu der Fähigkeit finden, einfach nur in Gottes Gegenwart zu sein, ein Zustand, durch den wir tief in unserem innersten Wesen als Kinder Gottes Bestätigung erlangen. Wir gewinnen Solidarität. Wir gewinnen einen Platz, an dem wir zu Hause sind. Unser Handeln geschieht dann aus dieser Mitte heraus, aus diesem Ort der Stille, an dem wir uns nach Gott richten.

In der Unterweisung seines Sohnes stellt Salomo die Weisheit, das transzendente Weibliche wie es scheint, der verführerischen und weltlichen Weisheit der Hure – die falsche Weiblichkeit führt zum Tod, nicht zum Leben – gegenüber und entgegen. Echte Weiblichkeit ist zutiefst das Antworten auf Gott, auf andere Menschen und alles, was ist. Als eine gute Eigenschaft in Gott sollen wir alle – Männer wie Frauen – an ihr teilhaben und ihre Fähigkeit empfangen, mit Maria zu sprechen: »Mir geschehe nach deinem Willen.« Wir empfangen dann im Mutterleib unseres Geistes ein Vielfaches von Gott und von allem, was wahr, schön und gut ist.

In der Geschichte von Marta und Maria entschließt sich Maria, mit empfangender Haltung vor dem Herrn zu sitzen. Ihre Reaktion war wahrhaft weiblich, das wahrhaft Weibliche in ihr wurde dadurch bestätigt und gestärkt. Wir empfangen Weisheit von Gott. Männer werden nur in ihrem wahrhaft Männlichen – der Kraft zur Initiative und dazu, den vollen Willen Gottes zu tun – geheilt, wenn sie in ihrer Identität als Braut bestärkt werden. Dies ist die Kraft, zu reagieren und sich völlig von der Furcht des Herrn durchdringen zu lassen – der Furcht vor einem Maskulinen, das so mächtig ist, daß wir im Vergleich mit ihm alle weiblich sind.

Falls jemand den Herrn bisher noch nicht ernsthaft um Weisheit gebeten hat, dann sollte er dies jetzt tun. Gott verheißt Weisheit allen, die im Glauben bitten (vgl. Jak 1,5-8). Wenn wir darum bitten, geschehen radikale Veränderungen, denn die Weisheit ist »ein Baum des Lebens«. Sie freudig zu empfangen bedeutet, eine Quelle, einen ewigen und frei sprudelnden Brunnen des Lebens zu finden (vgl. Spr 3,18). Wenn wir die entsprechenden Schriftstellen im Gebetstagebuch aufschreiben und Gott um Weisheit bitten, so nehmen wir in der Furcht und Erkenntnis des Herrn zu. Ja, wir nehmen sogar in allem zu, was wahrhaft ist. Weisheit zu gewinnen bedeutet daher, Liebe zu gewinnen. Je mehr wir erkennen und verstehen, um so mehr gibt es, das es zu lieben gilt. Unser Herz und unser Verstand müssen dann notwendigerweise weiter werden. Gott um Weisheit zu bitten gehört daher zu den Dingen, die am wichtigsten sind.

Wie schon immer sind auch heute die meisten meiner Bittgebete Bitten um Weisheit: Weisheit, mit meiner Zeit klug umzugehen und die Trägheit oder jede andere Untugend, die ihr häßliches Gesicht erhebt, zu überwinden. Weisheit, so zu lehren und zu schreiben, daß dadurch niemals eine andere »Seele« in die Irre geführt wird. Und vor allem aber Weisheit im Blick auf meine Beziehung zu Gott: Weisheit, mich auf Gericht und Tod in rechter Weise vorzubereiten.

Die Bitte um Wegweisung

»Die Eindrücke Gottes in uns und sein Wort vor unseren Augen werden immer von seiner Vorsehung bestätigt, die uns umgibt. Und wir sollten ruhig abwarten, bis diese drei Lichter sich auf einen Punkt konzentrieren.«[8]

Die Bitte um Weisheit und die Bitte um Wegweisung gehören meiner Meinung nach immer zusammen. Wenn wir Gottes Wegweisung für unsere Zukunft suchen, dann bitten wir, um Gottes Weisheit zu erkennen, wie wir nach seinem Willen weitergehen können. Wir versuchen nicht, die Zukunft vorherzusagen. Dies ist ein wichtiger Unterschied. Beim bittenden Gebet suchen wir also häufig nach Gottes Wegweisung für unsere Zukunft. Die richtige Herzenshaltung zeigt Vertrauen in einen Gott, der unsere Zukunft kennt und in seinen Händen hält, während eine falsche Haltung versucht, die Zukunft zu erkennen, um Frieden zu finden. Die falsche Geisteshaltung wird in dieser Sache die Kraft, auf Gott zu hören, ins Gegenteil verkehren.

Bei der Suche nach Wegweisung liegen die Grundsätze, wie wir diese Wegweisung empfangen können, darin, Gott mit ganzem Herzen, mit unserem ganzen Verstand und mit unserem ganzen Körper zu vertrauen. Die wunderbare, oben zitierte Erkenntnis F. B. Meyers, verbunden mit der Aufgabe zu lernen, wie wir im hörenden Gebet von Gott Weisheit empfangen, bilden das Rezept, wie wir Gottes Willen in unseren Gebeten und unserem Leben erfahren und empfangen. Es gibt eine Zeit, in der es gilt, auf Gott zu harren. Dieses Abwarten verlangt Ohren, die offen sind zu hören, was der Heilige Geist redet, sobald er spricht.

Dallas Willards Buch »In Search of Guidance« ist eines der besten zu diesem Thema, da es die Einsichten F. B. Meyers mit Einsichten zum hörenden Gebet verbindet.

Hindernisse bei der Frage, wie wir beten sollen

Wir werden Gottes Willen darüber, wie wir beten sollen, nicht erfahren, wenn wir ihn oder andere zu manipulieren oder zu kontrollieren versuchen. Wir müssen uns mit unserer Neigung zu einem solchen Verhalten (heute allgemein als Mitabhängigkeit bekannt) befassen, oder sie wird unser Gebetsleben stören. In solchen Fällen sind unsere Motive nicht rein; unser Auge ist nicht gesund (vgl. Mt 6,22). Statt auf Gott zu vertrauen, setzen wir unser Vertrauen in unsere eigene Kraft, die Dinge »klar zu kriegen«.

Wir werden den Willen des Herrn nicht erfahren und nicht von ihm empfangen, wenn wir darauf aus sind, anderen zu gefallen oder in ihren Augen gut dazustehen. Gott zu gefallen findet häufig das Mißfallen anderer – wir bringen diese beiden Dinge in der Tat oft durcheinander. Und die oft dumme Sprache der populärwissenschaftlichen Psychologie kann uns an diesem Punkt oft verwirren. Zum Beispiel sagte ein Christ, um einen Bischof zu entschuldigen, der anderen mehr zu gefallen suchte als Gott, indem er Priester, die in ihrer Sexualität krankten, ordinierte: »Aber er ist doch so ein sanfter und guter Mann; er erträgt einfach keine Konflikte.«

Das ist keine Entschuldigung, die Gott bei einem Christen gelten lassen würde, schon gar nicht bei einem Bischof. Christus bezeichnet jemanden, wie diesen Bischof, als einen, der es den Menschen recht machen will – einen Götzendiener oder falschen Propheten. Und er beklagt das Schicksal der Schafe, die von einem solchen »sanften und guten« Hirten geleitet werden. Christus wußte nur zu gut, daß dies die Leute sein würden, die ihn kreuzigten. Er erinnerte Menschen wie diesen Bischof daran, daß sie auch die wahren Propheten getötet hatten, die ihm vorausgegangen waren. Leute, die anderen gefallen wollen, sind Götzendiener – sie blicken nicht auf Gott, sondern auf andere Menschen, um (mit modernen Worten gesprochen) die Bedürfnisse ihres Egos befriedigt zu bekommen. Etwas oder jemand ist an die Stelle des lebendigen Gottes getreten und hat das Vertrauen in ihn und das Wort der Wahrheit, das er spricht, ersetzt.

Wir werden den Willen Gottes darüber, wie wir beten sollen, nicht erfahren, wenn wir auch nur im geringsten dazu neigen, das Gebet als Kristallkugel zu benutzen. Im bittenden Gebet suchen wir häufig den Willen Gottes und seine Wegweisung für unsere Zukunft. Das ist völlig in Ordnung, gut und wichtig, um im Geist Gottes zu leben. Es steht jedoch in krassem Gegensatz zu jedem Versuch, die Zukunft vorherzusagen.

Gott bezüglich unserer Zukunft, die nur er allein kennt, zu vertrauen, ist ein grundlegendes Prinzip, um die Führungen Gottes für unser Leben zu erkennen. Das soll nicht bedeuten, daß uns Gott nie prophetische Einsicht über die Zukunft, in die er uns hineinführen wird, schenkt. Er tut dies. Eine richtige Herzenshaltung versucht nicht, die Zukunft zu erkennen, und muß sie auch nicht kennen, um Frieden zu haben.

Wenn die Ohren jucken

Wir werden den Willen Gottes auch nicht erfahren, wenn wir andere zu Götzen machen und indem wir versuchen, sie als Kristallkugel zu benutzen. Leider ist es notwendig, eine Warnung an Christen auszusprechen, die sich »Propheten« suchen, die »ein Wort für sie« haben könnten – mit anderen Worten, die jemanden suchen, der ihnen die Zukunft voraussagt. Diese Art von Propheten, die diesen Suchenden einen Gefallen tun, nimmt stark zu. Viele von ihnen sind in unterschiedlichen Bereichen aktiv am Kirchenleben beteiligt.

Auf der anderen Seite gehören zu diesen falschen Propheten auch solche, die ihre Gabe ursprünglich von Gott bekommen haben, welche sich jedoch dann mit Kräften der Wahrsagerei vermischt hat. Nun werden sie von dämonischen Geistern der Wahrsagerei begleitet, die ihnen persönliche Einzelheiten über die Seelen anderer Menschen mitteilen, die aber für das Wachstum dieser Seelen in Christus fruchtlos bleiben. Statt dessen dient diese Erkenntnis dazu, diese »Propheten« zu mächtigen, geistlichen Magier aufzubauschen. Obwohl diese Prophetien auch einfach allgemein gesprochene biblische Verheißungen beinhalten, sind andere Elemente gleichzeitig gefärbt, um die subjektiven Ego-Bedürfnisse derer anzusprechen, die sich an solche Propheten wenden. Sie bewirken in diesen wiederum ein »ichbezogenes« Verlangen nach Macht.

Während ich schreibe, erlebe ich unzählige Fälle von Pfarrern, die in Schwierigkeiten geraten sind, weil sie falsche Prophetien geglaubt haben, die ihnen persönlichen Erfolg und ein Wachstum ihrer Gemeinden in ihrem Einfluß und in der Anzahl der Glieder versprachen. Diese Männer haben ihr geistliches Werk geschädigt oder gar zerstört, weil sie den Worten falscher Propheten geglaubt haben, die in ihnen einen falschen männlichen Aktivismus entfacht und ihre emotionalen und geistlichen Bedürfnisse nach einer Bestätigung als Mann zutiefst angesprochen haben.

Solche Propheten werden von unreifen Menschen oder solchen, denen die Gabe der Unterscheidung fehlt, oft als harmlos angesehen, weil sie sich über das Neuheidentum der New-Age-Bewegung empören. Doch ironischerweise sind diese Propheten im Prinzip den gleichen Praktiken verfallen. Für Menschen, die solchen Propheten folgen und an den »Prophetien« festhalten, die oft unter Handauflegung über ihnen ausgesprochen wurden, werden die Dinge um so verwirrender. In vielen Fällen stammt ihre einzige biblische Unterweisung von dem betreffenden »Propheten« – gute Lehre hat sich mit schlechter Prophetie vermischt. Daher ist es für den bedürftigen oder unreifen Christen äußerst schwer, das Gute vom Verwirrenden und Schlechten zu trennen. Das macht es ihnen noch schwerer, aus der Verwirrung wieder herauszufinden, zu der die »vermischten« und daher falschen Prophetien geführt haben. Wenn die Prophetien angenommen werden, führt dies schließlich zu einer Täuschung.

Am anderen Ende des Spektrums gibt es manche, die die Worte und Bilder dieser falschen oder irregeleiteten »Propheten« nicht mit ihrem Geist aufnehmen, aber doch einer Sache verfallen, die auf das gleiche hinausläuft. Sie lassen sich von »christianisierten« säkularen Psychologien täuschen, die die Unschuld der Sünde und des Bösen behaupten. Sowohl die Sünde als auch das Böse in einem Menschen oder einer Situation erhält einen neuen Namen, durch den das Böse gut und das Gute böse genannt wird. Auf diese Weise findet eine »Synthese« von Gut und Böse statt – sie werden zu einem Ganzen vermischt und miteinander versöhnt. Solche Systeme zum Verständnis über die Seele sind heidnisch und gnostisch, wie ich in Kapitel 14 zeigen werde. Wie bereits die frühen Christen wußten, braucht es nur eine kleine Prise Gnostizismus, damit ein Mensch einer geistlichen Verführung erliegt. Nur ein wenig Sauerteig kann viel dazu betragen, einen Menschen auf den falschen Weg zu bringen – oder auch eine Gemeinde.

Der Neognostizismus der New-Age-Bewegung breitet sich heute überall in der Kirche aus, übertüncht mit psychologischen Terminologien (größtenteils Jungscher Prägung). Daher lassen Menschen, die versuchen, ihre eigene Seele und ihre Lebensgeschichte oder ihren Weg zu deuten, das transformierende Moment Gottes völlig außer acht, das die Seele mit dem transzendenten heiligen Gegenüber zusammenführt. Statt dessen führt ihr »transformierendes Moment« zu einer Einheit mit sich selbst. Ihre Weisheit und ihre Führung entspringt daraus, daß sie die Bilder ihrer eigenen Seele entdecken und interpretieren. Sie akzeptieren eine neognostische (Jungsche) Interpretation dieser Bilder, ihre Träume mit eingeschlossen. Die Gefühle des einzelnen, die den Bedürfnissen des Egos entströmen, senden eine Vielzahl von Botschaften und Bildern, die, wenn sie falsch interpretiert werden, in die Irre führen. Die Objektivität geht verloren. Eine mit dem Ego verbundene Subjektivität wird so hoch erhoben, daß diese Menschen buchstäblich aus dem Sein ihrer subjektiven Gefühle leben – dieser Narzißmus erhebt das Sein der Gefühle zum Zentrum des Menschen. Dieses Selbst wird dann Gott. Die eigene »Geschichte« ersetzt die objektive Realität, einschließlich der göttlichen Offenbarung, der heiligen Schrift. Wer solchermaßen verführt wurde, ist nicht länger offen für die objektive Weisheit. Ohne Zweifel haben es auch solche Menschen mit einem falschen Propheten zu tun, nämlich mit ihrem eigenen Herzen. Das alte Heidentum tritt völlig an die Stelle des Gottvertrauens.

Wie wir der Vermischung von Ichbezogenheit und widergöttlichen Einflüssen entfliehen können

Falsche Propheten mästen sich immer auf Kosten der Kirche. Auch vermischen sie immer die Sprache des Evangeliums mit den heidnischen

Praktiken, denen sie Vorschub leisten. Das durch und durch Böse kann man leicht erkennen. Doch wir müssen uns von dieser Mischung aus Gut und Böse fernhalten. Es mag für das ungeschärfte Auge weniger offensichtlich sein. Diese tragischen Vermischungen folgen einem diabolischen Grundsatz, den wir bei der Zauberei und beim Satanischen am besten erkennen können. Das Gute und Wahre – das, was in die Kirche eingepflanzt und gesegnet wurde – muß diesem Grundsatz folgend vorhanden sein. Das Ziel des Menschenverderbers seit Anbeginn besteht darin, das Gute und Heilige mit dem Obszönen und Perversen zu durchsetzen und lügenbehaftete Falschheit in die Mitte des Wahren einzuschleusen.

Was wir heute bei den »wahrsagerischen« Propheten sehen, wurde zum Teil deshalb möglich, weil es an Erkenntnis mangelt. Unkenntnis, verbunden mit der Tendenz, am Oberflächlichen und dramatisch »Übernatürlichen« Gefallen zu finden hat sich mit dem Bedürfnis verbunden, über andere Macht auszuüben. Unsere Zeit scheint für fast alles von dieser Art reif zu sein. Dadurch sind die Menschen unglücklicherweise der wirklichen Gabe der Prophetie gegenüber – ich spreche hier von der Gabe, im Gegensatz zum Amt des Propheten – mißtrauisch geworden. Dennoch sollte die ordnungsgemäße Funktion dieser Gabe für den Auftrag der Gemeinde nicht gehindert werden. Je weniger Aufmerksamkeit eine Gabe auf sich zieht, um so besser; wichtig ist, daß die echte Gabe bewahrt wird und reifen kann.

Manchmal gibt Gott eine persönliche Verheißung bezüglich unserer Zukunft, verbunden mit Trost und Wegweisung. Wir sollen sie, wie Maria, in unseren Herzen verbergen und sprechen: »Mir geschehe, wie du gesagt hast.« Wir erinnern uns im Gebet vor Gott daran. Diese Art der Voraussage ist rechtmäßig und ein lebenswichtiges Bedürfnis unserer Seele, welches durch diese Gabe aufs Wunderbarste erfüllt wird. Die Schrift ermahnt uns, sie nicht zu verachten.

Ich schreibe dies, damit wir jegliche noch so subtile Verschiebung entlarven mögen, die uns wegführt vom Vertrauen auf Gott und uns veranlaßt, unser Vertrauen in Wege zu setzen, wie wir die Gegenwart unter Kontrolle bekommen oder die Zukunft vorhersagen können. Wir dürfen dies in unserem Gebetsleben und in unserem Dienst nicht zulassen. Wir müssen uns dessen auch im Leben derer bewußt sein, denen wir dienen. Manche Menschen suchen immer ein Wort beim oder durch den Pfarrer. Auf diese Weise vermeiden sie die anstrengendere Arbeit zu lernen, wie man Gott vertraut und wie man selbst Gott hört. Als nächsten Schritt ihrer Heilung muß der Pfarrer ihnen sicher zeigen, was sie da tun, und sie mit aller Macht auf Gott und auf sein offenbartes Wort hinweisen:

»Deine Vorschriften sind der Bewunderung wert; darum bewahrt sie mein Herz. Die Erklärung [wörtlich *die Eröffnungen*] deiner Worte bringt Erleuchtung, den Unerfahrenen schenkt sie Einsicht« (Ps 119,129-130).

Wie wir uns auf den Tod und das Gericht vorbereiten können

»Es ist vorbei«, sagte die Pflegerin. Die ältliche Frau an der anderen Seite des Bettes seufzte und sagte: »Es war eine Erlösung für die Arme.«

Beide schwiegen einen Augenblick in Ehrfurcht vor der Toten, und dann ergriff Mrs. Croft, die Pflegerin, in lebhaftem Ton wieder das Wort: »Nun, meine Liebe, wir sollten uns beeilen, denn ich habe sehr wenig Zeit.«

Das altmodische Zimmer war erfüllt von dem tiefen Frieden des Landes und dem Licht eines wunderbaren Sonnenuntergangs. Mrs. Baker, die die Tote herzlich gern gehabt hatte, war von dem Anblick ergriffen. »Wie eine Flut von Gold, die in das Zimmer hereinströmt«, dachte sie und war ungewöhnlich schweigsam, während sie und Mrs. Croft mit behutsamen und doch schnellen, geschickten Bewegungen durch langjährige Übung an der Toten die letzten Dienste verrichteten.

»Drückt Sie etwas?« fragte Mrs. Croft, denn Mrs. Baker war von Natur sehr gesprächig. »Sie brauchen sich wirklich keinen Vorwurf zu machen, nach dem, was Sie so viele Jahre lang für die arme, alte Dame getan haben. Soviel ich weiß, sind Sie nur für ein paar Stunden in der Woche bezahlt worden, und Sie waren am Morgen, zu Mittag und am Abend hier.«

Mrs. Baker, eine sehnige, handfeste kleine Person, sagte schlicht: »Ich hab' sie sehr gern gehabt. Nein, es drückt mich nichts. Ich habe nur an ihre letzten Worte gedacht.«

»Was hat sie gesagt?« fragte Mrs. Croft begütigend. Mrs. Baker ging, wie sie bemerkte, dieser Tod auf ihre Weise sehr zu Herzen, und es war in einem solchen Fall immer das beste, die Leute reden zu lassen.

»Sie sagte etwas von hinausfahren auf lebendigem Wasser.«

»Sie war schon etwas wirr.«

»Vorher ja, aber nicht in dem Augenblick. Sie war bei klarem Verstand, wie das die Sterbenden so oft sind, heißt es. ›Aufs Meer hinaussegeln auf lebendigem Wasser‹ hat sie gesagt. Dieser goldene Schein hier hat mich daran erinnert.«

Mrs. Croft kam auf die praktischen Fragen zurück: »Glauben Sie, daß es ihr Wunsch gewesen wäre, in ihrer Perücke aufgebahrt zu werden?«

»Ganz sicher«, antwortete Mrs. Baker mit Bestimmtheit. »Sie hat immer sehr viel auf ihr Äußeres gehalten.«

Die Arbeit war bald getan, und sie traten zurück, um ihr Werk zu bewundern, an dem sie beide Freude hatten wie der Künstler an seiner Schöpfung.

»Friedlich sieht sie aus«, sagte Mrs. Croft. »Merkwürdig, wie schnell sie sich verändern.« Wenige Stunden vorher war ein groteskes altes Weiblein in dem alten Himmelbett gestorben, aber jetzt trug sie schon die Schönheit der Vollendung in ihren gemeißelten Zügen. »Sie muß einmal eine wunderschöne Frau gewesen sein.«

Obwohl Leben und Tod gleichermaßen das Tagwerk dieser beiden Frauen ausfüllten, hielt sie das Geheimnis doch für einen Augenblick gefangen. Dann wendete sich Mrs. Croft mit einem Schwung zur Tür. »Schön, meine Liebe, ich muß weitermachen. Beim Bauern draußen wird ein Baby erwartet, es muß jeden Moment kommen.«

Mrs. Baker war mit ihren Gedanken woanders. »Sie hat sich selbst gemeint«, sagte sie.[9]

Mit dieser Szene und diesen Worten beginnt Elizabeth Goudge einen ihrer besten Romane, meinen Lieblingsroman. Diese und eine weitere Szene aus »Das Erbe der Miß Lindsey«, bei der es um die Heilung von Selbsthaß geht, gehören zum Tiefgründigsten, was es in der Literatur unseres Jahrhunderts gibt. »Aufs Meer hinaussegeln auf lebendigem Wasser« – einen solchen Tod erbitte ich von Gott.

In meiner Kindheit erzählten mir Mutter und Großmutter von Sterbeszenen beim Tod von Christen in unserer Familie. Die Sterbenden sprachen davon, daß sie in den Himmel hineinblicken konnten, als sie dieses irdische Leben hinter sich ließen. Manche sprachen sogar davon, daß sie sehen konnten, wie andere aus der Familie ihnen entgegenkamen, um sie zu grüßen. Bei der Geschichte, die mir am meisten bedeutete, kam mein Vater, um seine Schwester zu begrüßen, als sie ihre letzte Reise antrat. Die anderen Geschichten spielten sich vor meiner Zeit ab, aber diese trug sich während meiner Kindheit zu. Ich erinnere mich daran, welche Ehrfurcht Mutter und mir diese Begebenheit einflößte. Manchmal bat ich Mutter, mir noch einmal zu erzählen, was geschah, als Tante Mary im Sterben lag.

Da sich der Tod meines Vater zutrug, als ich noch sehr klein war, erfuhr ich, daß ein geliebter Mensch sehr schnell von uns genommen werden kann und daß »unsere Tage auf Erden nur ein Schatten sind«. Ich wußte jedoch auch, daß wir auf lebendigem Wasser hinaussegeln. Ich wußte, daß die, die in Christus sind, auf eine Art leben werden, die unser

Leben hier weit übersteigt und vollendet. Vielleicht lag es teilweise an diesem Bewußtsein, daß ich immer einen Teil meines Abschnitts »Bitten« dem Tod und dem Gericht gewidmet habe. Er ist voller Schriftstellen, die uns ermahnen, uns auf diese beiden Ereignisse vorzubereiten.

Daran ist nichts Deprimierendes – obwohl Menschen mit einer ausgesprochen kränklichen Einstellung dies so empfinden könnten. Die historische Kirche besitzt sogar Lehren, die zu dieser Morbidität und zu dem Haß auf unser irdisches Leben und unsere körperliche Inkarnation beitragen. Aber das ist nicht christlich. Doch es liegt eine Spannung in dem Empfinden, daß der Tod unser letzter Feind ist, wie auch die Bibel lehrt. Wir müssen mit dieser Tatsache zurechtkommen und die relevanten Schriftstellen beten. Wir müssen uns auf unseren eigenen Tod vorbereiten. Ich schreibe diese eigentlich selbstverständlichen Aussagen auf, da der Tod unter modernen Christen oft verdrängt wird.

Als jemand, der im Heilungsdienst steht, finde ich es aufgrund dieser Verdrängung schwierig, über körperliche Heilung zu reden. Zum Beispiel glauben manche, daß auch ihre Seele nicht geheilt wird, wenn ihr Körper nicht geheilt wird. Obwohl diese Annahme irrational ist und zweifellos der christlichen Lehre widerspricht, ist sie doch weit verbreitet. Sie ist ein Bestandteil der Verdrängung des Todes unter den modernen Menschen – es ist die Unfähigkeit, akzeptieren zu können, daß selbst der eigene Körper einmal sterben wird und dann dem Gericht entgegentreten muß. Doch dies war nicht immer so gewesen. In der Vergangenheit hatte die Kirche die Menschen besser auf diese allerletzten Dinge vorbereitet.

Meine Bittgebete für mich und für Menschen, die mir nahestehen, schließen auch die Bitte ein, daß uns ein durch Katastrophen herbeigeführter oder ein vorzeitiger Tod erspart bleiben mögen. Ich bitte darum, daß uns, selbst wenn wir wie Stephanus, der erste Märtyrer, sterben sollten, ein friedvoller, christlicher Tod gewährt sein möge – ein Tod, der uns ein direktes Fenster zur Herrlichkeit öffnet. Es ist gut, so zu beten, denn so lernen wir, besser auf die Warnungen des Heiligen Geistes zu achten, wenn wir uns in Gefahr befinden. Außerdem behalten wir den Himmel im Blick.

Wenn wir uns als Christen auf den Tod und das Gericht vorbereiten, indem wir die Schriftstellen zu diesen Dingen in unser Gebetstagebuch schreiben, dann gewinnen wir dadurch erneut die vollkommene Hoffnung auf die Herrlichkeit – auf den Siegespreis, der uns erwartet. »Hinauszusegeln auf lebendigem Wasser« bedeutet, endlich den Hafen zu erreichen, wo uns eine »über die Maßen große und ewige Herrlichkeit« zuteil wird, ein Erbe, das ewig bleibt und nicht vergeht.

Wie wir von Gott empfangen

»Wenn ihr in mir bleibt und wenn meine Worte in euch bleiben, dann
bittet um alles, was ihr wollt: Ihr werdet es erhalten. Mein Vater wird
dadurch verherrlicht, daß ihr reiche Frucht bringt und meine Jünger
werdet« (Joh 15,7-8).

»Laßt uns also voll Zuversicht hingehen zum Thron der Gnade, damit
wir Erbarmen und Gnade finden und so Hilfe erlangen zur rechten
Zeit« (Hebr 4,16).

»In ihm haben wir den freien Zugang durch das Vertrauen, das der
Glaube an ihn schenkt« (Eph 3,12).

»Und alles, was ihr im Gebet erbittet, werdet ihr erhalten, wenn ihr
glaubt« (Mt 21,22).

»Was ihr braucht, ist Ausdauer, damit ihr den Willen Gottes erfüllen
könnt und so das verheißene Gut erlangt« (Hebr 10,36).

Ein wichtiger Augenblick beim bittenden Gebet ist der Moment der
»Aneignung«, der Augenblick also, in dem wir Gottes Antwort im Glauben
empfangen. Dieses Empfangen geschieht nicht passiv, sondern aktiv: Wir
öffnen unser Herz, um das aufzunehmen, worum wir im Gebet baten. Dies
beinhaltet eine Freisetzung unseres Glaubens.

An Christus zu glauben bedeutet, ihn zu kennen; ihn zu kennen bedeutet, in ihm zu sein. Diese Vereinigung – unsere persönliche Beziehung zu
ihm – ist Glaube im primären Sinn. Dieser Glaube ist bereits da. Wir wohnen im Glauben, und der Glaube wohnt in uns. Aus diesem Status heraus,
im Glauben zu sein – in Christus zu sein –, wendet sich unser Vertrauen zu
Gott hin. Wir nehmen das in Anspruch und eignen uns das an, worum wir
gebeten haben.

»Wir haben ihm gegenüber die Zuversicht, daß er uns hört, wenn wir
etwas erbitten, das seinem Willen entspricht. Wenn wir wissen, daß er
uns bei allem hört, was wir erbitten, dann wissen wir auch, daß er
unsere Bitten schon erfüllt hat« (1 Joh 5,14-15).

Daß es oft nicht gelingt, Gottes Vergebung zu empfangen, ist unter
Christen heute ein schwerwiegendes und weitverbreitetes Problem. Selbst
nachdem wir ihm unsere Sünden bekannt haben und Gott seine mit
Vergebung überfließende Hand uns ausgestreckt hat, können wir sie doch
nicht empfangen.[10] Doch nicht nur, wenn es um Vergebung geht, fällt es

uns schwer, zu empfangen. In einer Zeit, in der wir unseren Kontakt zur Seele und ihren Möglichkeiten der Kommunikation und Beziehung mit Gott verloren haben, müssen wir ganz neu lernen, wie wir von Gott empfangen können. Und das ist wirklich recht einfach. Mit Hilfe einer willentlichen Entscheidung setzen wir unseren Glauben frei* und erwarten vertrauensvoll, worum wir gebeten haben. Dabei danken wir Gott im voraus für seine Erhörung. Doch wir dürfen diese innere Handlung in unserem Gebet nicht übersehen.

Gebet im Glauben freisetzen

Manche Menschen empfangen deshalb nicht von Gott, weil sie sich über die Maßen abmühen. Ich habe dies bereits zuvor erwähnt, als es darum ging, was man bei der Fürbitte vermeiden sollte. Wo uns das Verständnis fehlt oder wir nicht die Kraft haben, die Gottes Anwort im Glauben zu empfangen, werden wir zwangsläufig zu dieser belastenden Methode greifen und uns abmühen und abkämpfen.

Wir tun gut daran, ohne Unterlaß zu beten. Wenn wir bewußt in seiner Gegenwart verweilen, geht es weitgehend eben darum. Es führt zu einem außergewöhnlich friedvollen Vertrauen, das alles andere als statisch ist. Wir bewegen uns fortwährend auf Gott, das Ziel unseres Glaubens, zu. Wenn wir uns jedoch abmühen, dann flehen wir viel zu sehr und versäumen, uns die Erhörung, um die wir bitten, im Glauben zu empfangen. Wer auf diese Weise festsitzt, wird am Ende erschöpft sein, statt im Glauben und in der Hoffnung gestärkt zu werden. Die Bibel deutet darauf hin, daß auch Gott dieser Dinge müde wird.

Um das in Glauben vor Gott gebrachte Gebet (vgl. Jak 5,15) freizusetzen, müssen wir erstens den Willen Gottes darüber erfahren, wie wir beten sollen. Wir fragen: »Wie, Herr, möchtest du, daß ich für diese Sache bete?« Wenn wir die Angelegenheit ihm bringen, werden wir seine Weisheit in dieser Sache früher oder später erfahren (vgl. Jak 1,5). Zweitens halten wir unsere Bitte einfach und detailliert. Drittens setzen wir unser im Glauben zu Gott gebrachte Gebet frei. Viertens, nachdem wir dies getan haben, empfangen wir die Antwort auf unser Gebet in Form der »Aneignung«. Wir danken Gott im voraus dafür, daß er unser Gebet vernommen und erhört hat. Keiner dieser Schritte ist schwer, wenn unser Herz mit dem

---

* Im folgenden verwendet die Autorin diese Formulierung öfters. »Glauben freisetzen« heißt, sich von den Widerständen und Zweifeln Gott gegenüber mit Entschiedenheit zu distanzieren und sein Vertauen auf Gott allein setzen und richten.

Herzen Gottes eins ist. Es ist in der Tat die ganz natürliche Art, im Glauben zu beten. Die Schrift lehrt uns, auf diese Weise zu beten, und gibt uns Vorbilder dafür.[11]

Manche Menschen empfangen Gebetserhörungen durch »Aneignung« ganz automatisch und sogar unbewußt. Wie auch immer es geschieht, es braucht dazu in unserem Denken und in unserem Herzen ein Bild davon – und sei es noch so schwach –, daß wir ein gutes Ziel verfolgen und Gott dieses Ziel bejaht. Wenn wir diesen Schritt regelmäßig ausgelassen haben, können wir ihn leicht erlernen. Wir nehmen uns einfach etwas Zeit, um mit dem Herzen zu »sehen«, wie Gottes Wille geschieht. Wir beginnen damit, daß wir uns zunächst einfach in Gedanken das vorstellen, was wir von Gott erbeten haben. Wir halten es Gott hin, so daß er fortfahren kann, mit uns darüber zu reden. Es ist erstaunlich, wie oft Gott durch diese Übung unser Bild modifiziert oder verändert, damit es besser mit seinem Willen im Einklang steht. So erhalten wir zusätzliche Weisheit und sogar ein Wort von Gott. So wie er unser Denken und Fühlen verändert, damit es mit seinem Willen in Einklang steht, so korrigiert und erweitert er die Art, wie unser Herz in Bildern denkt.

Mit den Augen unseres Herzens zu sehen, wie der Wille Gottes geschieht, beinhaltet das gleiche Prinzip, von dem Jesaja spricht: »Ohne Vision kommt das Volk um.« Vor allem anderen müssen wir beim Beten eine Sicht vom Guten und vom Ziel unseres Gebetes besitzen, oder wir werden nicht den nötigen Glauben freisetzen, um es zu erreichen. Hier kommt das Schöpferische unseres Glaubens zum Tragen.[12] Als solches unterscheidet es sich drastisch von seinen ichbezogenen oder dämonischen Imitationen – jenen Versuchen, die Zukunft zu schaffen, zu kontrollieren oder vorauszusagen.[13]

Kapitel 6

Vergebung

»Hätte ich Böses im Sinn gehabt, dann hätte der Herr mich nicht erhört. Gott aber hat mich erhört, hat auf mein drängendes Beten geachtet« (Ps 66,18-19).

»Und vergib uns unsere Schuld, wie auch wir vergeben unsern Schuldigern. Und führe uns nicht in Versuchung, sondern erlöse uns von dem Bösen.«

Dieser Teil des Vaterunsers enthält drei lebenswichtige Bitten, die wir in unser Gebetsleben aufnehmen sollen. Wegen ihrer einzigartigen Bedeutung sollten sie in unserem Gebetstagebuch in einem eigenen Abschnitt untergebracht werden: Buße zu tun für unsere Sünden, anderen zu vergeben, die an uns schuldig geworden sind, und in Versuchungen und vor dem Bösen Erlösung zu erlangen – dies sind für jeden Christen zentrale Dinge. Ohne Vergebung und ohne Freiheit vom Bösen sind wir den Krankheiten unseres Geistes, unserer Seele und letztlich auch unseres Körpers unterworfen.

Es gibt drei Barrieren, die unsere persönliche Heilung und Ganzheit verhindern – wenn wir keine Vergebung empfangen, wenn wir anderen nicht vergeben und wenn wir die große Tugend der Selbstannahme nicht gewinnen. Wir überwinden diese Barrieren, wenn wir von ganzem Herzen umkehren, Vergebung empfangen und dem Bösen und all seinen Werken abschwören. Ich habe in meinem Buch »Restoring the Christian Soul Through Healing Prayer« ausführlich über dieses Thema geschrieben. Wer diese wichtige Arbeit der Umkehr und der Vergebung noch nicht getan hat, sollte dieses Buch in Verbindung mit diesem Teil seines Gebetstagebuches sorgsam durcharbeiten – dies gilt besonders für Menschen, die spüren, daß sie geistliche und emotionale Heilung benötigen.

Im Englischen steht das Wort, das im deutschen Vaterunser als »Schuld« bezeichnet wird, im Plural: sins – »Vergib uns unsere Sünden«. Weil wir in Christus eine neue Schöpfung sind, sind wir *in* Christus, und es wurde uns die Sünde (Einzahl) der Trennung von Gott vergeben. Dieser dicke Brocken, so könnte man sagen, ist vergeben und erledigt. Doch wir sollen unsere Sünden (Mehrzahl) – d. h. was wir getan haben und was wir unterlassen haben – umgehend bekennen, sobald sie uns durch unser Gewissen und den Heiligen Geist offenbart werden. Dann sollen wir, und dies ist ebenso wichtig, für diese Sünden Vergebung empfangen. Mit anderen Worten, wir sollen uns die Vergebung durch einen bewußten Glaubensschritt aneignen. In weiten Teilen geht es also bei diesem Abschnitt unseres Gebetstagebuches um das Bekennen und die Vergebung von Sünden und darum, daß wir anderen Vergebung zusprechen und sogar die Menschen lieben, die uns Schaden zufügen.

Meist werden wir unsere Bitte um Vergebung und Schutz nur im Gebet vor Gott aussprechen; falls wir sie aufschreiben möchten, dann notieren wir dies in dem Abschnitt für das tägliche Gebet. Doch wenn sich eines dieser Anliegen als hartnäckig erweisen und anhaltendes Gebet nötig sein sollte, dann sollten wir diese Sache in diesem Abschnitt notieren.

Wenn wir unsere Anliegen, die die Erlösung vom Bösen betreffen, aufzeichnen, dann hören wir auf diese Weise auf Gott und werden so in die Lage versetzt, leidvolle Sünden und Fallen zu vermeiden, die uns nur allzu leicht zu Fall bringen können. Und wir bereiten uns auch darauf vor, in Zeiten des geistlichen Kampfes festzustehen und den Kampf zu gewinnen, den der Böse gegen uns führt. In der Gerechtigkeit Christi überwinden wir all die Schliche und feurigen Pfeile, mit denen der Feind auf unsere Seele zielt.

Während wir diese Bitten so beten, wie Christus uns gelehrt hat, vertrauen wir ihm, daß er alle nicht bekannten Sünden unseres Lebens in sein Licht stellen wird, damit wir so schnell wie möglich davon umkehren können (vgl. Ps 139,23-24). Wir bitten ihn auch, daß er uns zeigen möge, ob wir anderen ihre Sünden uns gegenüber vergeben müssen. Dies bedeutet nicht, daß wir uns bei unserem täglichen Gebet in eine über die Maßen introspektive, examinierende Haltung hineinbegeben. Das würde unsere Aufmerksamkeit von Gott ablenken und uns auf ungesunde Art auf unser Inneres konzentrieren. Doch es bedeutet durchaus, daß wir Christus bitten, mit dem Maß seines Lichtes, das wir ertragen können, jeden Winkel unseres Herzens und unseres Lebens – des inneren wie des äußeren, des bewußten wie des unbewußten – zu beleuchten. Winkel, in denen wir möglicherweise Unrecht verbergen oder wo wir anderen nicht von Herzen vergeben wollen. So rief auch David in den Psalmen zu Gott: »Lauterer Sinn im Verborgenen gefällt dir, im Geheimen lehrst du mich Weisheit« (Ps 51,8).

»Wohl dem, dessen Frevel vergeben und dessen Sünde bedeckt ist. Wohl dem Menschen, dem der Herr die Schuld nicht zur Last legt und dessen Herz keine Falschheit kennt« (Ps 32,1-2).

Praktische Anleitung zum Gebetstagebuch

Am besten beginnt man diesen Abschnitt zur Vergebung, indem man vier Blätter Papier nimmt und die folgenden Überschriften darauf schreibt:

1. »Vergib uns unsere Schuld, wie wir vergeben unsern Schuldigern«;
2. »Und führe uns nicht in Versuchung«;
3. »Sondern erlöse uns von dem Bösen«;
4. »Gebet für Feinde«.

Wir müssen den Herrn bezüglich jeder dieser Überschriften anrufen, dann schreiben wir die relevanten Schriftstellen, durch die Gott zu unserem Herzen spricht, in unser Gebetstagebuch. Es ist auch hilfreich, Zitate von Autoren aufzuschreiben, deren Einsichten uns zu Klarheit und einem besseren Verständnis verhelfen. Wir schreiben unsere Sündenbekenntnisse vor dem Herrn so spezifisch wie möglich nieder, ebenso auch Vergebung, die wir anderen zusprechen.

Dieser Abschnitt meines Gebetstagebuches ist vollgestopft mit Schriftstellen, die in mir wachgerufen wurden, als ich in verschiedenen geistlichen Versuchungen und Kämpfen stand. Vor allem diese Schriftstellen dienen nun als Aktionsmuster, damit ich im Angesicht der Prüfung siegreich sein kann. Sie sind verläßliche Erinnerungen an vergangene Siege.

Vergib uns unsere Schuld, wie auch wir vergeben unsern Schuldigern

Menschen, die sich gerade erst zu Christus bekehrt haben, werden sehr davon profitieren, wenn sie dem Herrn gestatten, mit seinem Licht in ihr ganzes Leben hineinzuscheinen. Wir können dies tun, indem wir unser Leben in überschaubare Abschnitte aufteilen – zum Beispiel in Sieben-Jahres-Abschnitte oder in frühe Kindheit, Grundschulzeit und so weiter – und vor dem Herrn alle Erinnerungen an eine Schuld oder an eine schmerzliche Reaktion auf die Schuld anderer ausbreiten. Auf diese Weise entwurzeln wir die Unversöhnlichkeit, bekennen all unsere Schuld und *empfangen* Gottes Vergebung (vielleicht schreiben wir letztere zusätzlich auf!).

Wenn wir Dinge vergeben, wo andere uns verletzt haben, dann ist Christus bei diesem Vorgang unser höchstes Vorbild und unser Lehrmeister. Als er gekreuzigt wurde, betete er: »Vater, vergib ihnen, denn sie wissen nicht, was sie tun« (Lk 23,34). Und immer wieder lehrt er uns:

»Und wenn ihr beten wollt und ihr habt einem anderen etwas vorzuwerfen, dann vergebt ihm, damit auch euer Vater im Himmel euch eure Verfehlungen vergibt« (Mk 11,25).

Jesus lehrt uns, selbst unsere schlimmsten »Feinde« zu lieben und ihnen zu vergeben. Wir werden später in diesem Kapitel noch untersuchen, wie das geschehen kann. Noch einmal rate ich jedem, der aufgrund dieser Frage von Vergebung und Sündenbekenntnis in einem Stadium der Unreife stehenblieb, mein Buch »Restoring the Christian Soul Through Healing Prayer« zu lesen.

Und führe uns nicht in Versuchung

»Keiner, der in Versuchung gerät, soll sagen: Ich werde von Gott in Versuchung geführt. Denn Gott kann nicht in die Versuchung kommen, Böses zu tun, und er führt auch selbst niemand in Versuchung. Jeder wird von seiner eigenen Begierde, die ihn lockt und fängt, in Versuchung geführt. Wenn die Begierde dann schwanger geworden ist, bringt sie die Sünde zur Welt; ist die Sünde reif geworden, bringt sie den Tod hervor« (Jak 1,13-15).

Der Widersacher ist der Urheber aller Versuchung. Als der Meister der Täuschung nutzt er seine Kräfte der Verführung. Wenn wir die Versuchungen untersuchen würden, in die wir »eingetreten sind«, würden wir die drei Stufen erkennen, auf die Jakobus hinweist: erst kommt die Begierde, dann die Sünde, dann der Tod. Doch die meisten von uns meiden eine solche Analyse, weil sie schmerzhaft und demütigend ist, insbesondere nachdem wir zu Fall gekommen sind. Statt dessen erleichtern wir uns, indem wir nur die Sünde von Herzen bekennen, und vergessen, wie wir überhaupt in diese Verführung hineingeraten sind. Wir können diese drei Stufen bei biblischen Personen leicht erkennen. Eva ist das erste und ursprüngliche Beispiel dafür. C. G. Kromminga zeigt, daß

»... Satan einen Frontalangriff vermeidet ... Statt dessen sät er den Samen des Zweifels, des Unglaubens und der Rebellion. Evas Versuchung ist typisch. Ihr wird das Gefühl vermittelt, daß Gott dem Menschen auf unkluge und unfaire Art ein legitimes Gut vorenthält. Bei den Prüfungen Hiobs ist die Strategie anders, doch auch hier wird das gleiche Ziel verfolgt – die Verleugnung der Tatsache, daß Gottes Wille und Ziele gerecht und gut sind.[1]

Gott zu beschuldigen, er handle »unklug und unfair«, ist eine dämonische Versuchung. Wenn wir uns ihr beugen, treten wir in eine geistliche Verführung ein. Mich schaudert bei dem Gedanken an christliche Berater, die die falschen Beschuldigungen derer, die sie beraten, bestätigen und ermöglichen. Solche Berater sympathisieren in der Regel mit dem Bedürfnis ihrer Patienten, »ihren Gefühlen Ausdruck zu verleihen«. In solchen Fällen scheinen weder der Berater noch der Beratene zu erkennen, daß sie bereitwillig einer Versuchung erliegen, wenn sie Gott irgendeiner Form des Bösen beschuldigen.

Viele Menschen, die auf ihren Vater oder ihre Mutter oder die Gemeinde, in der sie aufwuchsen, wütend sind, übertragen diesen Zorn auf Gott. Daher muß nicht nur das Problem der Verleugnung und der Unversöhnlichkeit behandelt werden, sondern auch das des fehlgeleiteten Zorns. Außerdem wird in solchen Fällen Unglaube vorliegen, der entweder in der Notwendigkeit besteht, Gott wahrhaftiger kennenzulernen, oder in der Tatsache, daß der Betreffende Gott überhaupt nicht kennt. In diesen Fällen müssen die unberechtigten Gefühle als eben solche bekannt werden, damit der Betreffende sie vor Gott und vor einem weisen Berater ordnen und klären kann. Ein weiser Rat hilft solchen Menschen, aufzudecken, worauf sich die Angst und Wut in ihrem Leben wirklich richtet.

Dinge, die wir längst hinter uns gelassen haben

»Seid nüchtern und wachsam! Euer Widersacher, der Teufel, geht wie ein brüllender Löwe umher und sucht, wen er verschlingen kann. Leistet ihm Widerstand in der Kraft des Glaubens! Wißt, daß eure Brüder in der ganzen Welt die gleichen Leiden ertragen müssen!« (1 Petr 5,8-9).

»Wacht und betet, damit ihr nicht in Versuchung geratet« (Mt 26,41; Hervorhebung durch den Autor).

Oswald Chambers macht deutlich, daß unsere subtilsten Versuchungen immer in den Sphären der längst hinter uns gelassenen Geringfügigkeiten lauern. Er warnt uns, daß die Charaktere der Bibel immer über ihre Stärken und nie über ihre Schwächen gestolpert sind. Ich zitiere die tragischen Worte über einen militärischen Führer, der zum Verräter wurde (1 Kön 2,28): »[Joab] hatte zu Adonija gehalten, sich aber nicht an Abschalom angeschlossen.« Chambers schreibt:

»Joab bestand die große Prüfung; er blieb David absolut treu und hing nicht an dem anziehenden und ehrgeizigen Absalom, und dennoch wandte er sich gegen das Ende seines Lebens dem feigen Adonia zu.«[2]

Die Worte Chambers und die dazugehörigen Ermahnungen der Bibel wie zum Beispiel:»Seid wachsam, damit ihr nicht zu Fall kommt«, sind heute in großen Lettern in mein Herz geschrieben. Ich möchte nicht meinen Lauf durch Unachtsamkeit verlieren.

Die Verlockungen materieller Bequemlichkeit haben mein ganzes Leben hindurch zu diesen Geringfügigkeiten gehört, die ich längst hinter mir gelassen hatte. Wenn es je eine solche Versuchung gab, so habe ich sie vor Jahren schon aufgegeben. Um so dienen zu können, wie ich es getan habe, hatte ich erst ein eigenes Zuhause, als ich die Fünfzig bereits überschritten hatte. Nicht, daß ich es gemieden hätte. Doch um meiner Berufung treu zu bleiben, mußte ich meine Energie in den Dienst geben und nicht in das Bemühen, genug Geld für den Kauf und Unterhalt eines Hauses zu verdienen. Also lebte ich die meiste Zeit in Zimmern – meist bei irgend jemandem im Kellergeschoß oder unter dem Dach.

Nun jedoch, wo Gott mir ein eigenes Heim gegeben hat und mein Einkommen geregelter ist, habe ich die Sorge bei mir entdeckt, daß etwas passieren könnte – in bezug auf das Haus oder in bezug auf mein Einkommen. Ich habe angefangen, auf *Dinge* acht zu geben: Geschenke von Menschen aus aller Welt, wie Bilder von Künstlerfreunden, ein wunderschön geschnitztes Kreuz und so weiter. Was für mich zuvor nie ein Problem gewesen war – und auch nie sonderlich wichtig –, ist nun etwas, worum man sich Sorgen machen muß, was man versichern muß und so weiter. Heute würde mir die Vorstellung etwas leichter fallen, meinen Dienst sein zu lassen und statt dessen zu Hause zu bleiben, schließlich wären mein Alter und mein Gesundheitszustand eine gute Entschuldigung. Dies könnte zu meinem Schatz werden.

Da ich dies bemerkte und auch die Tatsache erkannte, daß die Verlockungen der physischen wie materiellen Bequemlichkeit nicht mehr unbedingt zu den Geringfügigkeiten gehören, die ich längst hinter mir gelassen habe, betete ich:»Führe mich nicht in Versuchung.« Ich habe dieses Gebet in mein Gebetstagebuch aufgenommen. Ich habe die Gefahr und die Versuchung zugegeben und erkannt, daß ich ihm bezüglich meiner Zukunft etwas weniger vertraut und statt dessen mehr Vertrauen in die Dinge gesetzt hatte, die er in seiner Güte geschenkt hat.

Wir sollen Gott von Herzen für seine Gaben danken und uns daran freuen. Doch wir müssen wachsam sein, daß keine Verschiebung von der Dankbarkeit zu einer Abhängigkeit von dem Geschenkten stattfindet.

Sobald wir solche Ansätze in unserem Leben wirken sehen, schreiben wir sie in unser Tagebuch auf und bringen sie vor unseren Gott. Wir finden Frieden in dem Wissen:

>Noch ist keine Versuchung über euch gekommen, die den Menschen überfordert. Gott ist treu; er wird nicht zulassen, daß ihr über eure Kraft hinaus versucht werdet. Er wird euch in der Versuchung einen Ausweg schaffen, so daß ihr sie bestehen könnt« (1 Kor 10,13).

Sondern erlöse uns von dem Bösen

>Der Herr wird mich allem Bösen entreißen, er wird mich retten und in sein himmlisches Reich führen« (2 Tim 4,18).

Der Herr schützt uns vor dem Bösen, daß uns sowohl durch andere Menschen als auch durch widergöttliche Mächte angreift. Wie bei allen Dingen, die von Gott stammen, müssen wir lernen, wie wir diesen Schutz uns »aneignen« und darin leben können. Das bedeutet, wir müssen lernen, wie wir inmitten des geistlichen Kampfes auf Gott hören und in der Kraft seiner Liebe, Gerechtigkeit und Weisheit siegen können. Darin sind wir ganz gewiß »gehalten durch die Kraft Gottes«, denn wir sind in ihm. Das bedeutet nicht, daß es nicht auch Zeiten des Leidens geben wird, sondern vielmehr, daß aus dem Leiden Gutes erwachsen wird. Es wird der Erlösung dienen und nicht nur eine therapeutische Maßnahme sein.[3] Wir, die von »Gottes Macht behütet [werden] durch den Glauben« (1 Petr 1,5), hören auf Gott, machen uns die Verheißungen Gottes zu eigen und werden von ihm geleitet. Dieser Schutz ist uns sicher, wenn wir *in* ihm bleiben.

Ein Beispiel aus jüngerer Zeit kann dies verdeutlichen. Es war mir wichtig, daß alle Mitglieder des *PCM*-Teams lernen, sich *bewußt* unter Gottes Schutz zu stellen. Wir werden häufig angegriffen, da unser Dienst Wahrheit und Licht in Situationen hineinspricht, in denen sich Lüge und Finsternis besonders hartnäckig halten. Und obwohl wir den treuen, mächtigen Schutz unseres Gottes genossen haben, dürfen wir nicht vergessen, in Treue unseren Part zu erfüllen.

»Zur Beharrlichkeit des Christen gehören zwei Seiten. Er wird zum einen von der Kraft Gottes und zum anderen durch seinen eigenen Glauben behütet. Er wird also nie gegen seinen Willen oder ohne Gottes Zutun gehalten«.[4]

Bewußt in seiner Gegenwart leben, verbunden mit dem hörenden Gebet, nimmt dem Vorgang, durch den wir unseren Glauben freisetzen, alle falsche Mühen. Unser Glaube kommt nicht aus unserem Glauben, sondern er besteht in Christus, der mit uns und in uns ist. Wir erkennen diese Tatsache einfach an und vertrauen dem, den der Vater gesandt hat.

Unseren Glauben freizusetzen und uns bewußt unter diesen seinen Schutz zu stellen, ist im Grunde etwas sehr Einfaches. Erst gestern beteten wir für jemanden, der den Schutz besonders nötig hatte. Das Gebet des Jabez um Schutz und Segen (vgl. 1 Chron 4,10) wurde mir, zusammen mit einigen anderen Schriftstellen, in Erinnerung gerufen. Wir »beteten« diese Schriftstelle und dankten Gott im voraus, daß er unser Gebet erhört. Dann bat ich Gott um eine »Mauer des heiligen Feuers Gottes«, durch die nichts Böses dringen kann, für dieses Mitglied unseres Gebetsteams. Während des Gebets wurden ihm die Augen seines Herzens geöffnet, und er konnte das heilige Feuer sehen, das ihn umgab. Indem er sich auf dieses Bild einließ, wurde sein Glaube freigesetzt, und Gott schenkte ihm eine tiefe Erfahrung seines Schutzes. Er sah, wie das Feuer aus einem Ring von Blut aufstieg, der ihn umgab. Wie das Blut an den Türpfosten als ein Symbol den Israeliten Schutz gewährte, so empfing er den Schutz des Blutes Christi.

Schutz vor böswilligen Menschen

>*Ein enorm gutes Geschenk, das man einem bösen Menschen machen kann, besteht darin, seinen Versuch zu siegen zu vereiteln. Das Böse ist daran gewöhnt zu siegen. Es benutzt gewissenlose Verführung und schamlosen Spott, um an Boden zu gewinnen und andere davon abzuschrecken, den Boden zurückzuerobern … Eines der größten Geschenke, die man einem Menschen machen kann, der zum Bösen neigt, ist die Kraft, seinem Versuch zu dominieren entgegenzutreten.«* [5]

Wir vergeben nicht dem Bösen an sich. Ein Mensch, der in seiner Seele von einem böswilligen Menschen zutiefst verletzt wurde, versteht diese Tatsache nicht. Wir hassen das Böse (Spr 8,13; Röm 12,9). Doch wir erlangen die Gnade, denen zu vergeben, die in der Hand des Bösen sind.[6] Wir beginnen damit, indem wir ihre Sünden, die sie an uns begangen haben, detailliert bekennen.[7]

Die tief verletzte Seele fürchtet sich davor, dem Übeltäter zu vergeben, weil sie denkt, daß sie, falls sie dies tut, wieder unter die Macht des Bösen gerät. Wenn wir zwar das Böse hassen, aber den Übeltäter von unserer

Unversöhnlichkeit freisetzen, so bedeutet das nicht, daß wir unter seiner oder ihrer Macht bleiben, uns zu zerstören. Statt dessen erhalten wir die Kraft Christi, die Auswirkungen, die das Böse auf uns hat, zu besiegen und völlig zu überwinden.

»Diese Kraft muß äußerst schlau und präzise sein. Das Böse läßt sich nicht durch rationale, vernünftige Argumente überwinden. Es mag sich auf ein Gespräch und auf eine Debatte einlassen, doch es weiß bereits, in welche Richtung dieses Gespräch verlaufen soll. Das Böse wird niemals lange genug innehalten, um seine zerstörerische Kraft zu betrachten, wenn es nicht durch die starken, klaren und nicht wankenden Auswirkungen der Gerechtigkeit zur Rechenschaft gezogen wird.« [8]

Eine der entscheidensten Möglichkeiten, böswillige Menschen zu lieben, besteht darin, daß wir um uns herum die richtigen Grenzen ziehen. Diese schützen uns vor seinem oder ihrem Willen, uns zu benutzen und zu zerstören. Wir müssen uns aus dem in böser Absicht gesponnenen Netz von Lügen – dem finsteren Mythos dieser Person – befreien. Dieses Netz schützt diese Person davor, die Realität zu sehen. Dieser Mensch meidet die Erkenntnis und das Eingeständnis seiner eigenen Schuld sowie den Vorgang, mit dem er anderen Menschen seine Schuld aufbürdet.

Um solche Grenzen aufzurichten, müssen wir lernen, die Wahrheit objektiv und mit Bedacht auszusprechen, nicht um einen solchen Menschen aus unserer Kraft heraus verändern zu wollen, sondern um den einzigen Maßstab der Wahrheit aufzurichten, durch den sowohl der Täter als auch das Opfer Erlösung und Freiheit finden können. Um zur völligen Heilung zu gelangen, müssen wir uns gegen die Illusion und für die Realität entscheiden. Statt die Lüge zu wählen, müssen wir die Wahrheit wählen, statt der Hölle den Himmel. Die Tat der Liebe, die wir schließlich demjenigen gegenüber vollziehen müssen, dessen Böses verhärtet und beharrlich ist, besteht darin, ihn oder sie aus unserem Leben auszuschließen.

Die Sünden, die andere an uns begangen haben, zu bekennen bedeutet nicht, daß diejenigen, die Böses getan haben, ohne eine eigene Umkehr Vergebung finden. Es bedeutet, daß wir als Christen in Christus das Privileg besitzen, die Macht, die diese Sünden auch über uns haben, zu brechen. Wenn wir die Sünden bekennen, die Menschen, die noch ohne Reue sind, an uns begangen haben, und wenn wir ihnen Vergebung entgegenbringen, öffnen sich die Wege, durch die wir von den Auswirkungen dieser Sünden auf uns frei werden.

Ich habe oft erlebt, daß die Herrschaft der Sünde über den, der Böses tut, nach einem solchen Gebet ebenfalls geschwächt wurde und es zu einem besonderen Augenblick der Gnade kam. Es wird sich ein ungewöhnliches »Fenster« öffnen, durch das Licht einfällt und die Möglichkeit schafft, daß die Person sogar für Gott entscheidet, für den Himmel und gegen die Hölle, für die Wahrheit und gegen die Lügen, aus denen sich der persönliche »Mythos« zusammensetzt, für das Leben, jetzt und in Ewigkeit, und gegen den Tod. Doch diejenigen, die sich beständig weigern, ihre Sünde – ihr böses Verhalten als Sünde – einzugestehen, lehnen dieses helle Fenster der Chance häufig ab.

Menschen, deren Kindheit von böswilligen Menschen und dem Umfeld, das durch sie entsteht, dominiert wurde, benötigen viel weisen Rat und Gebet, um mit den Umständen ihrer frühen Lebensjahre ins reine zu kommen. Es ist offensichtlich, daß sie nicht die Kraft hatten, das böse Verhalten, mit dem die Erwachsenen sie beherrschten, zu benennen oder von sich zu weisen.

Verbunden mit der Notwendigkeit von Heilung und Befreiung vom Bösen müssen solche Menschen lernen, ihr Leben im Licht dessen zu verstehen, was richtig und normal ist. Ihr Kampf, aus der Leugnung (einem starken Abwehrmechanismus) all dessen, was wirklich geschehen ist, herauszufinden, wird mühsam und sehr schmerzhaft sein. Dies gilt besonders dann, wenn die Leugnung so stark ist, daß traumatische Erinnerungen und Umstände verdrängt und aus der bewußten Erinnerung gestrichen wurden. Wenn bei diesen Menschen ein Prozeß der Heilung einsetzt, treten die schmerzhaften Erinnerungen oft mit der ganzen Wucht ihres ursprünglichen Schmerzes zutage. Und um die Dinge noch verwirrender zu machen, kommen diese verdrängten Erinnerungen in einer verkleideten Gestalt hoch.

Eine kostbare junge Frau, die von ihren Eltern, welche als geistliche Leiter bekannt waren, tief verletzt worden war, wohnte eine Zeitlang bei mir. Der Prozeß der Heilung hatte in ihr angefangen, doch sie konnte den Druck kaum ertragen, als verdrängte Erinnerungen ans Licht zu treten drohten. Sie kamen tatsächlich ans Licht, jedoch in einer verkleideten und furchteinflößenden Gestalt. Sie war aufgrund dieser ins Bewußtsein tretenden Erinnerungen so verängstigt, daß sie nachts kaum schlafen konnte; wenn sie schlief, dann nur mit einer Lampe in ihrem Schlafzimmer.

Sie nahm M. Scott Pecks »Die Lügner« aus meinem Bücherregal und begann darin zu lesen. Er schreibt über das Böse in Menschen, die es hinter einer moralischen oder religiösen Fassade verbergen. Durch das Lesen dieses Buches bekam sie die Freiheit, das Böse, das sie erlitten hatte, zu benennen.[9] Sie konnte das Böse endlich beim richtigen Namen nennen. Dieses Verständnis führte sie aus den letzten Festlegungen heraus, mit der ihr Abwehrmechanismus der Leugnung sie noch bestimmte. Sie sagte:

»Ich wußte, meine Eltern hatten an irgendeinem Punkt die Grenzlinie überschritten und sind mir gegenüber schuldig geworden, aber ich konnte nicht verstehen, was geschehen war und warum. Sie schafften um sich die Illusion, sie seien vollkommen, und auch wenn sie es nie mit solchen Worten ausgedrückt haben, so verlangten sie doch von mir, daß ich an ihre Vollkommenheit glaubte ... Sie überzeugten mich davon, daß ich böse sei.«*

Ich bat sie zu sagen, welche Passagen aus Dr. Pecks Buch ihr geholfen hatten. Das fiel ihr nicht schwer, denn sie hatte sie in ihrem Gebetstagebuch aufgeschrieben.

Sie überschrieb diese Passagen mit dem Ausruf: »Schlüssel!« Hier fand sie endlich die Worte, um ihre persönliche Situation zu benennen und zu verstehen. Einige der Passagen gebe ich an dieser Stelle wieder:

»Wenn ein Kind mit einem beträchtlichen Maß elterlicher Bosheit grob konfrontiert wird, wird es seine Situation höchstwahrscheinlich falsch deuten und glauben, daß das Böse in ihm selbst steckt.«[10]

»Es sind nicht ihre Sünden an und für sich, die böse Menschen kennzeichnen; es ist vielmehr die Raffiniertheit, Hartnäckigkeit und Stetigkeit ihrer Sünden. Deshalb ist der Hauptdefekt der Bosheit nicht die Sünde selbst, sondern die Weigerung, sie als solche zu erkennen.«[11]

»... diejenigen, die die ›Grenzlinie überschritten‹ haben, [sind] von der absoluten Weigerung gekennzeichnet ..., sich selbst in irgendeiner Weise als sündig zu erachten.«[12]

»Böses wird nicht von denen begangen, die sich unsicher sind, ob sie recht haben, die also ihre eigenen Motive in Frage stellen, die in Sorge sind, sie könnten sich selbst betrügen. Das Böse in dieser Welt wird von ... den Pharisäern unserer Tage, den Selbstgerechten ... [begangen], weil sie nicht bereit sind, die Unbequemlichkeit echter Selbstprüfung auf sich zu nehmen.«[13]

»Überall da, wo es wesentlich an elterlicher Liebe mangelt, wird das Kind höchstwahrscheinlich auf diesen Mangel reagieren, indem es sich selbst für die Ursache des Mangels hält und dadurch ein unrealistisch negatives Selbstbild entwickelt.«[14]

»Da sie das Licht scheuen, das ihr wahres Selbst offenbaren könnte, und fortwährend der Stimme ihres eigenen Gewissens entfliehen, sind sie {die Bösen} die am meisten geängstigten aller Menschen. Ihr Leben *ist das blanke Entsetzen. Man muß sie in keine Hölle mehr verweisen; sie befinden sich bereits darin.]*

Weil sie sich selbst über jeden Tadel erhaben fühlen, müssen sie auf jede Person eindreschen, die es wagt, sie zu kritisieren. Sie opfern andere, um das eigene Selbstbild der Vollkommenheit aufrechtzuerhalten.« [15]

»Der Sündenbockmechanismus funktioniert aufgrund eines Phänomens, das Psychiater ›Projektion‹ nennen.« [16]

»Sie projizieren ihre Bosheit auf den Rest der Welt. Sie halten sich selbst niemals für böse; andererseits sehen sie viel Böses bei anderen. Merkwürdigerweise sind böswillige Menschen oftmals gerade deshalb zerstörerisch, weil sie versuchen, das Böse zu zerstören. Das Problem besteht darin, daß sie das Böse falsch plazieren. Statt andere zu zerstören, sollten sie der Krankheit in sich selbst zu Leibe rücken.« [17]

»... eines der Merkmale des Bösen ... besteht [darin], daß es durcheinanderbringen will.« [18]

Ich hoffe, das oben Geschriebene hilft jenen, die sich mit bösem Verhalten identifizieren und zwischen sich und dem anhaltenden Mißbrauch, den sie dadurch erlitten haben, Grenzen ziehen müssen. Es gehört zum Wesen des Bösen, daß es bei seinen Opfern zu Verwirrung führt. Sie sind oft als letzte in der Lage, es beim Namen zu nennen und zu erkennen, daß sie selbst nicht die Ursache dafür sind. Wir müssen dies verstehen, wenn es um die Frage geht, was es heißt, unsere »Feinde« zu lieben (hiermit ist keine sentimentale »Liebe«, die denen, die Böses tun, Macht gibt, gemeint) und das Böse, das sie in unser Leben bringen oder gebracht haben, zu hassen, zu bannen und von sich zu weisen. Dies ist wichtig, wenn wir zu reifen und frohen Christen heranwachsen wollen.

Wenn Mario Bergner bei unseren *PCM*-Konferenzen Vorträge hält, empfangen Menschen, die als Kinder auf diese Weise gelitten haben, viel Einsicht und Heilung. Sein Buch »Umkehr der Liebe« (erschienen bei Projektion J) wird solchen Menschen helfen.[19]

Die »Gabe der geistlichen Kampfführung«

Wenn wir lernen, unsere schlimmsten »Feinde« zu lieben und ihnen zu vergeben, gewinnen wir »die Gabe der geistlichen Kampfführung«. Weil sie heute so wichtig ist, habe ich diesen und die nächsten Abschnitte in adaptierter Form aus Kapitel 12 des Buches »Restoring the Christian Soul« übernommen.

Jesus spricht:»Ich aber sage euch: Leistet dem, der euch etwas Böses antut, keinen Widerstand, sondern wenn dich einer auf die rechte Wange schlägt, dann halte ihm auch die andere hin« (Mt 5,39). In der Bergpredigt macht Jesus eine Reihe solcher Aussagen. Er widerspricht damit der anerkannten Weisheit der Juden seiner Zeit und hebt sie auf. Oswald Chambers sagt, eine genaue Betrachtung dieser Worte offenbare,

> »... *wie demütigend es ist, ein Christ zu sein. Im natürlichen Sinne ist ein Mensch, der einen Schlag nicht zurückgibt, ein Feigling; im geistlichen Sinne jedoch ist es eine Kundgebung des Sohnes Gottes in einem Menschen, wenn er nicht wieder schlägt. Wenn du beleidigt wirst, mußt du es nicht nur nicht übernehmen, sondern du mußt es als eine Gelegenheit benützen, um [den Sohn Gottes sichtbar werden zu lassen. Du kannst die Veranlagung Jesu nicht imitieren; sie ist entweder vorhanden oder sie ist nicht vorhanden. Für den geheiligten Menschen wird eine persönliche Beleidigung zu einer Gelegenheit,] die unglaubliche Sanftmut des Herrn Jesus zu offenbaren.«* [20]

Aus uns heraus können wir die Worte Jesu niemals verstehen oder leben. Dies kann nur geschehen, weil ein anderer – der eine, der um der Sünde willen gekreuzigt wurde – in uns lebt. Wir sollen auf eine höhere Weisheit hören und diese uns zu eigen machen. Wenn wir in geistlichen Auseinandersetzungen siegreich sein sollen, müssen wir nicht nur in der Erkenntnis der Gegenwart Christi in uns leben, sondern auch mit den Gaben des Heiligen Geistes, so wie sie durch das hörende Gebet wirksam werden.

Wenn wir einen echten geistlichen Kampf erleben, werden wir verstehen, was wirkliche »Feinde« sind. Nichts treibt uns schneller zu Christi Worten über die Feindesliebe zurück als ein Scharmützel mit jenen, die das Wort der Wahrheit – Christus und sein Evangelium – hassen und deshalb auch uns hassen und uns Übles nachsagen. Wir werden bald merken, ob wir diesen Kampf teilweise aus eigener Kraft führen. Wenn dies der Fall sein sollte, müssen wir zu Gott rufen, damit wir allein in seiner Kraft kämpfen.

In »Crumbling Foundations« schreibt Donald Bloesch, wie sehr wir die »Gabe der geistlichen Kampfführung« benötigen. Er erinnert uns daran, daß »Christen ihre Berufung nur erfüllen können, indem sie die Gaben des Heiligen Geistes entdecken und ausüben.« Er glaubt, daß die »Gabe der geistlichen Kampfführung« eine zusätzliche Gabe ist, auf die in beiden

Testamenten hingedeutet wird und die für unsere heutige Zeit von entscheidender Bedeutung ist:

>Christen, die unter dem Kreuz der Verfolgung stehen, müssen um die Gabe der geistlichen Kampfführung bitten, um die Fähigkeit, in Prüfungen standhaft zu bleiben, um den Mut, Unmoral und Häresie auf höchster Ebene herauszufordern. Die Gabe der geistlichen Kampfführung ist eigentlich in der Gabe der Macht oder Stärke (vgl. Jes 11,2) enthalten. Es ist die Kraft, sich auf einen Konflikt einzulassen, und die Ausdauer, nicht müde zu werden. Sie muß begleitet und ergänzt werden von der Gabe der Liebe, denn wir können nicht erfolgreich gegen die Sünde zu Felde ziehen, wenn wir den Sünder nicht lieben. Wir müssen die Wahrheit sagen, doch wir müssen die Wahrheit mit Liebe sagen.<[21]

Die Wahrheit zu sagen aus einer von Gott geborenen Liebe, macht den Hauptteil der >Gabe der geistlichen Kampfführung< aus. An dieser Liebe ist nichts Schwächliches, denn ganze Liebe, die auf richtige Weise ausgesprochen wird, ist unglaublich kraftvoll.

Also besteht das erste Prinzip des geistlichen Kampfes in dem Wissen, daß wir die >Gabe der geistlichen Kampfführung< nicht ohne die *agape* ausüben können, die >Gabe der göttlichen Liebe<, die aus dem Leben Gottes in uns entspringt. Wir wissen, daß wir ihm völlig vertrauen müssen und auf keine andere Macht schauen dürfen als zu ihm allein. Während wir geradewegs auf Gott schauen und seine Gedanken empfangen, werden wir verstehen, daß wir die Sünde hassen sollen, nicht aber unsere >Feinde<.

Das folgende Gebet aus einer griechisch-orthodoxen Liturgie besitzt in meinem Gebetstagebuch einen ständigen und vorrangigen Platz. Es hilft mir, für meine >Feinde< in rechter Weise zu beten, wenn die Schlacht tobt und ich am wenigsten in der Lage bin, meine eigenen Worte für ein solches Gebet zu finden. Es spiegelt wahrhaftig den Geist der Bergpredigt Christi wider.

>Errette, oh Herr, jene, die mich beneiden oder mich beleidigen und mir Schaden antun. Sei ihnen gnädig und laß sie nicht durch mich, einen Sünder, umkommen.<

Ein Gebet wie dieses drückt aus, worum es bei der Feindesliebe im Kern geht.

Ein zweites Prinzip besteht darin, daß wir die >Gabe der geistlichen Kampfführung< nicht ausüben können ohne reife Gebetspartner. Diese

Gebetspartner marschieren neben uns und bleiben in der Schlacht mit uns standhaft:

>*Christen, die gegen die Mächte der Finsternis in den geistlichen Kampf ziehen, können ohne ein lebenserhaltendes Netzwerk nicht durchhalten, ohne die tragende Gemeinschaft, die ihre Glieder ständig in der Fürbitte vor den lebendigen Gott bringt.*<[22]

Alle unter uns, die ein solches >lebenserhaltendes Netzwerk< besitzen, sind dafür zutiefst dankbar, wie ich in diesem Buch bereits an anderer Stelle erwähnt habe. Wer keine Gebetspartner besitzt, sollte ernsthaft darum bitten. Die Fürbitte der Heiligen, die sich in Christi Namen versammeln, um zu beten, ist für den Weg eines Christen absolut lebenswichtig, ganz besonders in Zeiten des geistlichen Kampfes. Dieses Geschenk Gottes ist wirklicher Reichtum: Menschen, die nicht nur für uns im Gebet einstehen, sondern auch das Wort, das Gott spricht, während wir arg bedrängt werden und unsere Kraft verlieren, hören und weitergeben.

Wir müssen die >Gabe der geistlichen Kampfführung< nutzen, weil der Feind, der uns täuschen und unter seine Macht bringen will, uns als Menschen völlig zu zerstören sucht. Wir überwinden unter dem Banner des Herrn – sein heiliges Kreuz und seine Liebe (vgl. Hebr 2,10) –, nicht durch die Art der Kampfführung, wie sie die Welt kennt:

>Wir leben zwar in dieser Welt, kämpfen aber nicht mit den Waffen dieser Welt. Die Waffen, die wir bei unserem Feldzug einsetzen, sind nicht irdisch, aber sie haben durch Gott die Macht, Festungen zu schleifen; mit ihnen reißen wir alle hohen Gedankengebäude nieder, die sich gegen die Erkenntnis Gottes auftürmen. Wir nehmen alles Denken gefangen, so daß es Christus gehorcht< (2 Kor 10,3-5).

Die Schrift ist voller Worte, die von diesem Kampf sprechen; einige davon habe ich zum leichteren Nachschlagen im >Anhang A< zusammengestellt. Dieser Kampf schließt unser ganzes Sein als den guten Kampf (vgl. 1 Tim 1,18-19) und >den guten Kampf des Glaubens< (1 Tim 6,12) ein. Er richtet sich gegen >die Welt< (vgl. Joh 16,33; 1 Joh 5,4-5), das >Fleisch< [die Ichbezogenheit] (vgl. Röm 7,23; 1 Kor 9,25-27; 2 Kor 12,7; 1 Petr 2,11), unsere >Feinde< (vgl. Ps 38,19; 56,2-4; 59,3) und gegen den Widersacher selbst (vgl. Gen 3,15; 2 Kor 2,11; Jak 4,7-10; Eph 6,12; 1 Petr 5,89; Offb 12,17).

Die Schrift ermahnt uns zum Eifer im geistlichen Kampf (vgl. 1 Tim 6,12; Jud 3). Wir sollen ihn im Glauben und mit gutem Gewissen (vgl.

1 Tim 1,18-19), mit Standhaftigkeit (vgl. 1 Kor 16,13; 1 Petr 5,8-9; Hebr 10,23), Wachsamkeit (vgl. 1 Kor 16,13-14), Nüchternheit (vgl. 1 Thess 5,6-8), Ausdauer (vgl. 2 Tim 2,3.10), Enthaltsamkeit (vgl. 1 Kor 9,25-27), Gottvertrauen (vgl. Ps 27,1-3) und im Gebet (vgl. Ps 35,1-3) führen.

Nie habe ich aufgehört zu staunen angesichts der unzähligen und unerwarteten Wege, wie Gott inmitten des geistlichen Kampfes – selbst des schlimmsten Kampfes – schützt (vgl. Ps 140,7), befreit (vgl. 2 Tim 4,18), hilft (vgl. Ps 118,13; Jes 41,13-14), tröstet (vgl. 2 Kor 7,5-7), ermutigt (vgl. Jes 41,11-12; 51,12; 1 Joh 4,4) und stärkt (vgl. Ps 20,2; 27,14; Jes 41,10; 2 Kor 12,9; 2 Tim 4,17). Obwohl wir nun wie durch einen Spiegel erkennen, wird uns eines Tages Gott die volle Erkenntnis über den geistlichen Kampf schenken. In der Zwischenzeit genügt es zu sagen, daß wir, der Leib Christi, die göttlichen Ressourcen, die Jesus uns zur Verfügung stellen möchte, bisher kaum genutzt haben. Inmitten des Kampfes und des Leidens sind Freude und Sieg.

Wenn der »Feind« ein geliebter Mensch ist

> »Denn der Sohn verachtet den Vater, die Tochter stellt sich gegen die Mutter, die Schwiegertochter gegen die Schwiegermutter; jeder hat die eigenen Hausgenossen zum Feind« (Mi 7,6).

Häufig nutzt der Widersacher Spannungen und Widerstand aus, die in unseren intimsten Kreisen sind – unsere nahen Verwandten oder Freunde innerhalb des Leibes Christi –, um die schmerzvollste Art des geistlichen Kampfes anzuzetteln. Dies geschieht besonders dann, wenn ein bahnbrechender Dienst auf dem Spiel steht. Es wird immer Verleumdungen und Lügen in dieser Art des dämonisierten Kampfes geben. Ich habe auch bisher keinen Fall erlebt, bei dem nicht auch die Wurzelsünde des Neides entlarvt und verwiesen wurde. Merkwürdigerweise wird diese schreckliche Untugend heute kaum noch beim Namen genannt.

Ich habe solchen Widerstand besonders in der Zeit erlebt, als ich anfing, über die Heilung von Beziehungen durch die Vergebung der Sünden zu lehren. Ich erfuhr aus einer bestimmten Richtung den wirrsten und irrationalsten Widerstand, Lügen und Verleumdungen. Die Situation war voll von dämonischen Kräften, was mich ebenfalls überraschte. Ich fiel vor Gott auf mein Angesicht. Der geistliche Kampf bringt allerlei Verwirrung mit sich, daher gab es eine Menge Dinge, die ich mit Gott »durchdenken«

mußte. Ich mußte denselben Leuten immer und immer wieder vergeben und fürbittend für sie eintreten.

Um das alles zu tun und Schritt zu halten mit der Erkenntnis, die Gott mir durch die Schrift und durch seine Führung im Gebet schenkte, reservierte ich einen Teil meines Gebetstagebuches (das vierte Blatt, von dem ich am Anfang dieses Kapitels sprach) unter der Überschrift »Geliebte Feinde«. Dieser Teil ist voller Schriftstellen, die mir sehr geholfen haben, und voller Gebete, die Gott mir für diese geliebten Menschen schenkte. Ich kann sie mit Ernst so nennen, denn ich liebe sie wirklich. Ich glaube, ich könnte dies nicht behaupten, wenn ich nicht gelernt hätte, wie ich wirkungsvoll für sie beten kann. Vielleicht wäre ich gar nicht in der Lage gewesen, überhaupt in diesem Dienst zu stehen, denn der Feind hatte sich vorgenommen, meinen Dienst zu Fall zu bringen, indem er mich persönlich entmutigte. Die Art des geistlichen Kampfes hätte mich ziemlich sicher mutlos gemacht, wenn ich nicht gelernt hätte, für meine »Geliebten Feinde« zu beten – jene, die mir am nächsten stehen und das Werk ablehnen, zu dem Gott mich berufen hat.

»Den Drachen rot anstreichen«

Der Herr hat Freude daran, uns zu zeigen, wie wir beten können. Je eher wir ihn in den einzelnen Situationen um seine Hilfe bitten, um so besser wird es uns ergehen. Als ich bei einem geistlichen Kampf kein Land mehr sehen konnte, rief ich schließlich verzweifelt aus: »Herr, was soll ich für meine ›Feinde‹ beten und wie soll ich beten? Wie kann ich für diese Menschen beten, die ich liebe und die mich und das Werk, das du mir anvertraut hast, verleumden?«

Und Gott versprach, mir eine Art Mustergebet zu geben. In unserem Gebetsteam nennen wir es unser Gebet, mit dem wir »den Drachen rot anstreichen«. Vielen anderen Christen, die in einen geistlichen Kampf verwickelt waren, wurde dadurch ebenfalls geholfen, denn es enthält vernünftige Prinzipien, die wir alle nötig zu haben scheinen, wenn die Schlacht für uns erst einmal begonnen hat:

Erstens, beten Sie, daß die Augen aller, die mit diesen Menschen zusammen sind, geöffnet werden und sie die Situation so sehen können, wie sie wirklich ist.

Zweitens, beten Sie, daß ihren Freunden die Möglichkeit eröffnet wird, Wahrheit und Licht in diese Situation zu tragen.

Mit diesen beiden ersten Schritten bitten wir, daß Gott denjenigen, die in diese Situation Wahrheit und Frieden hineintragen können, Erkenntnis und Weisheit gibt. Gleichzeitig beten wir für ihre Sicherheit. Wir bitten, daß es diesen gefestigten Personen erspart bleiben möge, in das finstere Netz der geistlichen Verwirrungen und Täuschungen hineingezogen zu werden – eine sehr reale Gefahr beim geistlichen Kampf –, und daß sie anderen helfen können, die sich in diesem Netz verfangen haben.

Als ich über diese zwei ersten Möglichkeiten des Gebetes nachsann, diente mir der Herr sehr sanft durch die Geschichte von David und Goliath, insbesondere durch folgende Wahrheit aus dem ersten Samuelbuch, Kapitel 17, Vers 47: »Alle … sollen erkennen, daß der Herr nicht durch Schwert und Speer Rettung verschafft; denn es ist ein Krieg des Herrn …« Ich fragte: »Jesus, worin besteht dieser glatte Stein, auf dein Geheiß hin mit der Schleuder geworfen, der die Goliaths des Neids, der Verleumdung, des tödlichen Hasses und all der anderen Feinde deines Kreuzes und deiner Botschaft stoppen wird?«

Und sofort hörte ich in meinem Geist: »Die Wahrheit, die Wahrheit wird an den Tag kommen – sie wird ins Schwarze treffen.« Die darauffolgende Anweisung ist der Grund, warum wir diese Art der Fürbitte das Gebet nennen, mit dem wir »den Drachen rot anstreichen«:

Drittens, beten Sie, daß jegliche dämonische Macht in diesen Menschen oder in dieser Situation offenbar wird – daß sie durch die Gabe der Geisterunterscheidung klar erkennbar und für alle sichtbar wird.

C. S. Lewis hat zu Recht gesagt: »… Liebe [ist] etwas Strengeres und Großartigeres … als bloße Gutherzigkeit und Liebheit.«[23] Der »geliebte Feind« wird nur durch diese Unterscheidung der Geister geheilt werden. Gott antwortet auf dieses Gebet, indem er den wahren »Feind« unserer Seele für alle Augen offenbar werden läßt.

Manche werden sich natürlich weigern umzukehren. Sie sind blind durch die Rationalisierung ihrer Sünde. Häufig wird an dieser Stelle die Wurzelsünde des Neids offenbart – die Sünde, die dem dämonischen »Drachen« eine Tür öffnet, durch die er Eingang findet und sich ein Nest bauen kann, von dem aus er losschlagen und andere dämonische Mächte einschleusen kann. Wenn dies geschieht, rufen wir die Gegenwart Gottes an und bleiben in dieser Gegenwart, denn: »Wo immer Jesus Christus ist, legt sich der schlimmste Sturm.«[24] Wir erleben auch, daß er auf eine Weise an uns handelt, wie es niemals möglich gewesen wäre, hätten wir nicht durch den anhaltenden geistlichen Kampf diese Schulung erfahren.

Nach diesem dritten Punkt rief der Herr in mir ein Wort aus dem zweiten Samuelbuch wach, nämlich Kapitel 14, Vers 15. Dieser Vers schenkte mir weitere Einsicht in dieses Mustergebet, mit dem wir beim fürbittenden

Gebet in die Offensive gehen können. Ich erkannte, daß Jonatan und sein Waffenträger – zwei einzelne Männer – die gesamte Armee der Philister in die Flucht schlugen, als die beiden für das Volk Gottes kämpften. Sie machten sich im Glauben auf und redeten das Wort der Wahrheit. Der Herr war mit ihnen: »Großer Schrecken entstand im Lager (der Philister) und auf dem Feld und im ganzen Volk … Dazu bebte die Erde, und es entstand ein Gottesschrecken.«

Hier können wir deutlich erkennen, was es heißt, von Gott in *seinem* Kampf, nicht in unserem, gebraucht zu werden. Wenn wir auf sein Geheiß hin vortreten, sendet er Panik oder was in einer Situation auch immer nötig sein sollte. Das Böse besitzt das Wesen der Illusion. Es versucht durch einen Bluff zu siegen, indem es sich zu einer riesigen Größe aufplustert. Doch ein Wort der Wahrheit, in der Kraft des Heiligen Geistes gesprochen, hart wie Stein und strahlend wie die Ewigkeit, fliegt so schnell wie der sicherste Pfeil und durchlöchert den aufgeblasenen Ballon des Bösen aus Lügen, Aufgeblasenheit und großen Worten. Dann entsteht plötzlich großer Schrecken. Manchmal beten wir: »Herr, sende deinen Schrecken.« Und er tut es. Wir kämpfen nicht mit Worten, wir sprechen und leben die Wahrheit. Gott ist für das Kämpfen zuständig.

Der vierte Schritt, den uns der Herr für dieses Gebet, mit dem wir »den Drachen rot anstreichen«, schenkte, ist außerordentlich wichtig. Er unterstreicht die Tatsache, daß sich unser Kampf gegen die Sünde und nicht gegen den Sünder richtet.

Zuletzt bitten Sie Gott, er möge das, was an dieser Situation und im Leben unserer »Feinde« gerettet werden kann, durch seinen Geist erretten, demütig machen und segnen.

In diesem Zusammenhang habe ich die folgenden Instruktionen Gottes aufgeschrieben:

»Bete für die Gesundheit, die Ganzheit deiner Feinde. Bete um die Errettung all dessen, was in ihnen gut, schön und wahr ist. Ich tue ein großes Werk, das dich zum Staunen bringen wird. Habe nun Frieden über allem, was dich bedrängt, beleidigt, angreift – liebe, schreibe, lebe im Frieden meiner Gegenwart. Tritt ein in die Zeitlosigkeit meiner Freude und meines Friedens.«

Daß unser Gott treu ist und alle Gebete, auch dieses, erhört, ist eine Wahrheit, die ich von den Dächern der Häuser hinabrufen möchte. Mit dem Propheten Micha wurde mir die Gnade zuteil, sagen zu können: »Ich aber schaue aus nach dem Herrn, ich warte voll Vertrauen auf Gott, meinen Retter. Mein Gott wird mich erhören« (Mi 7,7).

Und das tut er auch. Wenn wir gehorsam sind und in ihm fest stehen, dann verwandelt unser Gott unsere Wunden, die wir uns im Kampf zugezogen haben, in eine heilende Kraft für andere. Und er gießt seine heilende Gnade und sein Licht selbst in unsere schlimmsten Verletzungen.

Kapitel 7

Auf Gottes Antwort hören

»Denn dein ist das Reich und die Kraft und die Herrlichkeit, in Ewigkeit. Amen.«

Wir haben das Vaterunser beendet und sind nun bereit, uns selbst und unseren Tag ganz Gott anzuvertrauen: »Denn dein ist das Reich und die Kraft und die Herrlichkeit, in Ewigkeit. Amen.« Dies geschieht am besten, indem wir wieder den Wortabschnitt unseres Gebetstagebuches aufschlagen, bereit, uns Gott hinzugeben, und hören, ob der Herr möglicherweise mit einem Wort auf eines unserer Gebete antwortet. Es ist nicht möglich, die »Praktische Anleitung zum Gebetstagebuch« des hörenden Gebetes zu beschreiben. Dinge, die das Sein selbst betreffen, unsere Einheit mit Gott, in der das Wachs aus unseren Ohren und die Scheuklappen von unseren Augen genommen werden, treten sehr schnell in den Vordergrund und überwinden alle »Gebrauchsanleitungen«, die ich geben könnte. Dennoch können uns bestimmte »Methoden« – wie das Führen eines Gebetstagebuches – helfen, die Zeit und den Raum zu schaffen, um wie Maria zu Jesu Füßen zu sitzen und auf ihn zu hören. Sie bereiten den Boden unseres Herzens, das Wort Gottes zu bewahren, sobald wir es empfangen.

Nachdem wir die ersten zwei Schritte des Gebetes getan haben – die Heilige Schrift mit unserer Seele aufzunehmen und darüber zu meditieren und danach Gott zu antworten –, begeben wir uns zum wichtigen dritten Schritt. Jetzt ist der Moment gekommen, auf Gottes Antworten auf die Bitten dieses Tages und unsere Anrufe um Fürbitte, Vergebung, Wegweisung und Heilung zu lauschen. Wir hören auch auf jedes andere Wort, das Gott in unserem Herzen lebendig werden läßt.

Für diesen dritten Schritt des Gebetes kehren wir zum Wortteil unseres Gebetstagebuches zurück, den Stift in der Hand. Wir sind bereit, jede Bitte oder Frage, die wir haben mögen, aufzuschreiben und Gottes Antwort zu empfangen. Wir haben inzwischen bereits über sein offenbartes Wort nachgedacht und haben in der Regel anhand von Schriftstellen bereits mehrere Bedeutungslinien notiert – Worte, die uns der Heilige Geist auf die eine oder andere Weise geschenkt hat. Wir haben Gott gelobt und ihm gedankt, wir haben unsere Fürbitten und Bitten ihm gebracht, und wir haben vergeben und Vergebung erfahren, wo dies nötig war. Nun befinden wir uns in diesem geheiligten Raum des Hörens auf das, was Gott uns als Antwort sagen mag. Mit einem Willensakt – nicht durch eigene Anstrengung – öffnen wir einfach unser Herz, um sein Wort, seine Erkenntnis, Ermahnung oder Wegweisung zu empfangen.

Ich habe die Erfahrung gemacht, daß Gott bereits vor diesem Augenblick, also während ich ihn lobte, gebeten habe etc., viele meiner Fragen beantwortet hat. Außerdem, und dies ist ebenso wichtig, wurden die Sehnsüchte meines Herzens offenbar und wurden vor ihm ausgebreitet. Er hat mir Einsicht und Erkenntnis geschenkt, während ich über der Schrift meditiert und gebetet habe. Ich habe die ganze Zeit bereits auf Gottes Reden gehört. Doch das Gebet war bis zu diesem Punkt nur eine Vorbereitung für das Gesamtbild – den in höherem Maße offenbarten Willen Gottes, der in diesen Bildteppich hineingewoben werden soll.

Wenn ich in diesen dritten Schritt des Gebetes eintrete, werden meine Fragen, Sehnsüchte und Nöte möglicherweise noch einmal auf eine höhere Ebene des Gebetes erhoben. Oder vielleicht ist dies auch der Augenblick, um noch einmal Gottes Einladung zu hören: »Komm, laß uns die Dinge miteinander durchdenken.« Im Grunde sagt er: »Laß uns miteinander genau über diese Dinge nachdenken, und ich werde Licht und Wahrheit hineinleuchten, die das Verständnis und die Einsichten, die du momentan besitzt, übersteigen.« Auch das ist hörendes Gebet; es ist einer der Wege, die Gott am häufigsten wählt, um zu uns zu reden. Mit dem Herrn »die Dinge zu durchdenken« bedeutet, den Boden unseres Herzen aufzupflügen und darauf vorzubereiten, die Saat des Wortes Gottes, seinen Willen und seine Weisheit zu empfangen.

Geistige Trägheit ist etwas Schreckliches, eine böse Untugend. Die beste Art, die ich kenne, um sie zu überwinden, besteht darin, alle Dinge mit Gott »genau zu durchdenken«. Auf diese Weise wird unser Herz offenbar, und wir erkennen besser, was darinnen ist. Wir wissen mehr darüber, wie wir umkehren, wie wir beten und worüber wir uns freuen können. Dieses »die Dinge mit Gott durchdenken« ist wunderbar. In der Regel werden wir zu der Ansicht gelangen, daß die Zeit, die wir dem Gebet eingeräumt haben, viel zu kurz ist – irgend etwas wird warten müssen.

Ich schreibe meine Bitten vor dem Herrn auf und notiere dann die Worte, die er schenkt. Manchmal kommt dieses Wort als ein starker gedanklicher Eindruck. Es erscheint als ein Bild oder weist auf ein anderes Wort hin. Oft zeigt sich das Wort nicht, aber ich weiß, daß die Antwort kommen wird, zu der Zeit und auf die Art, die Gott in seiner Güte bestimmt hat.

TEIL II

Hören
auf Gottes Reden

Kapitel 8

Hören auf Gott

»So spricht der Herr: Stellt euch an die Wege, und haltet Ausschau, fragt nach den Pfaden der Vorzeit, fragt, wo der Weg zum Guten liegt; geht auf ihm, so werdet ihr Ruhe finden für eure Seele« (Jer 6,16).

»Hört zu und versteht« (Mt 15,10, Gute Nachricht-Übersetzung).

»Wer Ohren hat, der höre!« (Mt 11,15).

Wenn wir zu geistlicher Reife finden wollen, ist es entscheidend wichtig zu wissen, daß Jesus wahrhaftig der Immanuel, Gott mit uns, ist, und zu lernen, auf seine Stimme zu hören. Das Hören auf Gott – das beim bewußten Sich-Aussetzen seiner Gegenwart eine Schlüsselfunktion besitzt – ist keine Methode, sondern bedeutet, mit einer Person auf dem Weg zu sein. Dabei findet ein ständiger Dialog statt, wie die Schrift und unsere Erfahrung eindeutig zeigen.

Die Frucht des hörenden Gebetes ist Weisheit von Gott

Im Gebet auf Gott zu hören bedeutet, mit diesem intuitiv-denkenden Organ zu Gott emporzublicken, das die Bibel das Herz nennt. Mit den Augen und Ohren des Herzens sehen und hören wir Gott. Mit unserem Herzen nehmen wir das Transzendente wahr – das, was hinter dem rein Physischen oder Materiellen liegt. Die Schrift lädt uns ein, aufzublicken und das Unsichtbare zu sehen.

Die Bibel ist voller Beispiele hierfür. Wir schauen auf Gott und leuchten, wie der Psalmist und Jesaja berichten (Ps 34,6; Jes 60,5). Ezechiel, wie auch Jesaja, blickte auf und sah, wie die Herrlichkeit des Herrn den Tempel erfüllte (Ez 44,4). Esra erzählt uns: »Die Hand unseres Gottes ist schützend über allen, die ihn suchen« (8,22). Manchmal werden alle Anwesenden von den Auswirkungen berührt, zum Beispiel als Stephanus

»… erfüllt vom Heiligen Geist, … zum Himmel empor[blickte; er] sah die Herrlichkeit Gottes und Jesus zur Rechten Gottes stehen und rief: Ich sehe den Himmel offen und den Menschensohn zur Rechten Gottes stehen« (Apg 7,55-56).

Zwar weniger dramatisch, jedoch eher im Kontext des hörenden Gebetes stehen die wunderbaren Worte Habakuks: »Ich … stelle mich auf den Wall und spähe aus, um zu sehen, was er mir sagt« (Hab 2,1). Um zu hören, blicken wir auf und schauen von uns selbst weg auf den, der die Quelle allen Lebens ist – auf den, der nicht geschaffen wurde, auf die objektive Wirklichkeit.

Durch das Hören im Gebet empfangen wir Weisheit von oben. Gott gibt denen seine transzendente Weisheit und Erkenntnis, die ihn lieben und auf ihn harren.

Echtes Hören bedeutet, Gott gehorsam zu sein

»Darum spricht Christus bei seinem Eintritt in die Welt: Schlacht- und Speiseopfer hast du nicht gefordert, doch einen Leib hast du mir geschaffen; an Brand- und Sündopfern hast du kein Gefallen. Da sagte ich: Ja, ich komme – so steht es über mich in der Schriftrolle –, um deinen Willen, Gott, zu tun« (Hebr 10,5-7).

Als Jesus acht Tage alt war, brachten ihn Maria und Josef in den Tempel (vgl. Lk 2,21-40). Simeon, der »auf die Rettung Israels wartete« (Vers 25), war im Tempel, um Jesus zu sehen, in seinen Armen zu halten und sogar ein prophetisches Wort über ihm auszusprechen. Im Lukasevangelium lesen wir: »Vom Heiligen Geist war ihm offenbart worden, er werde den Tod nicht schauen, ehe er den Messias des Herrn gesehen habe« (2,26). Simeon wurde genau im richtigen Augenblick »vom Geist in den Tempel geführt« – der Heilige Geist gab ihm sozusagen einen Schubs –, um den Messias zu sehen, auf den er so lange betend gewartet hatte. Noch einmal gab ihm der Heilige Geist einen Schubs, und Simeon sprach daraufhin die folgenden Worte über dem Christuskind aus, die wir heute als *nunc dimittis* kennen und singen:

»Nun läßt du, Herr, deinen Knecht, wie du gesagt hast, in Frieden scheiden. Denn meine Augen haben das Heil gesehen, das du vor allen Völkern bereitet hast, ein Licht, das die Heiden erleuchtet, und Herrlichkeit für dein Volk Israel« (Lk 2,29-32).

Simeon war nicht der einzige, der an diesem Tag Gottes Reden hörte. Die betagte Witwe und Prophetin Hanna, die Gott Tag und Nacht im Tempel diente, erkannte den Messias sofort. Sie dankte Gott »und sprach über das Kind zu allen, die auf die Erlösung Jerusalems warteten« (Lk 2,38). Simeon und Hanna hatten diese Worte von Gott empfangen und handelten danach, weil sie schon seit langem betende Menschen waren. Ihre Herzen blickten schon seit langem betend zu Gott auf und waren bereit, Weisheit von ihm zu empfangen.

Maria und Josef wunderten sich über diese Worte. Ohne Frage bewahrten sie sie in ihrem Herzen, wie dies ja auch der Fall gewesen war, als der Herr Maria durch den Engel Gabriel sagen ließ, daß sie den Sohn Gottes gebären sollte. Die Worte, die Gott Maria und Josef in den ereignisreichen vorausgegangenen Monaten gegeben hatte, hatten sie auf diesen Tag im Tempel vorbereitet. An diesem Tag kam das Wort Gottes wieder zu ihnen und bestätigte, was ihnen bereits gesagt worden war. Sie müssen durch diese Worte für das Los, das sie getroffen hatte, und für alles, was noch kommen sollte, zutiefst beruhigt und gestärkt worden sein. Sonst hätten sie die heilige Ehrfurcht, die sie erlebten, während sie mit dem ihnen anvertrauten Kind zurück nach Galiläa reisten, sicher nicht ertragen. Dort in Nazareth »wuchs das Kind heran und wurde kräftig; Gott erfüllte es mit Weisheit, und seine Gnade ruhte auf ihm« (Lk 2,40).

Als der Engel ihr sagte, sie werde den Sohn des Höchsten gebären, antwortete Maria: »Ich bin die Magd des Herrn; mir geschehe, wie du es gesagt hast« (Lk 1,38). Ihr göttlicher Sohn kam in die Welt mit den Worten: »Hier bin ich … ich bin gekommen, um deinen Willen zu tun, oh Gott.« Und im Hören auf das Reden des Vaters gewann er die Weisheit, dessen Willen zu tun. Darin erfüllte sich seine Berufung, die Welt zu erlösen.

Was ist meine Berufung? Zu welchem Zweck bin ich in diese Welt gesandt? Dies sind möglicherweise Fragen, denen Sie in Ihrem Gebetstagebuch nachgehen wollen, denn wenn wir den Gehorsam erlangen, der aus dem Hören auf Gott kommt, dann erlangen wir damit auch unsere tiefste Berufung. Das ist ein radikales Leben – ein Ort der Freiheit vom Reden der Welt, der Ichbezogenheit und des Widersachers. Wir sind nicht länger Sklaven der Sünde, sondern für die Stimme Gottes lebendig, und so gelangen wir an diesen Ort echter Kreativität. Wir sind Schaffende, und wir sind selbst im Bilde unseres Schöpfergottes geschaffen.[1] Wir lernen mitzuarbeiten an dem, was wir den Herrn sagen hören, und er wiederum liebt durch uns die Welt.

»Die charismatische Erneuerungsbewegung steht in der Gefahr, eingenommen zu werden von einer Verzerrung des Evangeliums, das, von

Wunschvorstellungen beherrscht, einfach Christus und den Geist zu
Quellen unserer Segnungen und zum Befriediger und Bediensteten
unserer Bedürfnisse macht.«[2]

In seinem wichtigen Buch »Der vergessene Vater« warnt Thomas A. Smail uns:

> *»... daß der Jesus des Evangeliums nicht in jene Form paßt, denn sie läßt das Hauptanliegen seiner Existenz nicht zu. Niemals war er der Bedienstete für die Nöte, die auf ihn einstürmten. Sein jeweiliges Tagesprogramm gestaltete sich nicht nach den unersättlichen Anliegen derer, die sich um ihn scharten, sondern wurde nach den Wünschen seines himmlischen Vaters geschrieben. Sein Leben wurde nicht von den Ansprüchen der Menschen beherrscht, sondern es ordnete sich den Ansprüchen Gottes unter. Wenn wir den Platz, den der Vater im Leben Jesu einnimmt, gewahr werden, so hilft uns das zu erkennen, was wir am meisten nötig haben, nämlich die Abkehr vom ewigen Kreisen um unsere eigenen Bedürfnisse zu einem Christentum hin, dessen Mitte unser Gehorsam ist und bei dem Heilung nur das Vorspiel zur Nachfolge ist. So werden wir erneuert, daß wir uns selbst als Opfer geben, dem, der uns erneuert hat.«* [3]

Wirkliches Hören ist Hören im Gehorsam. Gott zu hören bedeutet, ihm zu gehorchen. Weisheit von oben empfangen die Menschen, die bereit sind, ihr zu gehorchen. Im Gebet auf die Stimme des Herrn zu lauschen bedeutet, den Willen Christi zu erkennen; es bedeutet, die transzendente Weisheit zu erlangen, eine Weisheit, die auch Verständnis, Wegweisung, Erkenntnis, Ermahnung und Trost umfaßt. Das ist überhaupt nicht schwierig, aber es setzt voraus, daß wir in Christus eine neue Schöpfung sind und daß dieses neue Leben unser Mittelpunkt bleibt. Hier entsprechen unsere Hauptprioritäten denen Christi. Das Leben Christi in uns horcht auf die Stimme des Vaters. Oswald Chambers hat gesagt:»Der Beweis dafür, daß es so ist [daß dein alter Mensch mit Christus gekreuzigt ist], ist die erstaunliche Leichtigkeit, mit der du fortan durch das Leben Gottes in dir der Stimme Jesu Christi gehorchen kannst.« [4]

Christus horchte auf Weisheit von oben

> »Ihr werdet erkennen, daß ich nichts im eigenen Namen tue, sondern nur das sage, was mich der Vater gelehrt hat. Und er, der mich gesandt

hat, ist bei mir; er hat mich nicht allein gelassen, weil ich immer das tue, was ihm gefällt« (Joh 8,28-29).

Jesus hat uns während seines gesamten irdischen Lebens ein Vorbild für das hörende Gebet gegeben. Er, der selbst das Wort ist, das vor Anfang der Welt gewesen ist, lernte als Kind, im Hören dem Vater gehorsam zu sein. Als Josef und Maria den Zwölfjährigen in den Tempel mitnahmen, überraschte er die Gesetzeslehrer und Gelehrten seiner Tage. Erstaunt riefen sie aus: »Wie kam er zu solcher Weisheit?«

Während seines gesamten irdischen Lebens war Jesus ständig sich der Gegenwart des Vaters bewußt. Wenn wir Jesus sehen und hören, wie er durch die Schrift zu uns redet, so sehen und hören wir den göttlichen Sohn in der Einheit mit dem göttlichen Vater – immer betete er zum Vater und hörte auf dessen Stimme. Gott, der Vater, den wir nicht sehen können, umgibt den Sohn, unterweist ihn und bestätigt ihn. Und Jesus spiegelt den Vater auf vollkommene Weise wider. Darum kann Jesus zu Philippus sagen: »Wer mich gesehen hat, hat den Vater gesehen« (Joh 14,9).

Auf diese Weise gibt uns Jesus ein vollkommenes Vorbild, das bewußte Leben in der unsichtbaren Wirklichkeit Gottes, der objektiven Gegenwart außerhalb des Selbst, jenes Selbst, von dem wir angezogen werden. Wir haben vielmehr Teil an dem Wirklichen, das, wenn auch unsichtbar, zu uns redet, uns beim Namen ruft und uns hört, wenn wir beten. Wir werden im Gegenzug dazu *wirklicher*, wir gewinnen an Substanz und Solidität, indem wir auf Gott hören.

Unsere Beziehung zu Gott

Werfen wir einen kurzen Blick auf diese Beziehung, die Gott ist – jenes Drei-in-Eins-sein, in das wir, als Erlöste, eintreten, wenn wir im Gehorsam hören. Smail schreibt: »Gott ist nur Gott als dieser Vater und dieser Sohn in ihrer Beziehung zueinander im Heiligen Geist.«[5]

Es ist wundervoll, zu betrachten, wie die Beziehung Jesu zum Vater aussieht, denn Jesus hörte ständig auf Gottes Reden und war diesem Reden gehorsam. Über diese Einheit schreibt C. S. Lewis:

> »*Und die Einheit von Vater und Sohn ist etwas so Reales und Lebendiges, daß sie selbst auch wieder Person ist. [...] Was aus dem einigen Leben des Vaters und des Sohnes entsteht, ist eine Person, ist tatsächlich die dritte der drei Personen, die alle Gott sind. Diese dritte Person heißt mit dem Fachausdruck der Heilige Geist oder der ›Geist‹ Gottes.*«[6]

In Christus eine neue Schöpfung sein bedeutet, in diese Einheit, diesen hörenden Gehorsam, hineingezogen zu werden. Diese Liebe ruft das wirkliche »Ich« in jedem von uns wach. Und durch dieses wirkliche »Ich«, oder dieses wirkliche Selbst, wird unser Lobpreis ins Leben gerufen. Die Liebe fließt dann von dem, der nicht Geschaffen wurde, hinunter zu dem Geschaffenen und von dort aus zu allen Menschen.

»Ein seliger Geist ist eine Gußform, der immer mehr und mehr das Einströmen des feurig strahlenden Metalls widerfährt; ein Leib, der stets völlig entblößt, sich der Mittagsglut der geistigen Sonne darbietet.« [7]

Um dauerhaft von diesem »strahlenden Metall« zu empfangen, muß jede Kreatur zu einem Kanal dieser Liebe zu anderen werden. Und durch die Liebe, die durch uns hindurchfließt, fangen wir an, unseren Nächsten zu segnen und ihm einen Namen zu geben, wir rufen das wirkliche »Ich« in ihm ins Leben. Wir fangen auch an, die Tiere, Pflanzen, ja selbst die unbelebte Schöpfung zu segnen und ihr einen Namen zu geben.

C. S. Lewis beschreibt diese Wirklichkeit der Inkarnation, der Menschwerdung Gottes, wunderbar in einem Bild vom »großen Tanz«. Dieser herrliche Rhythmus, diese Harmonie und Ordnung bestanden bereits seit Ewigkeiten in der Liebe zwischen dem Vater und dem Sohn, durch die auch wir umschrieben werden: »Denn in ihm leben wir, bewegen wir uns und sind wir« (Apg 17,28). Wenn wir uns ihm ganz hingeben, wird unser Wille eins mit dem seinen. Wir treten mit der Quelle aller Liebe und Kreativität in eine Einheit und Gemeinschaft; wir entdecken in uns selbst, daß wir Person geworden sind.[8]

Gottes Liebe in uns ist die göttliche Energie, die nicht nur den Sündenfall im Leben jedes einzelnen überwindet, sondern auch den Tod, der über die ganze Natur hergefallen ist. Auch die Natur soll erlöst werden. Lewis drückte es gern so aus, daß Gott die Natur durch Menschen heilen will; durch unseren Gehorsam will er einen Weg finden, auf dem die Liebe zu allen anderen Geschöpfen fließen kann. Er stellte sich vor, daß die sterbende Natur in die erlöste Menschheit hineingenommen wird, so wie die ungehorsame Menschheit in den Gehorsam Christi hineingenommen wird.

Obwohl man nur Spekulationen darüber anstellen kann, wie die Natur erlöst werden wird, so ist doch eindeutig, auf welche Weise wir erlöst werden: Wir werden in das dreieinige Leben hineingenommen: »[Gott hat] unser menschliches Wesen angenommen; [er ist] hinuntergestiegen in seine eigene Schöpfung und [er ist] wieder aufgestiegen und [hat] die ganze Schöpfung mit sich emporgehoben.«[9] Dies ist die Botschaft von der Liebe, die zu uns herabfließt und uns zu sich emporhebt. Dies ist die Botschaft vom Kreuz, an welchem die großartige Umkehr des Sündenfalls begann. Am Kreuz wurde einer sterbenden Schöpfung Liebe und Leben eingeflößt, und von dort aus tanzen wir den Tanz Adams zu seinem Ursprung zurück.[10]

Wenn wir in der Beziehung zwischen dem Vater und dem Sohn bleiben, werden wir unseren rechtmäßigen Platz als Kinder Gottes erkennen – unsere Sohnschaft. »Das zentrale Geheimnis christlichen Lebens ist, daß wir in diese Beziehung hinein als Kinder dieses Vaters angenommen werden ...«[11] Unsere Sohnschaft unterscheidet sich von der Christi. Er allein ist vom Vater geboren; wir wurden in Christus hineinadoptiert.

»Nur Jesus ist hyios, ›Sohn‹, wir sind immer tekna, ›Kinder‹ ... Die Sohnschaft der Kinder Gottes besteht darin, daß sie Christus annehmen und an seinen Namen glauben (Johannes 1,12).«[12]

Um zu einer befreienden und ordnungsgemäßen Perspektive zu gelangen, sollen wir alle unsere »Bezüge«, Menschen wie Dinge, in unsere Einheit mit Gott hineintragen. Wir erleben so die nötige und heilsame gegenseitige Abhängigkeit in unseren Beziehungen, während wir gleichzeitig die emotional abhängigen und uns versklavenden Beziehungen in und durch Christus und die Gnade, die er uns gibt, meiden. Wir beugen uns nicht länger vor dem Geschöpf, sondern stehen aufrecht in der Gegenwart Gottes, der uns reichlich mit seinem Leben und seiner Liebe beschenkt:

»In dieser Beziehung finden ihre letzte Bedeutung: die Schöpfung mit all ihren Strukturen und der Vielfalt ihrer Beziehungen; die Erlösung mit ihrem ganzen Weg über Opfer und Auferstehung; die Familie, der Staat. Auch die zwischenmenschlichen Beziehungen erlangen schließlich hierin ihren Sinn.«[13]

Einheit mit Gott

»Ich in ihnen und du in mir« (Joh 17,23).

Als Jesus für uns zum Vater betete, sagte er: »Und ich habe ihnen die Herrlichkeit gegeben, die du mir gegeben hast; denn sie sollen eins sein, wie wir eins sind, ich in ihnen und du in mir« (Joh 17,22-23). Diese bemerkenswerten Worte, dieser eine Satz, beinhaltet den Kern des Evangeliums und der christlichen Wirklichkeit. »Ich in ihnen und du in mir« ist das letztendliche Ziel all dessen, wofür Christus auf die Erde kam. Die Menschwerdung und das Kreuz hatten dieses eine zum Ziel. Alles, was er für uns erlitten hat, sollte uns zurückführen in die Gegenwart des Vaters.

Christus, der selbst das Wort und die Wahrheit ist, bringt die, die in ihm sind, an den Ort der tiefsten Heilung – die Gemeinschaft mit dem himmlischen Vater. Ohne das hörende Gebet gibt es keinen Dialog. Heute leiden gläubige Christen, weil ihnen die biblische Lehre und Weisung fehlen, die die intellektuellen und geistlichen Blockaden des Hörens wegnehmen würden. In Christus kommen wir zum Vater. Wo wir ihn hören, erlangen wir unsere volle Identität; wir wissen, wer wir sind und zu welcher Person wir geschaffen wurden und wer wir sein sollen. Wir finden von der Unreife zur Reife.

Wenn Christus zum Vater sagt, er habe uns die Herrlichkeit gegeben, die der Vater ihm gegeben hat, dann spricht er von der Gegenwart des Vaters. Die Herrlichkeit Gottes ist die Gegenwart Gottes. Auf Gott zu hören ist ein wichtiger Teil des bewußten Lebens in Gottes Gegenwart, auf den wir nicht verzichten sollten. So wie wir uns Gottes Gegenwart in uns und um uns bewußt machen, so müssen wir auch lernen, die Augen und Ohren unseres Herzens zu öffnen und seine Stimme zu erkennen.

»Der Herr, dein Gott, ist in deiner Mitte, ein Held, der Rettung bringt. Er freut sich und jubelt über dich« (Zef 3,17).

Im Glauben hinausziehen

Mir gefällt dieser Einblick, den wir über Mose gewinnen, als Gott zu ihm spricht und das Unmögliche verlangt (vgl. Ex 14,10ff). Es ist äußerst lehrreich. Mose steht auf der einen Seite den Wellen des Schilfmeers gegenüber, auf der anderen den Soldaten des Pharao, als Gott ihm befiehlt, vorwärtszumarschieren. Nicht nur Mose soll vorwärtsgehen, sondern mit ihm das gesamte Volk der Israeliten. Und der einzige Weg, den sie gehen können, führt ins Meer.

Ganz offensichtlich »murmelte« Mose erstaunt vor sich hin, denn Gott sagt zu ihm: »Was schreist du zu mir? Sag den Israeliten, sie sollen aufbrechen« (Ex 14,15). Genau das sagt Gott oft auch zu mir. Wenn ich aus meiner begrenzten Sicht heraus dem Unmöglichen gegenüberstehe und zu Gott rufe, dann höre ich ihn sagen: »Mache dich auf und tue, was ich dir geboten habe.« Diese Worte stehen immer wieder in meinem Gebetstagebuch. Eigentlich sagt Gott damit: »Was schreist du zu mir? Du bist dran, in

Aktion zu treten; steh auf und gehorche mir, und ich werde dir sagen, was der nächste Schritt ist.«

Genau das war Mose passiert. Es war seine Aufgabe, zu gehorchen und etwas zu tun, damit die Israeliten vorwärtsziehen konnten: »Und du heb deinen Stab hoch, streck deine Hand über das Meer und spalte es, damit die Israeliten auf trockenem Boden in das Meer hineinziehen können« (Vers 16).

Im Grunde sagt Gott: »Vertrau mir, Mose, und zieh im Glauben aus.« Gott hatte ihn auf diese Übung, dieses Losziehen auf das Wort Gottes hin, bestens vorbereitet, indem er ihn eine Reihe kleinerer Glaubensschritte geführt hatte. Mose sah nicht nur, was Gott tun würde, sondern auch, was Gott in seiner Treue jederzeit tut.

Wenn wir sehen, wie Mose und die großen Glaubenshelden Gott hörten und im Einklang mit dem Willen Gottes loszogen, dann kann uns leicht der Mut sinken. Vielleicht können wir uns leichter mit einem Wort identifizieren, das Saulus zu hören bekam, und so ein Wort sogar annehmen: »Warum verfolgst du mich?« (Apg 9,4). Ein Wort wie dieses warnt den leidbeladenen und heimatlosen Sünder und konfrontiert uns mit unserem schlechten Gewissen; wir müssen unsere Sünden bekennen.

Es scheint uns jedoch schwerer zu fallen, solche Worte zu empfangen wie die, die Paulus später hörte, ebenso wie auch andere treue Kämpfer, z. B. Abraham, Mose, Hanna, Simeon, Josef und Maria. Es fällt uns leichter, uns wie die Unreifen und die Sünder zu verhalten. Es fällt uns schwer, so auf Gott zu hören, wie es reife Christen tun. Was das Vorantreiben des Reiches Gottes angeht, so ist das Hören auf Gottes Reden ohne Frage etwas für die, die in Christus Reife erlangt haben. Solche Erfahrungen mit Gott wie Mose sie erlebte, sind für den, der gerade mit dem hörenden Gebet beginnt, eine Schuhnummer zu groß.

Unreife und ungeheilte Menschen im hörenden Gebet zu unterweisen, war eine der Hauptaufgaben in meinem Leben. Es gilt allen Gläubigen als Teil unseres Erbes in Christus und als Teil unserer Nachfolge Jesu. Wo also fangen wir an?

Wir beginnen, indem wir die Gegenwart Gottes anerkennen

»Seid gewiß: Ich bin bei euch alle Tage bis zum Ende der Welt (Mt 28,20).

»Bleibt in mir, dann bleibe ich in euch« (Joh 15,4).

Wir beginnen, indem wir die Gegenwart Gottes anerkennen. Wenn wir lernen, den Gott anzuerkennen, der wahrhaftig bei uns ist (vgl. Ps 16,8) – der immanent mit uns und in uns ist, der aber auch transzendent über und um uns ist –, so ist dies ein Weg zum beständigen Gebet, zu dem die Schrift uns ermahnt (vgl. 1 Thess 5,17). Wenn wir dies tun, werden die Augen und Ohren unseres Herzens geöffnet, um das Wort zu empfangen, das er beständig spricht. Wir begeben uns auf einen Weg des hörenden Gehorsams, den wir durch eigenes Mühen, z. B. indem wir das ganze Gesetz erfüllen würden, nicht finden könnten. Auf einen Weg der Freiheit, auf dem wir Jesus Christus froh als unseren Herrn erkennen, anerkennen und seinen Willen tun.

Doch um anzuerkennen, daß Gott immer bei uns ist – selbst wenn wir es mit unseren Sinnen am wenigsten wahrnehmen –, verlangt Disziplin. Das unsichtbare Wirkliche anzuerkennen verlangt zunächst eine feste Anstrengung unseres ganzen Willens. Aus diesem Grunde ist auch der Ausdruck »sich bewußt im Gebet der Gegenwart Gottes aussetzen« so hilfreich.

Uns modernen Menschen fällt es besonders leicht, die übernatürliche Welt wie den Heiligen Geist, Engel, widergöttliche Mächte und ähnliches als weniger real anzusehen als die Welt, die wir mit unseren Sinnen wahrnehmen. Als Christen des 20. Jahrhunderts leben wir in einem materialistischen Zeitalter, in dem sich die Schlußfolgerungen unserer Bildungssysteme schon lange nur noch auf die wissenschaftliche Wahrheit gründen. Die Voraussannahmen solcher Systeme haben viele Generationen von Studenten in die Irre geführt und sie blind gemacht für die Wahrheiten Gottes und das unsichtbare Wirkliche, ob es nun moralischer oder geistlicher Natur ist.

Aufgrund dieser intellektuellen Blockaden haben wir modernen Menschen mehr Schwierigkeiten mit den unsichtbaren Wirklichkeiten und vielleicht eine größere Notwendigkeit, das bewußte Sich-Aussetzen der Gegenwart Gottes einzuüben, als dies bei unseren Glaubensvorfahren der Fall war. Ganz zu Beginn der christlichen Ära sprach Paulus jedoch über dieses Praktizieren, indem er sagte: »… wir [starren] nicht auf das Sichtbare …, sondern [blicken] nach dem Unsichtbaren aus …« (2 Kor 4,18). Das bewußte Sich-Aussetzen der Gegenwart Gottes besteht also einfach darin, daß wir uns die Wahrheit ins Gedächtnis rufen, daß Gott bei uns ist. Wenn wir dies beständig üben, wird uns das Wunder geschenkt, im Glauben zu schauen. Wir beginnen, mit den Augen und Ohren unseres Herzens zu erkennen.

Durch dieses Hören finden wir aus unserer geistlichen Unreife heraus und fangen an, in Christus zur Reife zu gelangen. Auf Gott zu hören bedeutet, Weisheit von ihm zu empfangen. Wie Jesus wachsen wir, indem wir empfangen. »Jesus aber wuchs heran, und seine Weisheit nahm zu, und er fand Gefallen bei Gott und den Menschen« (Lk 2,52).

In jedem Heilungsseminar, das ich durchführe, muß ich zuerst über das »bewußte sich im Gebet der Gegenwart Gottes« Aussetzen sprechen, wenn zerbrochene Menschen Heilung erfahren sollen. Nur in dieser Wirklichkeit wird die Heilung der Seele beginnen, weitergehen und zum Abschluß kommen. Wenn wir in der Gegenwart Gottes bleiben, beginnen wir, ihn zu hören. Wenn wir an diesem Hören dranbleiben, finden wir zu Heilung, Selbstannahme und zu einem Wachstum, hin zu einem psychologischen und geistlichen Gleichgewicht und zur Reife.

Das Überraschendste an Jesus, das, worauf die religiösen Lehrer seiner Zeit am schärfsten reagierten, war seine Behauptung, mit dem Vater eins zu sein und in seiner Gegenwart zu stehen. Diejenigen, die auf geistliche Macht und Kontrolle auf Erden gebaut hatten, konnten dies nicht akzeptieren. Aus diesem Grunde kreuzigten sie Jesus. Er behauptete, seit Anbeginn der Zeiten eins mit Gott zu sein, von ihm gekommen zu sein und auf sein Reden zu hören. Uns lehrt er, das gleiche zu tun.

Das hörende Gebet ist eine entscheidend wichtige Facette der Gegenwart Gottes unter uns. Es ist ein Ort, der frei ist von den Stimmen der Welt, der Ichbezogenheit und des Widersachers. Diese letzteren Stimmen ziehen uns, falls wir auf sie hören und ihnen gehorchen, ins Nicht-Sein und in den Tod. Wenn wir versäumen, auf Gott zu hören, dann hören wir auf die eine oder andere oder alle dieser Stimmen. Dann fehlt es uns an diesem Wandeln im Geist und an unserer immens kreativen Zusammenarbeit mit Gott. Diese Zusammenarbeit erfordert ein neues Selbst – das mit Christus eins ist und das in ihm ständig an Reife zunimmt.

Kapitel 9

Hindernisse
beim hörenden Gebet

W ir mögen mit allem, was im vorangegangenen Kapitel gesagt wurde, übereinstimmen und doch noch nicht in der Lage sein, in die Freiheit eines hörenden Herzens einzutreten. Dies ist ein Problem, mit dem wir modernen Menschen häufig zu tun haben, denn wir leiden unter einem tiefen Bruch zwischen Kopf und Herz. Auf Gott zu hören ist unendlich schwer, wenn man vom eigenen Herzen abgeschnitten ist, d. h. wenn wir einen Teil der eigenen Seele als Wert nicht anerkennen.

Wie kann ich zum Beispiel Gott hören, wenn ich genau die Fähigkeit meiner Seele leugne, die geschaffen wurde, um ihn wahrzunehmen? Damit meine ich die Fähigkeit, zwischen dem intuitiven und imaginativen Vermögen und dem eher objektiven, rationalen Vermögen ein Gleichgewicht herzustellen und beide auf rechte Weise zu integrieren. Dieses Kapitel zeigt uns einige Hindernisse auf, wie zum Beispiel diese moderne Form der Verleugnung, die uns vom Hören auf Gott abhalten.

Der Bruch der Moderne zwischen Kopf und Herz

Die meisten Christen leiden heute zu einem gewissen Grad unter dem Bruch zwischen dem Denken und dem Erfahren.[1]

Dieser Bruch zeigt sich bei den meisten Christen darin, daß sie zwar ihr begriffliches Wissen *über* Gott als real anerkennen, gleichzeitig jedoch die primären Erkenntniswege des Liebens, des Kennenlernens und des Mit-Gott-Lebens verleugnen. Letztere Wege werden eher mit dem intuitiven Wissen in Verbindung gebracht, bei dem wir das Gut des konzeptionellen Wissens und den gesunden Menschenverstand ablegen. Darauf bezog sich Papst Johannes Paul II., als er sagte, daß dem modernen Menschen der Sinn für Gott verlorengeht.

Als Folge dieses Bruchs zwischen dem intuitiven und dem rationalen Erkennen leben wir in einem Zeitalter, in dem selbst unter gläubigen Christen wenige an die reale Gegenwart Christi unter uns und in uns glauben. Wir können über das Sein nur *nachdenken*. Wir können mittels christlicher Dogmen denken, aber es fällt uns schwer, Gott zu lieben und ihm zu gehorchen, weil wir dafür ein Herz brauchen, das nicht mehr unter diesem Bruch leidet. Weil wir die intuitiven Erkenntniswege ablehnen, können wir Gottes Stimme nicht mehr hören.

Hier ist ein Beispiel dafür, wie sich dieser Bruch unter uns bemerkbar macht. Ein Christ war über die Maßen dankbar, daß bei ihm der Bruch zwischen Herz und Kopf geheilt worden war, und freute sich über die Veränderungen, die dies in seinem Leben mit Gott bewirkt hatte. Er erzählte einem anderen Christen, wie sehr er sich am hörenden Gebet freut. Doch der andere Christ antwortete trocken: »Ach, du hast also eine Direktleitung zu Gott, wie?« Diese Frage eines gläubigen Christen zeigt die Art von Unglauben auf, die der größere Teil der »gläubigen« Kirche beeinträchtigt.

Gott selber spricht in einer Weise zu uns, wie sie uns in der Schrift als Vorbild gegeben ist. Er hat uns so gestaltet und uns die Augen und Ohren eines übernatürlichen Glaubens gegeben – fest verwurzelt in der Tatsache, daß er in uns und wir in ihm leben –, so daß wir ihn sehen, hören und erkennen können. Obwohl der Glaube nur demütig »wie durch einen Spiegel« erkennt, sehen wir doch. Wir hören auch. Das Evangelium befaßt sich mit diesem Sehen und Hören. Wir sind für die Gemeinschaft geschaffen – für die Kommunikation mit Gott. Aus diesem Grund ist Christus unter uns erschienen.

Wenn wir das Erleben mehr suchen als die Gegenwart Gottes

Aufgrund des Zuhauses, in dem ich aufwuchs, litt ich nicht unter dieser vorher beschriebenen Kopflastigkeit. Meine Mutter sah und lebte ihr ganzes Leben aus einer bodenständigen jüdisch-christlichen Weltsicht heraus und gab diese an mich weiter.

Wenn wir anerkennen, daß Gott immer bei uns ist, dann gilt ein fester Grundsatz, nämlich, daß wir immer Gott allein, nicht das Erfahren Gottes, suchen. Das gilt auch für jedes Wort, das er uns schenken mag. Mit anderen Worten, das Anerkennen der Gegenwart Gottes ist nicht nur ein subjektives Gefühl. Gott, das objektiv Wirkliche, ist wirklich da. Wie C. S. Lewis gesagt hat, ist Gott die konkreteste Wirklichkeit, die wir jemals erfahren können.

Als Kind erlebte ich eine äußerst bemerkenswerte Taufe im Heiligen Geist. Es geschah in einer Gemeinde, in der viele zu Christus fanden; der Heilige Geist war in der Predigt wie auch im Gebetsdienst stark gegenwärtig. Eines Sonntagabends, als die Leute zum Gebet nach vorne gerufen wurden, ging ich ebenfalls nach vorne. Ich kniete nieder und betete mit all meiner Kraft (nur eine Salbung des Heiligen Geistes könnte einen Menschen, insbesondere ein Kind, befähigen, so zu beten), dann rief ich zu Gott, er möge kommen. Dieses Gebet erhörte er. Der Heilige Geist kam auf mich herab und erfüllte mich, und ich *erkannte* Gott mit meinem ganzen Sein. Es war, als würde die lebendige Gegenwart wie ein heiliges Feuer in mich hineinkommen, mein ganzes Sein erfüllen und als ein heiliges Jauchzen aufsteigen und emporsprudeln mit nicht zu bändigender, unglaublicher Freude. Meine Finger und Zehen kribbelten, so sehr spürte ich das reinigende und heilende Feuer und die Freude Gottes.

Ich werde für diese Erfahrung immer dankbar sein; sie klang noch lange in mir nach. Doch ein Problem entstand daraus: ich verwechselte die objektive Gegenwart Gottes mit der *Erfahrung* dieser Gegenwart. Nachdem das Gefühlserlebnis nachließ, versuchte ich es zurückzugewinnen. Als dies natürlich nicht gelang, erreichte ich meine frühen Jahre als Teenager in der Angst, Gott sei nicht länger bei mir, weil ich seine Gegenwart nicht spüren oder fühlen konnte. So befand ich mich schließlich in der gleichen Schwierigkeit wie die »kopflastigen« Christen. Da ich fälschlicherweise annahm, ich hätte mich von Gott entfremdet, konnte ich ihn nicht hören.

In der Kirche, in der ich groß wurde, stand eine überdimensionale Reproduktion von Holman Hunts Gemälde, das Christus als »Das Licht der Welt« darstellt.[2] Dieses Bild hatte auf mich als kleines Mädchen einen tiefen Einfluß. Wenn die Predigten mir nichts sagten oder zu lang wurden, verlor ich mich in diesem Gemälde. Klopfte Christus an die Tür meines Herzens? Ja. Wie konnte ich ihm die Tür öffnen? Hatte ich es schon getan? Oh, wie sehr wünschte ich es mir! Dies war mein Schwur und meine innerste Frage nach meiner Bekehrung und meiner Taufe im Heiligen Geist. Christus klopfte ganz eindeutig an die Tür meines Herzens. Er versuchte, zu mir zu reden, aber ich konnte ihn nicht hören. Ich konnte die Tür nicht öffnen. Ich mußte hören und Antworten auf meine Fragen empfangen.

Auf dem Bild ist die Tür zugewachsen von wilden Rosen und Unkraut, sie ist schon lange nicht mehr geöffnet worden. Da steht Christus in einem ungeheuren Licht. Er möchte die Lampe des strahlenden Lichts in mein Herz tragen. »Jesus, hilf mir«, so pflegte ich zu beten. »Jesus, hilf mir, die Tür meines Herzens für dich zu öffnen.«

Doch ich konnte die Tür meines Herzens nicht öffnen, weil ich unter diesem schrecklichen Bruch litt. Ich wußte nicht, wie ich die Gegenwart Gottes in mir erkennen sollte, um ihn mit den Augen und Ohren meines Herzens zu sehen und zu hören. Er war bereits während meiner Taufe in mein Herz gekommen. Als ich heranwuchs, taufte er mich in seinem Geist. Doch da ich ihn nicht spürte, rief ich zu ihm, als wäre er immer weit weg. Er war jedoch da, während der ganzen Zeit, als ich zu ihm schrie. Das

Problem bestand darin, daß ich von meinem eigenen Herzen entfremdet war. Ich wußte das jedoch nicht und war daher abwesend, sowohl was mein Herz betraf als auch in bezug auf Gott.

Diese Abwesenheit von der eigenen Seele und dieser Mangel an Einsicht stellen ein heutiges Problem dar. Ich lief »neben mir her«.[3] Wie jeder Materialist versuchte ich, die ganze Realität über das Sein meiner Empfindungen wahrzunehmen, und erwartete auch, daß dies möglich wäre. Damals war ich jedoch noch ein Kind, dem die Kraft, die subjektive Erfahrung mit der objektiven Wirklichkeit und Wahrheit zu verbinden, noch fehlte. Ich besaß das mehr oder weniger vereinfachende Schwarzweißdenken, das für dieses Alter typisch ist. Lassen Sie mich folgende Nebenbemerkung machen: Eltern, deren Kinder sich dem gepredigten Evangelium öffnen und damit auch ihr Herz ganz der Erfahrung der Gegenwart Gottes, müssen diese Dinge ihren Kindern auf eine Art erklären, daß diese sie verstehen können.

In der Pubertät gab ich den Versuch, Gott zu erleben, auf und kam nach und nach vom Weg ab. Unter dieser Verwirrung der Erfahrungen litt C. S. Lewis, als er versuchte, die Freude wiederzuerlangen. Er schrieb sehr gut darüber: Wir wenden unsere Augen von dem ab, von dem die Freude kommt, und richten sie auf das Erleben oder suchen ihre Spuren im Sein der sinnlichen Wahrnehmungen. Doch der einzig gangbare Weg ist der, unseren Blick auf das Ziel der Freude zu richten. Wie auch immer, diese Lektion entzog sich mir einige Jahre lang – Jahre, in denen ich den Weg verließ, den Gott für mich beabsichtigt hatte.

Wir müssen insbesondere für diejenigen, die mit jungen Menschen zu tun haben, festhalten, daß der Bruch zwischen Denken und transzendenter Erfahrung in der Pubertät und der Phase der Unreife »natürlich« zu sein scheint. Die Pubertät ist eine narzißtische und autoerotische Phase, die jedes Kind durchläuft, bevor es zu Reife gelangt und das Erwachsenenalter erreicht. C. S. Lewis schrieb über das zeitweilige Aussetzen seines imaginativen Lebens in der Zeit zwischen der Kindheit und »jene[m] wundervolle[n] Wiedererwachen, das die meisten von uns erleben, wenn die Pubertät vollendet ist«[4].

Diesen Schlaf in seiner Jugendzeit nannte er »das finstere Mittelalter«, den Zeitraum, »in dem die Phantasie [die kreative Intuition des unsichtbaren Wirklichen] geschlafen und die wenigst idealen Gefühle und Ambitionen ruhelos, sogar manisch wach gewesen sind«[5]. Als er etwa vierzehn Jahre alt war, bekam er wieder die Sehnsucht nach einer imaginativen Renaissance der Freude. Mit dieser Sehnsucht kam auch das Geschenk eines inneren Bewußtseins für die hungrigen Wüsten, die sich nach Freude sehnten.[6]

Wie es jedoch bei uns Menschen so oft der Fall ist, erlebte Lewis das Leben nach diesem Erwachen aus den narzißtischen und autoerotischen Phasen der Pubertät auf zweierlei Weisen. Die eine war sein heimliches imaginatives Leben mit seiner Suche nach Freude und seinem ständigen Streben, »sie wieder zu haben«; die andere – mit all der Eile und den Zielen eines Schuljungen – hielt noch an den Einstellungen und Lüsten (»erotische und ehrgeizige Phantasien«) fest, die im »finsteren Mittelalter« gewonnen worden waren. Wir können alle dankbar sein, daß C. S. Lewis aus diesem »Doppelleben« herausfand und ungeteilt vor Gott stehen konnte. Er hat besser als jeder andere in dieser modernen Zeit über die Notwendigkeit geschrieben, Sünde zu benennen und dem Sündhaften, den falschen Sichtweisen und der Ichbezogenheit abzusterben.

Es kam die Zeit, wo auch ich, gedemütigt und mit mir selbst am Ende, im Gehorsam vor Gott niederkniete. Ich erinnerte mich mit sinkendem Mut an das fruchtlose Ringen in meiner frühen Kindheit, mit dem ich versucht hatte, Gott zu begreifen, und betete: »Herr, wenn ich deine Gegenwart auch niemals mehr erleben sollte, wenn ich es niemals bis in den Himmel schaffen sollte, so will ich dir doch dienen. Ich will dir gehorchen, so gut ich es kann.« Darauf hatte Gott natürlich nur gewartet.

In der Gegenwart Gottes leben

> »Wenn ihr meine Gebote haltet, werdet ihr in meiner Liebe bleiben, so wie ich die Gebote meines Vaters gehalten habe und in seiner Liebe bleibe. Dies habe ich euch gesagt, damit meine Freude in euch ist und damit eure Freude vollkommen wird« (Joh 15,10-11).

Meine Augen waren nun ganz auf das Ziel, auf Gott selbst, gerichtet. Aus der Schrift schrieb ich jedes Gebot Christi heraus und nahm es persönlich für mich – ich formulierte es so, daß es sich namentlich an mich richtete. Ich meditierte diese Gebote und bat Gott, mir zu zeigen, wie ich sie in den vielerlei Weisen, in denen sie auf mich, dort wo ich war, zutrafen, am besten leben konnte. Auf diese Weise war ich völlig befreit von der Orientierung an Erfahrungen und lernte, aus dem Glauben zu leben. Langsam erlebte ich wieder Freude. Ich wuchs in Christus. Auch kam die Zeit, daß ich manchmal die Manifestationen der Gegenwart Gottes und seines Handelns »spürte«. Doch ich hatte ganz und gar erkannt, daß er immer bei mir ist, ob ich ihn nun irgendwie »spürte« oder nicht. Ich suche nicht nach Gefühlserlebnissen; ich brauche sie nicht. Ich suche Gott selbst, nicht das Erlebnis.

Sicher enthält Holman Hunts Gemälde eine Botschaft, die für die gläubige Kirche genauso bedeutsam ist wie für die heutige Welt. Als einer, der im späten 19. und frühen 20. Jahrhundert lebte, sah er, wie Christen zwischen sich und ihrem Herrn eine Distanz aufgebaut hatten und das Verständnis dafür verlorengegangen war, daß er durch die Menschwerdung in ihnen Wohnung genommen hatte. In diesem Zustand können die Worte Christi in den Evangelien nur den rationalen Geist erreichen. Sehr häufig können sie nicht in das tiefste Herz vordringen, wo Intellekt, Intuition, Wille, Gefühl, Vorstellungskraft und Empfinden schließlich eins sind – zusammengebunden durch die Erkenntnis des Glaubens.

Wenn wir im Heiligen Geist eine neue Schöpfung geworden sind und nicht in der Lage sind, auf Gott zu hören oder Wegweisung, Trost, Weisheit und Erkenntnis zu empfangen, dann kann ein kleiner praktischer Schritt uns aus dieser Sackgasse heraushelfen. Dieser Schritt hilft uns, daß »mehr von uns« – Geist, Seele und Leib – am Gebet teilhaben können.

Doch zunächst müssen wir damit beginnen, die Gegenwart Gottes unter uns und in uns anzuerkennen. Wir bestätigen die Realität, welche bei unserer Bekehrung zu uns hinabgestiegen ist: Durch unsere Taufe nahmen wir unseren Platz in Christi Tod ein, mit ihm starben wir unserer sündigen Natur ab. In seiner Auferstehung stehen wir mit ihm vom Tod auf und sind eine neue Schöpfung durch den in uns innewohnenden Heiligen Geist. Wenn wir jetzt weiterlesen, könnten wir die Hand auf unsere Brust legen, Gott danken und bekennen:

»Ein anderer lebt in mir – Christus, das Licht der Welt, durch dessen Geist und Wort ich in alle Wahrheit geleitet werde, durch dessen Geist ich zum Vater aufblicken kann, der der Herrscher über alles ist, transzendent, erhaben und heilig; ihn kann ich als meinen himmlischen Vater ansehen.

Danke, Herr Jesus Christus, daß du in mir wohnst, daß du mich mit Gott, dem Vater verbindest, daß du mir hilfst, sein Wort der Liebe und der Bestätigung so zu empfangen, daß ich meine wahre und volle Identität als sein geliebtes Kind in dir und durch die Erlösung, die du mir erworben hast, finde, annehme und lebe.

Und möge dein Wort, zusammen mit deiner Gegenwart in mir, mein ganzes Sein durchstrahlen und mir mehr und mehr Reinigung und Heiligung meiner Gedanken, meiner Vorstellungskraft und meiner Sinnesempfindungen gewähren. Ich danke dir, Herr, jetzt in diesem Augenblick und bereits im voraus, daß du dieses Gebet erhört hast. Amen.«

Durch das wiederholte Beten dieses Gebetes und das Anerkennen der Gegenwart Gottes wird ein Christ schließlich ganz von dem Widerspruch von Kopf und Herz befreit werden. Er wird eine durch und durch jüdisch-christliche Weltsicht und eine christliche Sichtweise über Gott, andere Menschen, sich selbst und die gesamte Schöpfung gewinnen.

Nach einem solch gesprochenen Gebet wie das obige finden Christen zu einer richtigen Ausrichtung in der christlichen Wirklichkeit. Sie suchen Gott nicht länger so, als wären sie nie vom Heiligen Geist geboren worden. Sie stehen nicht neben ihrem Herzen, während Christus gerade dort in ihnen wohnt und sie in ihm. Sie haben ihre Mitte in Christus, bleiben in ihm und sind damit in ihrem Innersten zu Hause.

In das hörende Gebet eintreten

Da ich oben meine eigene Geschichte erzählt habe, werde ich diese als hypothetisches Beispiel dafür benutzen, wie man einem jungen Menschen mit den gleichen Problemen, wie ich sie hatte, helfen kann, den Herrn zu hören. Ich würde so einer Person erklären, daß ein solches Erleben Gottes, wie sie es hatte, selten ist – was auch wiederum eine Gnade ist, da solche Erfahrungen unsere sterblichen Körper arg strapazieren. Ich würde ihr sagen, daß Christus sie nie verlassen hat, seit sie eine neue Schöpfung in Christus ist. Dann würde ich wahrscheinlich gemeinsam vor Gott treten, ihre Hand nehmen und etwa folgendermaßen beten:

»Komm, Heiliger Geist. Komm tief in das Herz dieses Menschen und zeige du genau auf, worüber wir reden müssen. Gib mir die Augen zu sehen und die Ohren zu hören, was wir beten und wie wir beten sollen.«

Nun folgt ein kleiner praktischer Schritt als nächstes – ein Gebet, das eine mögliche Hilfe für denjenigen, der in das hörende Gebet eintreten will, sein kann. Dieses Gebet hilft dem Betreffenden, mit dem Herzen zu sehen und zu hören. Im vorliegenden Fall könnte ich auf verschiedene Weise beten. Doch weil der Herr das Gemälde Holman Hunts im Leben dieser Person so sehr benutzt hat, würde ich sie wahrscheinlich bitten, mit geschlossenen Augen in ihrem Herzen zu Jesus aufzuschauen und ihm für dieses Gemälde zu danken. Je nachdem wie der Heilige Geist führt, würde ich sie dann vielleicht bitten, sich das Bild mit Jesus, wie er an die Tür ihres Herzens klopft, in Gedanken vorzustellen.[7] Ich würde dann die Wahrheit über das sagen, was gerade geschieht: »Er klopft, weil du irgendwie vergessen hast, daß er bei dir ist. Du hast vergessen, wie du mit ihm reden und auf ihn hören kannst.« Es ist äußerst erstaunlich, wie wunderbar der Heilige Geist in solchen Fällen führt. Ich würde sie bitten, sich selbst in ihrem Herzen anzuschauen und, wenn sie dies bildhaft vor Augen hat, im Herzen zur Tür zu gehen, sie zu öffnen und Jesus hereinzubitten, damit sie miteinander reden können.

Es ist wirklich unglaublich, wie Gottes Worte und Bilder real werden. Sie helfen uns sowohl zu erkennen, was der Herr im Leben eines Menschen zu tun versucht, als auch anderen zu helfen, sich zu öffnen und zu empfangen. Ich würde sie fragen, was sie sieht,[8] und sie dann bitten zuzuhören, was Jesus zu ihr sagt. Ich würde fragen: »Was spricht der Herr zu dir? Was sagt er jetzt gerade?« Und sie würde es hören und mir sagen.

Nur wenn wir mit einem Kind beten, erkennen wir die Tiefe und Liebe Gottes in der Art, wie er mit einer Seele kommuniziert. Er begegnet diesem jungen Kind und uns allen genau dort, wo wir diese Begegnung brauchen.

So ein Gebet wie dieses hätte mich davor bewahrt zu meinen, die Tür sei geschlossen. Als junges Mädchen hatte ich leidenschaftlich darum gebetet, daß die Tür aufgehen möge. Durch ein Gebet, das es mir erlaubt hätte, mit meinem Herzen zu sehen und zu hören – ein Gebet, das die Ausübung der intuitiv-imaginativen Fähigkeiten zugelassen hätte –, wäre die Tür schnell geöffnet worden. Ich hätte das Auf und Ab der Gefühle erlebt, wie dies bei jedem Jugendlichen der Fall ist. Doch ich hätte mit einem einzigen Gebet gewußt und bekräftigt, daß Gott bei mir ist – ob ich ihn nun in meiner Empfindungswelt erlebe oder nicht. Und danach wäre ich in der Lage gewesen, dem Herrn zuzuhören und in Demut und Dankbarkeit das nötige Wort zu empfangen, das er zu mir spricht.

Viele, die das Erfahren Gottes nicht verstehen, nennen das hörende Gebet und das Leben mit den Gaben des Heiligen Geistes Übungen zur Subjektivität im Sinne eines reinen Emotionalismus. In Wahrheit jedoch kommen wir, wenn wir lernen, richtig zu beten und wirkliche Gemeinschaft mit Gott zu haben, mit der objektiven Wirklichkeit und mit der Wahrheit in Berührung. Bewußt in der Gegenwart Gottes zu leben bedeutet, in jeder Situation die letztgültige, objektive Wirklichkeit anzuerkennen. Indem wir dies tun, *sind* wir und *leben* wir mit Gott in der Erfahrung und in der Wahrheit.

Wenn Paulus sagt, wir haben »Frieden mit Gott durch Jesus Christus, unseren Herrn« (Röm 5,1), so ist dieser Friede, wie es in einer Anmerkung der »New International Version« heißt, »nicht nur ein subjektives Gefühl, ein ruhiges Gewissen, sondern vor allem ein objektiver Status, eine neue Beziehung zu Gott: Früher waren wir seine Feinde, doch jetzt sind wir seine Freunde.« Oswald Chambers erläutert dies sehr prägnant:

... die Erlösung [ist] der Gedanke Gottes und nicht des Menschen ...;
deshalb ist sie von unergründlicher Tiefe. Die Erlösung ist der große
Gedanke Gottes; sie ist nicht eine bloße Erfahrung. Die Erfahrung ist
nur das Tor, durch welches die Erlösung in unser bewußtes Leben tritt.
Predige nie die Erfahrung; verkünde den großen Gedanken Gottes, der
dahintersteht. [9]

Viele, die aus einem säkularen Hintergrund heraus zu Christus gefunden
haben oder immer noch emotional oder intellektuell unreif sind, werden
dazu neigen, sich dem Transzendenten und dem Mystischen primär über
die Erfahrung zu nähern. Sie sind an dieser Stelle gefährdet, besonders
wenn sie ohne eine fundierte biblische Lehre oder ohne das Fundament
einer guten theologischen Ausbildung aufgewachsen sind.

Wenn wir solche Menschen in der Nachfolge anleiten oder sie im
hörenden Gehorsam Gott gegenüber unterweisen, sollten wir die Tatsache
betonen, daß wir Gott am häufigsten mit dieser leisen, unscheinbaren
Stimme hören. Über diese Stimme sagt Jeffrey Satinover in einem nicht
veröffentlichten Artikel:

»Ich habe mich oft gefragt, warum die Stimme Gottes so leise und so
unscheinbar ist. Vielleicht versucht er, uns das Zuhören beizubringen.
So wie der Gentleman sich in einem Raum voller schreiender
Dummköpfe durch sein Schweigen schließlich Gehör verschafft, so
lenkt vielleicht auch Gott unsere Aufmerksamkeit auf seine Stimme:
nicht, indem er unser inneres Gebabbel niederschreit, sondern indem
er Wahrheiten flüstert, die sein Wesen offenbaren.«

Das ist es, was wir meinen, wenn wir mit Gott »die Dinge durchdenken«:
»Kommt her, wir wollen sehen, wer von uns recht hat, spricht der Herr«
(Jes 1,18). Wir sollten auch die Tatsache betonen, daß Erlebnisse, die einen
großen Einfluß auf uns ausüben, im Leben eines Menschen selten sind. Die
meisten Gotteserfahrungen werden uns so vermittelt, daß unser Körper sie
ertragen kann. Die häufiger vorkommenden Wege, von Gott zu empfangen,
über die ich hier am meisten schreibe, sind auf unsere körperliche
Verfassung besser abgestimmt. Und sie können in ihrer Wirkung genauso
tiefgreifend sein.

Es ist ein Fehler, solche Erfahrungen zu suchen und »hochprozentige«
Begegnungen herbeizusehnen. Es gibt so etwas wie eine geistliche
Begierde. Und wie bei den eher körperlichen Begierden müssen wir die
dahinterliegenden Motive aufdecken und uns mit ihnen befassen. Vielleicht
finden wir zum Beispiel ein Verlangen, Gott uns selbst gegenüber zu

beweisen oder andere zu beeindrucken. Möglicherweise stoßen wir auf jene Art von Unglauben oder gar Unkenntnis bezüglich der immensen Größe der göttlichen Wirklichkeit, die uns zu der stolzen Forderung veranlaßt, nicht aus dem Glauben heraus zu leben, sondern aus dem physisch Sichtbaren.

Eine unvollständige Initiation in Christus

»Wir dagegen verkündigen Christus als den Gekreuzigten: für Juden ein empörendes Ärgernis, für Heiden eine Torheit, für die Berufenen aber, Juden wie Griechen, *Christus, Gottes Kraft und Gottes Weisheit*« (1 Kor 1,23-24; Hervorhebung durch den Autor).

Die meisten Menschen sind schlecht darauf vorbereitet, Weisheit vom Heiligen Geist zu empfangen, weil ihre Initiation in Christus – ihre Taufe – unvollständig ist. Nur das allein wird ausreichen, daß wir ganz und bewußt unseren Platz in seinem Sterben (indem wir das alte Selbst in der Erfahrung und in der Wahrheit wirksam töten) und seiner Auferstehung (indem wir den lebenspendenden Geist in der Erfahrung und in der Wahrheit wirksam empfangen) einnehmen. Wenn wir ganz in Jesus Christus hineingetauft sind, werden wir in ihm bleiben, der uns mit dem Vater verbindet und der selbst unsere Weisheit ist.

»Von ihm [Gott, dem Vater] her seid ihr in Christus Jesus, den Gott für uns zur Weisheit gemacht hat, zur Gerechtigkeit, Heiligung und Erlösung« (1 Kor 1,30).

Der großen Mehrzahl der Christen fehlen die geistlichen Vorbereitungen für die Taufe, die es ihnen möglich machen, mit der Bereitschaft in das reinigende Wasser zu steigen, sowohl dem alten Selbst, dem in Trennung lebenden Selbst, abzusterben, als auch sich ganz der »süßen Salbung des Heiligen Geistes« zu öffnen. Dies ist die Erfüllung mit dem Heiligen Geist, die dadurch geschieht, daß Menschen, die selbst mit Glauben und dem Heiligen Geist erfüllt sind, dem Betreffenden die Hände auflegen und ihn salben (*chrisma* bedeutet »die Salbung«). Durch eine solche Bevollmächtigung erkennen wir uns selbst als »Tempel Gottes« (vgl. 1 Kor 3,16; 6,19; 2 Tim 1,14; 1 Joh 2,27; Joh 14,26). Er, das transzendente Wort des Lebens, die wahrhaftige Weisheit Gottes, nimmt in uns Wohnung.

Wer sein Herz ernsthaft öffnen will, um Gott zu hören und zu sehen, muß darum bitten, all das zu empfangen, was ihm bei seiner Initiation in

Christus fehlt, und muß es dann auch tatsächlich empfangen. Die vollständige Taufe, mit Wasser und im Heiligen Geist, ist nicht wahlweise freigestellt.[10]

»Diese zogen hinab und beteten für sie, sie möchten den Heiligen Geist empfangen. Denn er war noch auf keinen von ihnen herabgekommen; sie waren nur auf den Namen Jesu, des Herrn, getauft. Dann legten sie ihnen die Hände auf, und sie empfingen den Heiligen Geist« (Apg 8,15-17).

»Wenn ihr mich liebt, werdet ihr meine Gebote halten. Und ich werde den Vater bitten, und er wird euch einen anderen Beistand geben, der für immer bei euch bleiben soll. Es ist der Geist der Wahrheit, den die Welt nicht empfangen kann, weil sie ihn nicht sieht und nicht kennt. Ihr aber kennt ihn, weil er bei euch bleibt und in euch sein wird. Ich werde euch nicht als Waisen zurücklassen, sondern ich komme wieder zu euch. Nur noch kurze Zeit, und die Welt sieht mich nicht mehr; ihr aber seht mich, weil ich lebe und weil auch ihr leben werdet« (Joh 14,15-19).

Die Unterweisung im Gebet und der Dienst des Gebetes zur Heilung der Seele, der Dienst, zu dem mein Team und ich berufen sind, stehen nicht nur mit dem Sakrament oder dem Ritus der Taufe in Verbindung; sie sind ein wichtiger Teil des Taufgeschehens.[11] Wo dies stattfindet, werden Menschen dafür offen, von Gott zu empfangen. »Durch die Taufe mit Christus begraben« werden sie frei von den Stimmen der Welt, der Ichbezogenheit und des Widersachers, wie auch von den Gesetzen und Bestimmungen, die wie ein Netz über ihr Leben gespannt waren. »Mit Christus zum Leben auferstanden« und im Heiligen Geist wachgerufen, werden sie befähigt, zu hören und im Heiligen Geist als freie Männer und Frauen aufrecht zu gehen.

Die Notwendigkeit, zuallererst auf Gott zu schauen

Ein verschwommener Blickwinkel – verbunden mit dem Bruch zwischen Kopf und Herz, dem Suchen nach Gotteserlebnissen und nicht nach Gott selbst und einer »unvollständigen Taufe« – hält uns ebenfalls davon ab, Gottes Stimme zu hören. Dies ist besonders gefährlich für Menschen, die im vollzeitlichen Dienst stehen, wo die Nöte und Belastungen des Tages, sich auf Gottes Werk zu konzentrieren und anderen zu helfen, unsere erste

Pflicht vernebeln können, nämlich Gott allezeit zu lieben, zu ehren und uns an ihm zu erfreuen.

Oswald Chambers hat gesagt: »Der größte Mitbewerber um die Hingabe an Jesus Christus ist der Dienst für ihn.«[12] Im folgenden Zitat beschreibt er das Problem und die Lösung dazu: »Beim Herrn heißt es nie ›Mach, mach!‹, sondern immer ›Sei, sei‹, und er wird das Tun durch dich vollbringen.«[13] All die bündigen und wunderbaren Aussagen, die Chambers über das christliche Tun macht, setzen ein tiefes Verständnis der christlichen Wirklichkeit voraus. Das Leben Gottes wirkt durch uns und macht unser Joch leicht, weil es das Joch Christi ist. Glaube und Vertrauen sind leicht, weil es sich nicht nur um eine geistige Zustimmung handelt, sondern um das Anerkennen einer *realen Gegenwart* – Christus, der zu uns kommt und das Himmelreich mit sich bringt.

Doch es fällt modernen Menschen so unsäglich schwer, diese Wahrheit zu erfassen. Unsere Erziehung, die sich auf materialistische und humanistische Grundvoraussetzungen gründet, hat dazu geführt, daß wir uns der Tatsache einer geistlichen Wirklichkeit widersetzen. Vielleicht klingt die folgende Aussage von Chambers für moderne Ohren deshalb so radikal: »Der einzige Weg, Gott treu zu sein, besteht darin, daß wir es beständig ablehnen, uns für das christliche Werk zu interessieren und daß wir uns allein für Jesus Christus interessieren.«[14]

Wenn uns die ganze Welt geistlich und emotional krank erscheint und die Kirche nicht einmal mehr Möglichkeiten findet, ihre eigenen Glieder zu heilen, dann kann es leicht geschehen, daß wir nur auf das schauen, was vernachlässigt, mißverstanden oder falsch repräsentiert wurde. Wenn zum Beispiel die Kirche und die modernen Christen zutiefst verwirrt sind über der Frage, was die Seele im Körper des Menschen ist, dann können wir, die den Menschen dienen, versucht sein, nur noch auf die Seele und ihre Entwicklung zu schauen. Unser höchstes Interesse sollte jedoch der Beziehung zu Gott und seiner Ehre gelten. Sonst wirkt sich diese fatale Verschiebung in unserem Blickwinkel gegen unsere geistliche Gesundheit und gegen unsere Fähigkeit aus, ein Kanal der Heilung Gottes für andere Menschen zu sein.

Zuerst auf Gott zu schauen und nicht auf die Nöte der Menschen gehört zu den wichtigsten Dingen, die wir andere lehren müssen. Dann lernen die Menschen, die wir in der Nachfolge anleiten und denen wir den Weg in die Kirche weisen, Gott – das große unsichtbare Wirkliche und die Quelle all dessen, was recht ist – zu lieben. Er wird für sie zu einer Person. Er wird Gott, der Vater, Gott, der Sohn, Gott, der Heilige Geist.

Wenn wir diese primäre Wirklichkeit im Blick behalten, werden wir vor den schlimmsten Unausgewogenheiten bewahrt, auch vor den Erfindungen von Theologien und Psychologien, die nur teilweise christlich sind. Wir beginnen und enden damit, die reale und heilige Gegenwart anzuerkennen. Sonst verlieren wir unsere Mitte – und unser ureigenstes Selbst und unsere Beauftragung. C. S. Lewis hat bereits gesagt:»Man kann die zweitrangigen Dinge nicht erlangen, indem man sie an die erste Stelle setzt – man kann die zweitrangigen Dinge nur erlangen, indem man die ersten Dinge an die erste Stelle setzt.«[15]

Viele Dienste der Erneuerung und Heilung haben versagt aufgrund der modernen Neigung, vom Primären zum Sekundären abzugleiten, vom Wirklichen zu dem, was nur ein Schattenbild des Wirklichen ist. Selbst nach leidvollem Versagen erkennen die Verantwortlichen selten die subtile aber fatale Verschiebung, die zu Leid, Verlust und Versagen geführt hat. P. T. Forsyth spricht sehr ausdrucksstark von diesem tragischen Zustand, der im modernen Geist so ansteckend ist:

>*Die Entwicklung des Menschen zum höchsten Interesse Gottes zu machen (wie dies das populäre Christentum manchmal gerne tut), statt die Ehre Gottes zum höchsten Interesse des Menschen zu machen, ist ein moralischer Irrtum, welcher der einzigen Behandlungsmethode Raum gibt, die eine Zivilisation noch heilen kann, deren Religion so falsch geworden ist – das Urteil der Öffentlichkeit.«* [16]

Wenn Gott in unserem Leben erst einmal an der ersten Stelle steht, so sind wir so weit, daß wir lernen können, was es heißt, ein menschliches Wesen zu sein, und auch, welch ein »Ding« die Seele ist. Ein wirkliches Verständnis für die Seele, das Selbst eines Menschen, führt uns immer dazu, Gottes Gegenwart in uns hervorzuheben. Deshalb müssen wir keine Sorge haben, wir könnten die Seele überbetonen. Von ihrer Erlösung und Heilung zu reden bedeutet, von ihrer Beziehung mit Gott zu sprechen. Damit sprechen wir von der *inkarnatorischen Wirklichkeit*, nämlich dem, daß Gott in uns Mensch werden will und worum es in den Evangelien im Kern geht. Dann müssen wir uns nicht damit befassen, daß wir uns zu wenig um die Seele kümmern – weder die eigene, noch die eines anderen. Was wir anderen tun und andere zu tun lehren, wird im Einklang mit dem stehen, was wir Christus selbst tun sehen.

Betet der Sohn Gottes in mir? [17]

Die einzige Plattform, von der aus selbst der heiligste Heilige auf Erden je im Himmel gehört werden wird, wurde im Hebräerbrief, Kapitel 10,

Vers 19, genannt: »Wir haben also die Zuversicht, Brüder, durch das Blut Jesu in das Heiligtum einzutreten.« Es führt kein anderer Weg in die Gegenwart Gottes. Als menschliche Wesen können wir uns Gott nähern und in angemessener Weise beten nur durch das »Stück von Gott«, das er uns gegeben hat.[18]

Im großen und ganzen verstehen wir Christen den Römer- und den Galaterbrief, unsere Freiheit in Christus, nicht. Uns fehlt dieses Verständnis, weil wir dieses »Stück von Gott« in die abstrakte Welt der Theorien verlagert haben. Wir erfassen die großartigste und konkreteste Wirklichkeit nicht, die wir als im Heiligen Geist Geborene besitzen – Christus *in* uns. Wir neigen dazu, unter dem Gesetz zu bleiben oder unter das Gesetz und die Verdammnis zurückzukehren, statt im Heiligen Geist zu leben und auf unseren Herrn zu hören und ihm zu gehorchen. Paulus rief den Römern zu:

»Jetzt gibt es keine Verurteilung mehr für die, welche in Christus Jesus sind. Denn das Gesetz des Geistes und des Lebens in Christus Jesus hat dich frei gemacht vom Gesetz der Sünde und des Todes« (Röm 8,1-2).

Der Anlaß für diesen Zuruf bestand darin, daß die Römer wieder unter das Gesetz zurückkehrten. Sie kehrten sich vom Hören auf Gott und vom Leben im Heiligen Geist, zu dem reife Christen berufen sind, ab. Einige Lehrer brachten sie wieder unter das Gesetz, um sie besser »kontrollieren« und besser über sie herrschen zu können. Das genau geschieht Christen heute, wenn sie versäumen, in die Freiheit des verwirklichten, reifen Selbst in Christus einzutreten.

Dies ist ein Ort, an dem wir es jederzeit wagen können zu feiern, wie klein und unzulänglich wir ohne ihn sind. Wir können immer die Tatsache anerkennen, daß er allein unsere Gerechtigkeit ist, daß wir das Gesetz nicht erfüllen können, daß er – das heilige Gegenüber – es für uns tun muß, und daß wir ohne Christus den Vater nicht hören können.

Aus dem Heiligen Geist heraus zu leben und zu hören bedeutet, im gegenwärtigen Augenblick zu leben, auf Christus zu schauen, seine Gegenwart anzuerkennen und sich im Gleichtakt mit ihm zu bewegen. Es bedeutet, von dem Ort des wahren Selbst her zu leben, während das alte Selbst gekreuzigt wird. Das ist das Zentrum, wo wir eins mit Christus sind, jenem vollendeten Selbst, das Gott hört und ihm gehorcht.

Damit erhaschen wir einen Blick auf das ewige Kind, das für immer mit dem Vater reden wird. Dieses Selbst steht im krassesten Gegensatz zu dem unter dem Gesetz befindlichen, unreifen, verletzten und klagenden Kind, das wir als das alte Selbst kennen. Oswald Chambers fragt: »Lebt das ewige Kind in dir in Seines Vaters Hause? ... Bist du mit dem Leben des Herrn so identifiziert, daß du einfach Gottes Kind bist, das alles mit Ihm bespricht und das erkennt, daß alle Dinge aus Seiner Hand kommen?«[19] Ja, wahrhaftig, so ist es. Allen, die um uns Angst haben und uns lieber in einem unreifen Zustand belassen würden, können wir mit dem zwölfjährigen Jesus sagen: »Warum habt ihr mich gesucht? Wußtet ihr nicht, daß ich in dem sein muß, was meinem Vater gehört?« (Lk 2,49).

Kapitel 10

Wie wir durch das Hören auf Gott zur geistlichen Reife finden

Gott spricht auf mancherlei Weise zu uns, doch wie der junge Samuel im Hause Elis erkennen wir seine Stimme zunächst oft nicht. Wir brauchen unsere Elis, die wahren Propheten und Lehrer, damit sie uns helfen, die Stimme Gottes zu erkennen und richtig darauf zu reagieren. Nachdem Samuel zweimal gehört hatte, wie Gott seinen Namen rief, und gedacht hatte, es sei die Stimme Elis gewesen, wird uns berichtet:

>»Samuel kannte den Herrn noch nicht, und das Wort des Herrn war ihm noch nicht offenbart worden« (1 Sam 3,7).

Samuel hatte noch nie ein direktes Reden des Herrn erlebt. Als der Herr Samuel noch ein drittes Mal rief, erkannte Eli, daß der Herr zu dem Kind redete. Er sagte Samuel, wie er antworten sollte:

>»Eli sagte zu Samuel: Geh, leg dich schlafen! Wenn er dich (wieder) ruft, dann antworte: Rede, Herr; denn dein Diener hört. Samuel ging und legte sich an seinem Platz nieder« (1 Sam 3,9).

Genau dies tat Samuel, als der Herr wieder erschien, um ihn erneut bei seinem Namen zu rufen.

Wie wir lernen, Weisheit von Gott zu erkennen

Bei unserem »dritten Gebetsschritt« lernen wir, still zu werden und wie Samuel zu beten: »Rede Herr, denn dein Diener hört.« In all unseren Gebeten lassen wir unsere »Marta-Arbeit« hinter uns, sie wird uns nicht weglaufen, und begeben und an unsere »Maria-Arbeit«. Das ist weniger eine Arbeit als vielmehr ein Ausüben der uns von Gott verliehenen

Fähigkeit, einfach nur zu sein und unsere Seele in seiner Gegenwart schweigen zu lassen.

Die wörtliche Übersetzung von Psalm 62, Vers 2, lautet:»Meine Seele ist *stille* in Gott allein, meine Erlösung kommt von ihm.« In dieser Stille hören wir ihn reden. Dieses Hören ist für den christlichen Dienst der Heilung unerläßlich. Henri Nouwen schreibt:»Es ist möglich, die Beziehung zwischen dem Pfarrer und dem, der Seelsorge in Anspruch nimmt, so zu erleben, daß beide gemeinsam in die liebevolle Stille Gottes eintreten und dort auf das heilende Wort warten.«[1] Das ist in der Tat das Normale. Wir sind berufen, auf das kreative, heilende Wort zu lauschen und andere zu lehren, dies ebenfalls zu tun.

In dieser Stille werden unsere geistlichen Ohren so ausgerichtet, daß sie das Wort empfangen können, das Gott möglicherweise während der lärmerfüllten, hektischeren Stunden des Tages reden muß. In unserer »Gebetszelle« – so nennen wir das Gebetstreffen von Lucy Smith, Connie Boerner, Patsy Casey und mir – erfuhr ich einmal in der Adventszeit die Führung Gottes, durch die er uns ermahnte, besonders um körperliche Bewahrung zu beten. Dieses Anliegen war so stark, daß ich diese Frauen, die in dieser Jahreszeit beschäftigter denn je waren, bat, in ihren Tagesablauf einen Moment der Stille und des Hörens einzuplanen, bevor sie ins Auto stiegen. Ich bat sie, sich die Gegenwart Gottes ins Gedächtnis zu rufen, das Kreuzeszeichen zu schlagen, zu Jesus zu schauen und zu hören, ob er ihnen vor dem Losfahren womöglich ein Wort geben möchte. Sie waren damit einverstanden, und es sollte sich zeigen, daß unser Ohr diese spezielle Ausrichtung auf Gott nötig hatten.

Den dramatischsten Zwischenfall erlebte Connie, die zu dem Zeitpunkt fünf jugendliche Töchter, einen Ehemann und einen Haushalt zu versorgen hatte, ganz zu schweigen von ihrem Dienst als Sängerin und Leiterin im Lobpreisteam. Auf dem Weg zu einer Veranstaltung, bei der sie singen sollte, rannte sie noch schnell in einen Supermarkt, um Hustenbonbons zu kaufen. Sie wußte genau, wie sie den Weg abkürzen konnte, und schlüpfte unter der Absperrung durch direkt zur Kasse, wo die Hustenbonbons auslagen. Als sie eilig auf die Kasse zuging, hörte sie den Heiligen Geist sagen: »Halt! Nimm den langen Weg.« Sie blieb sofort stehen, während sie noch vor sich hinmurmelte:»Ich weiß ja nicht, was das soll, aber ich werde gehorchen«. Gerade als sie den größeren Bogen auslief, hörte sie ein verängstigtes Durcheinander. Ein Mann zielte mit einer Waffe auf die Kassiererin und verlangte das Geld. Connie hätte sich um ein Haar zwischen den bewaffneten Räuber und die Kassiererin befördert.

Manchmal kommt ein Wort Gottes, das wir ganz dringend brauchen, in einem Augenblick, wo wir am wenigsten geneigt sind, es zu hören. Dieses

Hören, das im wahrsten Sinne des Wortes Leben rettet, ist höchst notwendig, um von der wichtigen Arbeit des Reiches Gottes Gefahren abzuwenden. Dieses Hören hilft uns, den Willen Gottes zu tun. Als Jesus bei Marta und Maria zu Besuch war, tat Maria folgendes. Sie ließ ihre Seele still werden und saß im Gehorsam zu Jesu Füßen, um jedes Wort zu vernehmen, das er sprach. Als Marta sich beklagte, sagte Jesus zu ihr, Maria habe »das Bessere gewählt«; in der Tat hatte sie sogar das einzig Notwendige gewählt (Lk 10,38ff.).

Wir wissen nicht, was Jesus Maria mitteilte, doch dem jungen Samuel wurde eine gewaltige Offenbarung anvertraut. Gott bereitete ihn darauf vor, zum prophetischen Führer des Volkes Israels zu werden. Die Offenbarung, die nicht leicht war, bereitete ihn auf die darauffolgenden Ereignisse vor. Gott schenkte Samuel, und durch Samuel auch Eli, Einblick in die größeren Zusammenhänge. Dies ist eines der herausragendsten Merkmale des hörenden Gebetes. In ihm und durch es schenkt uns Gott weiterreichende Einblicke und Wunder über Wunder, wir können – wenn auch nur in Ansätzen – sogar erkennen, welche Rolle wir in diesem Gesamtbild spielen.

Unsere Gebetsgruppe trifft sich, um auf Gott zu hören und seinen Willen und seine Führung für den Dienst zu gewinnen, den er uns anvertraut hat. Lucy Smith sagt über diese kleine Runde: »Gott ist jedesmal da, um zu uns zu reden, und wir können sehen, daß er ein Gesamtbild zeichnet, einen Bildteppich, ein Meisterwerk, von seiner Hand gewebt. Wenn wir dieses große Bild betrachten, erkennen wir lauter schöne Fäden aus allen Farben, die miteinander verwoben sind. Diese Fäden bestehen aus den Gaben, die er uns gegeben hat.«

Dies ist eine wunderbare Beschreibung des hörenden Gebetes. Sie zeigt die kreative Energie und die Gaben, die Gott dort schenkt, wo wir ihm gehorchen. Gott hat uns die Geistesgaben[2] gegeben, welche alle mit dem hörenden Gebet und dem Empfangen aus seiner Hand zu tun haben, durch das wir die Energie erhalten, um seinen Willen überall auf dieser Welt zu tun. Gottes mannigfaltige Gnade fließt durch alle, die seinen Willen tun.

William Barclay hat es treffend ausgedrückt:

»Paulus bezeichnet die Gnade Gottes als polypoikilos, *als sehr bunt und mannigfaltig. Dem Wort liegt die Vorstellung zugrunde, daß die Weisheit und Gnade Gottes jeder Situation unseres Lebens gerecht zu werden vermag. Die Gnade Gottes ist Hellem und Dunklem, dem Sonnenschein wie dem Schatten gleichermaßen angemessen.«* [3]

Welch herrlicher Bildteppich! Egal, wie unsere Situation auch aussehen mag, wir besitzen den Blickwinkel Gottes und bewegen uns in seiner Führung vorwärts, seiner Stimme gehorchend.

Dienen in der Gegenwart Gottes

»Der junge Samuel versah den Dienst des Herrn unter der Aufsicht Elis« (1 Sam 3,1).

Wie die Erfahrung Samuels zeigt, ist es schwer, den Dienst des Herrn zu versehen, ohne den Herrn zu hören. In diesem Zusammenhang, daß uns von ganzem Herzen danach verlangt, seinen Willen zu tun, und daß wir uns aufmachen, diesen Willen dann auch zu erfüllen, spricht Gott äußerst mächtig in unser Leben hinein sowie auch in und durch unseren Dienst. Wenn wir vom *PCM*-Team zum Beispiel zusammenkommen, um bei einer Konferenz zu dienen, dann erreicht uns das Wort des Herrn schnell und leicht; es wird »intensiviert«, wenn viele Menschen Heilung an Geist, Seele und Leib erfahren. Wir erleben die Gegenwart Gottes und damit auch die Kraft, sein Wort zu hören, in größerem Maße.

Diejenigen unter uns, die bei solchen Gelegenheiten für andere beten, kommen angesichts dieses Phänomens nicht aus dem Staunen heraus. Die Psychiater und Tiefenpsychologen unter uns staunen, wie das Wort Gottes Menschen erreicht, eine möglicherweise jahrelange Therapie umgeht und in diese Probleme hinein Heilung – nicht nur Einsicht – bringt. Wenn die versammelte Gemeinde hört und mit Gott zusammenarbeitet, vervielfältigt sich das Wort. Gott offenbart dieses »Gesamtbild« – sein Wollen für einen einzelnen, die Kirche oder die Welt, die er liebt – so viel umfassender, und wir lernen sein intensives Verlangen, sein Volk zu lieben und zu heilen, so viel besser kennen.

Egal, wie leise oder wie gewaltig sein Wort auch erscheint, es ist bemerkenswert, wie natürlich es für uns ist, wie sehr wir uns »darin zu Hause fühlen«. So dachte zum Beispiel Samuel, die Stimme, die er gehört hatte, sei die Stimme Elis gewesen. Sie war nicht schrill, unheimlich, weltfremd oder spektakulär gewesen, wie dies bei den von Menschen bewirkten oder dämonischen Imitationen der Stimme Gottes der Fall ist.

Als Gott Samuel zum dritten Mal ruft, spricht er interessanterweise nicht nur mit einer hörbaren Stimme, sondern er kommt, steht da und ruft Samuel beim Namen. Dies illustriert die Tatsache, daß das Hören der Stimme Gottes einfach ein Teil von Gottes Gegenwart ist. Christus ist in uns und er, das Wort Gottes, hat niemals aufgehört zu reden.

Etwa eine Woche bevor ich dies niedergeschrieben habe, kamen verschiedene Teilnehmer des *PCM*-Teams aus allen Teilen des Landes zum Gebet zusammen. Kurz bevor das Treffen begann, befanden sich die Frauen der Zellgruppe im Gebet, und der Herr sandte ein mächtiges Wort. Es begann mit zwei Anweisungen und einer Verheißung für das Treffen:

»Nehmt das Wachs aus euren Ohren, kniet vor mir nieder, und ich werde unter euch sein.«

Wieder einmal befanden wir uns in der Weihnachtszeit. Wir freuten uns, zusammenzusein, wir waren müde von der Reise und von allen Vorbereitungen und hatten nicht viel Zeit für unser gemeinsames Treffen. Wir hatten viel zu erzählen und mußten viele Informationen weitergeben. Aus diesem Grund hätten wir es sehr leicht versäumen können, all die Freude und Erschöpfung hinter uns zu lassen, das Wachs aus unseren geistlichen Ohren zu nehmen und auf die Knie zu gehen, um in Demut vor ihn zu kommen.

Als wir uns schließlich zum Gebet niederließen, erkannte ich die Notwendigkeit dieses scheinbar scharfen Wortes vom Herrn sehr klar. Es gab mir die nötige Kraft, uns dazu aufzurufen, unsere Seele vor Gott still werden zu lassen und ins hörende Gebet einzutreten. Weil wir das Wort – die Verheißungen, die er gegeben hatte – wertschätzten, konnten wir bei all der Erschöpfung und Aufregung dieser Veranstaltung standhaft bleiben. Der Herr weilte wahrhaftig unter uns. Es ereigneten sich unter uns Stärkungen und Heilungen, und wir empfingen das Wort, das wir so dringend benötigten, um im neuen Jahr unseren Dienst zu beginnen.

Bereits in der kurzen Zeit, die seitdem vergangen ist, hat diese eine Gebetszeit uns viel neuen Schwung geschenkt. In und durch diese Gebetszeit hat Gott das Gesamtbild offenbart, den Bildteppich unseres Lebens, daß wir ganz und gar in seinem Reich leben, angefüllt mit den verschiedenen Farben seiner Gnade, die fortwährend in dieses Bild hineingewoben werden. Ich erzähle dies nicht, weil diese eine Gebetszeit anders oder besser gewesen wäre als andere, sondern weil sie zeigt, wie das hörende Gebet uns helfen kann, im Angesicht von Erschöpfung und sogar im Angesicht der Freude eines besonderen Augenblicks standhaft zu bleiben. Es zeigt, was wir inzwischen, nach Hunderten solcher Gebetszeiten, regelmäßig erwarten. Echtes Gebet ist die aufregendste Sache der Welt; es ist etwas Ehrfurchtgebietendes, mit dem lebendigen Gott in einen Dialog zu treten.

Erhörte Gebete

Gott hört und erhört unsere Gebete, sofern es keine unvergebene und bewußt verborgene Sünde gibt. Diese Gebetserhörungen geschehen jedoch auf unterschiedliche Weise und zögern sich oft hinaus. Wenn wir unklug sind, kann es geschehen, daß wir Gott bezichtigen, unser Gebet nicht zu hören, nur weil die Antworten nicht in der erwarteten Form kommen oder sich nicht so schnell einstellen, wie wir es erhofften. Doch wenn wir mit Gottes Hilfe beharrlich bleiben, erkennen wir (manchmal erst ein gutes Stück später), daß er in dieser Situation, für die wir gebetet haben, bereits die ganze Zeit über am Wirken war – und dies auf eine Weise, die wir nie hätten voraussehen können.

In den letzten zwei Jahren habe ich erlebt, wie sich eine schwierige Situation geklärt hat, für die ich fast zwanzig Jahre lang gebetet habe. Diese Situation hätte mich für den Dienst am Herrn gänzlich untauglich machen können, hätte ich ihn nicht inmitten der Schwierigkeiten hören können. Doch wie Christus verheißen hat, wurde diese Situation für mich mit seinem Licht erfüllt, weil er sie mit mir (er-)trägt. Er hat gesagt: »Mein Joch drückt nicht, und meine Last ist leicht« (Mt 11,30). Es gibt keine Last, die er uns nicht entweder abnimmt oder die zu tragen er uns hilft. Die Tatsache, daß wir in Christus – in der Einheit mit ihm und dem Vater – sind, macht dies möglich. Was sich mir entgegenstellt, das stellt sich ihm entgegen.

Ich kann gar nicht überbetonen, wie wichtig es war, daß ich über all die Jahre hinweg auf Gott gehört habe und seine Sicht und Wegweisung für meine ganz persönlichen Lebenslagen gewonnen habe. Glaube, Hoffnung und Liebe wurden mir in der Fülle gegeben. Und ich empfing die Weisheit und die Erkenntnis, was und wie ich beten sollte – so wie es jede einzelne Begebenheit verlangte. Diese spezielle Situation war, so glaube ich, vom Bösen erdacht, um meine Fähigkeit, Gott zu dienen, zu zerstören. Doch indem ich auf Gott hörte und mein Herz und meinen Verstand ganz auf ihn richtete, nutzte der Herr all die Finsternis dieser bedrückenden Situation, um meine Arbeit für das Reich Gottes zu schärfen und zu fördern. Gott kümmerte sich Schritt für Schritt um jede meiner Ängste: die Angst, was andere sagen oder tun könnten, um mich zu verletzen; die Angst, was der Widersacher und seine Ergebenen durch ihr Verhalten in dieser Situation tun könnten. Ich wurde befähigt, vielen anderen, denen es in solch verzweifelten Situationen an Mut fehlte, zu helfen.

Manchmal zeigt sich, daß wir selbst das Hindernis sind, das der Erhörung eines Gebetes im Weg steht. Die meisten von uns wissen nur zu gut, wie lange der Herr gebraucht hat, um uns dorthin zu bringen, wo wir, ohne zu fallen, fest stehen können, auch wenn der Herr nicht nach unserem Zeitmaß unsere

Herzensanliegen und unsere Wünsche erfüllen sollte. Lange mußte er an uns arbeiten und um uns werben. Wir Menschen brauchen Zeit, um im Zusammenhang mit bestimmten Motiven und Wünschen unserer Seele richtig sehen und hören zu können. Manche dieser Motive sind geprägt durch die Kultur, in der wir leben, andere bestehen in menschlichen Bestimmungen und Gesetzen, die uns fehlgeleitete Eltern oder gar unsere eigene Gemeinde aufgezwungen haben. Diese »Gesetze« können ein nötigendes, ja sogar zwanghaftes Wesen annehmen, wenn sie verinnerlicht werden.

Dies allein sollte für uns Aufruf genug sein, in äußerster Demut vor Gott zu leben. Gerade das Wesen einiger unserer dringendsten Bitten verlangt Geduld. Gott nimmt sich Zeit, um um uns zu werben und unser Herz und die Herzen anderer Menschen zu sich hin zu wenden. Er nimmt sich Zeit, um uns dort wiederherzustellen und zu rechtfertigen, wo Verleumdung und alle Spielarten des Bösen gewesen sind, und um Beziehungen zu heilen, die im Getümmel unseres gefallenen Lebens verwundet wurden.

Es muß auch gesagt werden, daß Gott bestimmte Gebete nicht erhören kann. Wie immer hat C. S. Lewis es am treffendsten ausgedrückt:

»Vermag denn ein Sterblicher Fragen zu stellen, die Gott nicht beantworten kann? Sehr leicht, würde ich meinen. Auf alle sinnlosen Fragen gibt es keine Antwort. Wie viele Stunden hat ein Kilometer? Ist Gelb rund oder viereckig? Die Hälfte aller Fragen, die wir stellen – die Hälfte unserer großen theologischen und metaphysischen Probleme – sind wahrscheinlich von dieser Art.«[4]

Sinnlose Fragen entspringen den Tiefen unserer Uneinsichtigkeit. Gott scheint unsere Uneinsichtigkeit meist im stillen zu ertragen. Ich habe bemerkt, daß solche sinnlosen Fragen meist mehr als nur ein Quentchen Unglauben und sogar Atheismus in sich tragen. »Die Toren sagen in ihrem Herzen: Es gibt keinen Gott« (Ps 14,1), so sagt der Psalmist. Im Materialismus unseres 20. Jahrhunderts haben wir solcher »Torheit« ein alles umspannendes Maß gegeben. Wir leben in einem kranken Denken, das unsere ganze Gesellschaft erfaßt hat und das immer nur die verkehrten Fragen zu stellen vermag.

Was viele unserer unsinnigen, persönlichen Gebete angeht, haben wir Christen dem atheistischen, psychologischen Reduktionismus* des Materialismus Glauben geschenkt. Dies ist eine eingeschränkte Sichtweise von

---

* Seelische Reaktionen des Menschen, nur von einer Sichtweise her erklären zu wollen, anstatt die ganze Wirklichkeit, also auch die geistliche Dimension, zu berücksichtigen.

solchem Ausmaß, daß wir sicherlich einen kosmischen Schatten der Uneinsichtigkeit auf das Bild der Geschichte werfen. Wir sind pathetisch in unserer Unkenntnis Gottes und damit auch in unserer Unkenntnis der Seele, die geschaffen wurde, um sein Ebenbild widerzuspiegeln.

Für manche beginnt das Gebet mit der Bitte um Befreiung aus dem Treibsand des psychologischen Reduktionismus – d. h. Befreiung aus den Dingen, die uns blind machen für die transzendente Dimension und die ewige Bedeutung all dessen, das wahrhaftig existiert, unsere eigene Seele eingeschlossen. Wenn wir uns selbst auf ein biologisch determiniertes Wesen ohne Willen, Geist oder Seele reduzieren (wie dies in der säkularen und populären Psychologie geschieht), so befinden wir uns in einem bodenlos tiefen Verlies. Nur wenn wir den Unglauben bekennen und umkehren und gleichzeitig zu Gott aufblicken und von uns selbst wegschauen, um Vergebung und das heilende Wort, das Gott uns sagt, zu empfangen, können wir aus diesem Verlies befreit werden.

Gott antwortet auf verschiedene Weise auf unsere legitimen Fragen. Diese verschiedenen Arten, uns zu antworten, beanspruchen uns und rufen unser ganzes Sein – Geist, Seele und Leib – aus jeglicher Trägheit oder Apathie heraus, in der wir uns befinden mögen. Antworten auf legitime Fragen führen uns aus der Verleugnung heraus, die die Verführung der Sünde, ob nun unserer eigenen oder der Sünde anderer, in uns bewirkt hat und die uns verhärtet hat.

Wir leben im Glauben, nicht im Schauen

Wir sollten dankbar sein, daß wir nicht voraussehen können, wie Gott unsere Gebete beantworten wird. Dies streitet wider unsere Versuche, statt aus dem Glauben aus dem Schauen zu leben. Zum Beispiel wird dadurch verhindert, daß wir versuchen, unser hörendes Gebet zu einer Art automatischem Anrufbeantworter zu machen. Ein solches Gebet käme dem Anstarren einer Kristallkugel gleich. Traurigerweise gibt es Menschen, die sich auf ein fleischliches Äquivalent dazu einlassen und diese Aktivität hörendes Gebet nennen. Auch die »Minutennachricht«, wie Dallas Willard eine weitere verbreitete Fehlinterpretation genannt hat, ist kein hörendes Gebet.[5] Das hörende Gebet hat überhaupt nichts Zwanghaftes an sich, wie das beim »automatischen Schreiben« der Fall ist – einer heidnischen, okkulten Imitation, die sich nicht nur der Seele eines Menschen bedient, sondern diese auch mißbraucht, als wäre sie ein Zombie oder ein Roboter. Die demütige Haltung, mit der wir auf einen großartigen Gott warten, der zu seinem Volk zu seiner Zeit und auf seine Art redet – Vorbilder hierfür finden wir in der Schrift –, gleicht diese falschen Anschauungen aus.

Beim wirklichen Hören ist unser ganzes Sein involviert:

>Wir haben nichts, was wir nicht erhalten hätten; doch ein Teil des Empfangenen besteht im Vermögen, mehr als bloßes Gefäß zu sein.«[6]

Gott verachtet unseren Verstand, unsere Vorstellungen, unsere sensorischen Fähigkeiten und unsere Gefühle nicht. Er verlangt, daß sie durch das hörende Gebet reifer werden. Er ruft uns ganz und benutzt jede unserer Fähigkeiten, damit wir auf ihn und seine Wahrheit antworten. Gott ist, wie E. Stanley Jones zeigt, an der Entwicklung unseres Charakters interessiert. Dies

>... muß das Ziel des Vaters sein. Diese Tatsache sollte uns dazu anhalten, die Methode, bei der man sich mit Papier und Bleistift hinsetzt und die Anweisungen des Tages aufzeichnet, mit Vorsicht einzusetzen. Angenommen Eltern würden ihrem Kind haargenau diktieren, was es an diesem Tag tun soll. Das Kind würde unter diesem Regiment verkümmern. Die Eltern müssen das Kind auf solche Weise und bis zu einem solchen Grad leiten, daß ein autonomer Charakter entsteht, der fähig ist, selbst die richtigen Entscheidungen zu treffen. Gott handelt ebenso.«[7]

Wir können unsere Seele nicht verachten und ihre unterschiedlichen Fähigkeiten nicht schmälern, die Gott so kunstvoll gemacht hat, damit wir ihn sehen und hören können. Wenn wir das tun, können wir nicht erwarten, ihn richtig zu hören. Er kommt zu uns durch unsere Gedanken, Imaginationen, Träume und Visionen.

Die meisten, die Angst vor dem hörenden Gebet haben oder dagegen predigen, haben eine mehr oder weniger gnostische Anschauung darüber, was »Hören auf Gott« bedeutet. Der Mensch – all das, worin Christus durch die Inkarnation lebt – wird bei dieser Ansicht entweder unterbewertet oder verachtet. Der geschaffene Verstand und das Herz kann diesem Standpunkt zufolge den Herrn oder seine Gegenwart nicht fassen oder transportieren. In ihren praktischen Auswirkungen wäre Gott gezwungen, zu uns zu reden, als seien wir Roboter ohne Verstand, ohne Vorstellungskraft, ohne Gefühle, ohne Sinne, weil wir unsere eigenen Fähigkeiten geringschätzen oder verachten.

>Wir nehmen profanerweise an, daß göttliches und menschliches Wirken sich gegenseitig ausschließen, wie die Handlungen zweier

Mitgeschöpfe sich ausschließen, so daß ›Gott hat das getan‹ und ›ich habe das getan‹ nicht von derselben Tat wahrheitsgemäß ausgesagt werden könnte, außer in dem Sinn, daß jeder einen Teil dazu beigetragen hat.« [8]

Eine solche falsche Ansicht ist oberflächlich. Sie entspricht einer »magischen« Ansicht im schlimmsten Sinne dieses Wortes, denn sie profanisiert tatsächlich die christliche Sichtweise, die von der Inkarnation und dem Übernatürlichen überzeugt ist. C. S. Lewis benutzt in »Der König von Narnia« den Begriff des »Magischen« im besten Sinne dieses Wortes, wenn er von der wahren christlichen Sicht der inkarnatorischen Wirklichkeit ausgeht, die nicht nur reine Zauberei, sondern ein tiefer Zauber seit Anbeginn der Zeiten ist. Es ist das Wunder, und wir haben mit Geist, Seele und Leib daran teil.

Ernstmeinende Christen, die diesen dritten Gebetsschritt niemals gegangen sind, sagen allesamt zu mir:»Oh, ich habe aber Angst, daß ich nur mich selbst reden hören könnte!« Obwohl diese Vorsicht ihre Berechtigung hat (vgl. erster Teil von Kapitel 14), frage ich mich:»Woher kommt diese Angst?« Wenn wir eins sind mit Christus, warum haben wir dann Angst nur das zu hören, was dieses »nur ich selbst« weiß, was unsere Herzen aus ihrem Innersten reden können? Bei dieser Angst handelt es sich um eine Parallele zu unserem Verlust des richtigen Verständnisses über die Seele. Aus praktischen Gründen glauben wir einfach nicht länger an ihre Existenz.

Wie Gott selbst, so gehört auch die Seele dem unsichtbaren Wirklichen an – auch sie ist unsichtbar. Heute sind wir vollgesogen mit der materialistischen Verleugnung dessen, was man nicht sehen, fühlen oder berühren kann. Wir fragen, wie etwas, das wir nicht als *wirklich* anerkennen, legitimerweise Dinge wie Beweggründe, Weisheit, Erkenntnis, Verständnis und so weiter haben kann. Diese Schwierigkeit wird noch verstärkt durch solch falsche Lehren wie die dualistischen, heidnischen Einflüsse auf den christlichen Glauben. Da uns eine inkarnatorische Sicht der Wirklichkeit fehlt, also daß Gott in uns Mensch werden will, verführen uns solche Lehren, unsere Gedanken, Vorstellungen und im Grunde uns selbst als Geschöpfe – uns selbst als Seele und Körper – zu fürchten und zu verachten.

Aus diesem Grund empfehle ich allen, die gerade erst ihr Herz für das Hören auf Gott öffnen:»Seien Sie nicht besorgt, wenn Sie ›nur sich selbst‹ hören. Sie müssen wissen, was dieses ›nur ich selbst‹, das Innerste ihres Herzens, weiß. Innerhalb kürzester Zeit werden Sie in der Lage sein, zwischen dem Wissen, das Sie bereits besitzen – der Weisheit, die Ihnen bereits anvertraut ist und die ein Teil Ihres Herzens geworden ist – und dem Wort, das Gott ganz neu zu Ihnen redet, zu unterscheiden. Beide sind wichtig und nötig.« Ich bitte solche Christen, von einem übertriebenen Analysieren der Worte, die sie empfangen, Abstand zu nehmen und statt dessen nach ein paar Tagen noch einmal zurückzuschauen und die Worte noch einmal zu lesen. So wird sich die Unterscheidungsfähigkeit bald einstellen.

Sie werden diesen einzigartigen Unterschied erkennen, den zu erkennen wir lernen, wenn unsere Erfahrungen im Gebet zunehmen. Dallas Willard beschreibt diesen Unterschied als »eine charakteristische Art von Gedanke oder Impuls, das mir so erschien, als würde Gott meinen Geist und mein Herz bewegen.«[9]

»Die Erfahrung lehrte mich, den bemerkenswerten Unterschied zu erkennen, der zeigte, ob ›nur ich selbst‹ redete ... oder ob ein gewisses ›mehr als das‹ stattfand.[10]

An dieser Stelle sollte deutlich gesagt werden, daß wir niemals versuchen, ein Wort zu erzwingen. Wenn wir Gott einfach Zeit und Raum geben zu reden, lernen wir sowohl, wie einfach und wunderbar sich ein Wort einstellt, und auch, auf welche verschiedenen Weisen es offenbar werden kann. Doch eine weitere Bemerkung ist ebenso wichtig: Wir öffnen die Augen unseres Herzens und unseres Geistes willentlich – d. h. mit unserem Willen, jener unglaublichen Fähigkeit der Seele, mit der wir, nicht wie Roboter, sondern als freie Personen, Veränderungen einleiten –, um das Wort, das Gott schenken mag, zu empfangen. Wir wissen, daß Gott Gebet hört und erhört; wir wissen, daß die Antwort sich zu seiner Zeit und auf seine Art und Weise einstellen wird. Christus ist das wahrhaftige Wort, das niemals aufhört, das Wort der Wahrheit zu reden, das wir benötigen, um zu wachsen und ihm zu gehorchen. Christus hört und antwortet wahrhaftig. Nachdem ich diese Vorbehalte genannt habe, bin ich erstaunt, wie oft er nur einfach auf die Gelegenheit gewartet hat, zu meinem Herzen und zu meinem Verstand zu sprechen.

Hörendes Gebet und wirkliche Imagination

»Ich ... spähe aus, um zu sehen, was er mir sagt« (Hab 2,1).

Wenn wir ein Wort oder Bild von Gott empfangen, so wissen wir, wie Imagination* in Aktion aussieht. Die wirkliche imaginative Erfahrung in

---

* Unter »Imagination« wird die richtige Anwendung unserer Vorstellungskraft verstanden. Siehe auch nachfolgende Definition im Text.

der Vorstellungswelt ist eine Erkenntnis, eine Eingebung, die die Wirklichkeit selbst auslöst. Auf ihrer höchsten Ebene besteht sie in der Erfahrung, daß das, was wir erfahren, von Gott kommt durch ein Wort, eine Vision oder – dies ist das Höchste – durch eine Inkarnation, d. h. das Lebendigwerden von Christus in uns – die Erfüllung mit dem Heiligen Geist. Die wirkliche Vorstellungskraft ist immer dann beteiligt, wenn wir mit unserem Herzen in der Ehrfurcht des Geschöpfes den Schöpfer anbeten und im Gehorsam auf Gott hören. Dabei empfängt unser Herz von Gott bildliche Eindrücke.

Es ist wichtig zu betonen, daß die Fähigkeit des Herzens, bildliche Eindrücke zu erzeugen, an sich noch keine echte oder höhere Imagination ist. Bilder sind die Sprache des Herzens; wie Ikonen sind sie nur Abbilder, durch die das Wirkliche hindurchscheint. Wenn das Abbild fälschlicherweise für das Wirkliche gehalten wird, wird es »selbst-bewußt« und damit zu einem »stummen Götzen«. Die Fähigkeit des Herzens, intuitiv Bilder zu schaffen, ist nicht das gleiche wie die Intuition an sich.

Als ein Engel des Herrn Josef im Traum erschien und sagte: »Josef, Sohn Davids, fürchte dich nicht, Maria als deine Frau zu dir zu nehmen; denn das Kind, das sie erwartet, ist vom Heiligen Geist« (Mt 1,20), nahm Josefs Herz richtigerweise intuitiv sowohl die Gegenwart als auch die Botschaft des Engels wahr. Hätte er versucht, das, was er sah, in einem buchstäblichen Sinn umzusetzen, indem er gesagt hätte: »Alle Engel sehen so aus wie der, der mir im Traum begegnet ist«, so hätte er die Blickweise des Herzens mit der des bewußten Verstandes verwechselt. Er hätte womöglich sogar die eigentliche Botschaft durch den Versuch verloren, sie auf analytischem Wege logisch faßbar zu machen. Auf ähnliche Weise wurde der Engel Gabriel zu Maria gesandt. Er kam zu Maria in Nazareth und sagte: »Sei gegrüßt, du Begnadete, der Herr ist mit dir« (Lk 1,28). Auch sie erfaßte intuitiv die Gegenwart und die Botschaft Gabriels richtig.

Für die meisten von uns ist das Wort »Imagination« ein sehr vager Begriff.

»Im Wörterbuch wird dieser Begriff definiert als ›die Handlung ..., durch die ein geistiges Bild oder ein Begriff dessen geschaffen wird, was für die Sinne nicht gegenwärtig ist.‹ Eine andere Definition bezeichnet die Imaginationsfähigkeit selbst, durch die solche Bilder und Begriffe geformt werden. Eine dritte Definition nennt die ›Kraft, die der Geist hat, durch die er Begriffe formen kann, die über das hinausgehen, was von äußeren Gegenständen abgeleitet wird (die produktive Imagination).‹ Diese Kraft bezeichnet nicht nur die Phantasie, sondern wichtiger noch das Kreative oder poetische

Genie, ›die Kraft, neue und überraschende intellektuelle Konzeptionen auszuarbeiten.‹« [11]

Diese letzte Definition kommt durch ihren Bezug zum kreativen oder poetischen Genie unserer Definition von der wahren oder höheren Imagination nahe.

Das Unsichtbare mit den Augen des Herzens sehen

Unser einziger Zugang zur Wirklichkeit, so hat C. S. Lewis gesagt, besteht im Gebet, im Sakrament, in der Umkehr und in der Anbetung [12] – d. h. durch die Erkenntnisweise unseres tiefsten Herzens. Mit den Augen des Herzens zu sehen ist ein wichtiges Element dieser Erkenntnis; es ist ein wichtiges Element des hörenden Gebetes.

Oswald Chambers hat das Bedürfnis des Herzens verstanden, die inneren Augen auf Gott zu richten. In einem Kommentar zum Propheten Jesaja, Kapitel 26, Vers 3, »Sein Sinn [Imagination, Einbildungskraft] ist fest; du schenkst ihm Ruhe und Frieden; denn er verläßt sich auf dich«, schreibt Chambers:

»Stützt sich deine Einbildungskraft auf Gott oder ist sie verkümmert? Die Verkümmerung der Einbildungskraft ist eine der Hauptquellen der Erschöpfung und Ermattung eines Arbeiters für Gott. Wenn du deine Einbildungskraft noch nie benützt hast, um dich vor Gott zu stellen, dann fange jetzt damit an. Es nützt nichts zu warten, bis Gott kommt; du mußt deine Einbildungskraft von den Götzenbildern abwenden, auf Ihn schauen und erlöst sein. Die Einbildungskraft ist die größte Gabe, die Gott uns verliehen hat, und wir sollten sie ganz Ihm weihen. Wenn du jeden deiner Gedanken dem Gehorsam gegen Christus untergeordnet hast, dann wird eine der stärksten Hilfsquellen für den Glauben daraus entstehen, wenn die Zeit der Versuchung naht, weil dein Glaube dann mit dem Geist Gottes zusammenarbeiten wird.« [13]

Und als Kommentar zu Kapitel 40, Vers 26 des Buches Jesaja, »Hebt eure Augen in die Höhe, und seht: Wer hat die (Sterne) dort oben erschaffen?«, schreibt Chambers:

»In Jesajas Tagen war die Einbildungskraft des Volkes Gottes ganz verkümmert durch das Anschauen von Götzenbildern, und Jesaja ließ es zum Himmel aufblicken, d. h. er führte es dazu, seine Einbildungskraft richtig anzuwenden ...

Der Versuch, sich geistlich zu konzentrieren, nimmt die Einbildungskraft gefangen. Ist deine Einbildungskraft auf das Gesicht eines Götzenbildes gerichtet? Bist du selber der Götze oder ist es deine Arbeit ...? Wenn deine Einbildungskraft verkümmert ist, dann blicke nicht zurück auf deine eigene religiöse Erfahrung; es ist Gott, den du brauchst. Gehe ganz aus dir heraus, weg von deinen Götzenbildern, weg von allem, was deine Einbildungskraft unterbunden hat. Raffe dich auf, nimm den Tadel auf dich, den Jesaja dem Volke zukommen ließ, und wende deine Einbildungskraft mit Entschiedenheit Gott zu.

Eine der Ursachen, weshalb unsere Gebete stumpf sind, liegt in der Tatsache, daß wir keine Einbildungskraft haben und nicht in der Verfassung sind, uns vorsätzlich vor Gott zu stellen ... Einbildungskraft ist eine Macht, die Gott dem Heiligen verleiht: die Macht, sich aus sich selbst hinaus zu stellen und in Zusammenhänge hineinzuversetzen, die neu sind.« [14]

Chambers besaß eine tiefe Einsicht darüber, wie das Herz sieht und erkennt. Im hörenden Gebet stellen wir uns bewußt vor Gott und empfangen Weisheit von ihm, welche uns befähigt zu wachsen. Diese Kommunikation führt zur Freundschaft mit Gott.

Kapitel 11

Hörendes Gebet bedeutet Freundschaft mit Gott

»Ich habe euch Freunde genannt; denn ich habe euch alles mitgeteilt, was ich von meinem Vater gehört habe« (Joh 15,15).

»Gibt es auf Erden ein größeres Vergnügen als eine Runde christlicher Freunde, die sich um ein Feuer scharen?« (C. S. Lewis).[1]

Weil die Jünger mit Jesus im Gespräch waren und er ihnen sagte, was der Vater ihn lehrte, wurden sie mehr als nur Diener, sie wurden seine Freunde. Und so ist es auch bei uns. Während wir auf Gott hören, treten wir voller Ehrfurcht in diesen außergewöhnlichen Stand ein, Freunde Gottes zu sein.

Der Schatz der Freundschaft

Wir erkennen diesen Stand im Leben der Heiligen aller Zeiten. Von Mose steht geschrieben, daß der Herr sich mit ihm unterhielt wie mit einem Freund (vgl. Ex 33,11). Als Miriam und Aaron ihren Bruder aus Eifersucht verleumdeten, sagte der Herr zu ihnen: »Mit ihm rede ich von Mund zu Mund, von Angesicht zu Angesicht … Warum habt ihr es gewagt, über meinen Knecht Mose zu reden?« (Num 12,8). Abraham redete mit Gott; er hörte gut zu und

> »… glaubte Gott, und das wurde ihm als Gerechtigkeit angerechnet, und er wurde Freund Gottes genannt« (Jak 2,23).

Freundschaft mit Gott bringt Sprache mit sich – die Art der ausgesprochenen oder unausgesprochenen Kommunikation, die daher kommt, daß zwei die gleichen Dinge und Wahrheiten liebhaben.

Und so ist es auch bei den irdischen Freundschaften. »Freundschaft ist das höchste aller weltlichen Güter. Für mich ist es ganz ohne Zweifel das größte Glück meines Lebens«[2], so schrieb C.S.Lewis seinem Jugendfreund, Arthur Greeves. Lewis selbst besaß eine große Befähigung zur Freundschaft. Er verstand, was Freundschaft ist, und erkannte die dem modernen Menschen eigene Blindheit – die verhindert, Freundschaft zu verstehen und es uns sehr schwermacht, sie zu erlangen. Freunde sind ein Schatz. Wie seltene und kostbare Juwelen sind sie nicht leicht oder in Massen auffindbar.

Im Vergleich gesprochen gilt also: »Freundschaft ist selten auf dieser Erde«[3], wie uns Oswald Chambers, C.S.Lewis und andere mit einem großen Geist und einem großen Herzen in Erinnerung rufen. Darin besteht der Gegensatz zu den oberflächlichen Denkern und Liebhabern, die dumme und unwahre Dinge über Intimität und Freundschaft schreiben. Doch wir Menschen brauchen lange, bis wir die Seltenheit echter Freundschaft erkennen; wir neigen dazu, dies zu verleugnen.

Wir sind gut beraten, wenn wir studieren, was Freundschaft eigentlich ist – gleiches gilt für die anderen wichtigen Formen der Liebe. »Was man Liebe nennt« von C.S. Lewis ist hierfür ein guter Ausgangspunkt. Ein solches Nachsinnen kann uns von einer Menge Sentimetalität befreien, die mit diesem Thema verbunden ist. Freundschaft entsteht aus Kameradschaft, doch sie ist noch einmal etwas anderes. Sie beinhaltet, daß wir etwas außerhalb unser selbst lieben und dadurch gemeinsame Interessen und Freuden entwickeln.

»Darum stellen wir uns Liebende Auge in Auge vor, Freunde aber Seite an Seite; ihre Augen blicken nach vorn. Deshalb können jene mitleiderweckenden Leute, die ›einfach einen Freund brauchen‹, nie einen finden. Das ist es ja gerade: Wir können nur Freunde haben, wenn wir noch etwas anderes als Freunde haben wollen. ›Erkennst du dieselbe Wahrheit?‹ Wo die ehrliche Antwort lauten würde: ›Ich erkenne nichts, und die Wahrheit ist mir egal, aber ich will einen Freund‹, kann keine Freundschaft entstehen …«[4]

Wir gewinnen keine Freunde, indem wir uns auf sie als Personen konzentrieren, obwohl wir für eine Weile ihre Zuneigung und Kameradschaft gewinnen mögen, während wir ihnen gleichzeitig unsere Zuneigung schenken. Freundschaft entsteht, wo wir gemeinsame Interessen haben und uns auf ein Hobby, auf Wahrheit oder etwas Schönes konzentrieren.[5] Dieses »außerhalb unser selbst« liegende Gut, das sehr viel spannender ist, wenn ein anderer Mensch unsere Liebe für dieses Gut teilt, liefert uns einen endlosen Nährboden für Gedanken und gute Gespräche. Statt voneinander Zuneigung, Gemeinschaft oder die Bestätigung zu erhoffen, die uns, aus welchen Gründen auch immer, früher nicht zuteil wurde, blicken wir von uns weg auf etwas anderes. Wir reichen einander die Hand und finden zu einer wunderbaren Einheit der Gedanken und des Geistes, indem wir etwas Bestimmtes, das wir gemeinsam haben, bewundern und uns daran freuen.

Eros, die Liebe zwischen Mann und Frau, ist eine unmittelbare Art der Liebe. Sie kann sehr schnell mit der Freundschaft kollidieren, wenn nur einer der Freunde sie erlebt. Wenn Liebende gleichzeitig Freunde sind, so fördert dies die *Eros*-Liebe natürlich immens.

Beides, Freundschaft und *Eros*, werden schnell gestört, wenn unerfüllte infantile oder aus der Kindheit stammende Bedürfnisse in den Bereichen der *storgä*-Liebe [*storgä* bezeichnet im Griechischen die »elterliche beziehungsweise kindliche Liebe«] dazwischengeraten. Diese grundlegende Liebe, die C. S. Lewis Zuneigung genannt hat, bezeichnet insbesondere die warme, nährende, kuschelnde, intime, menschliche Zuneigung, die Eltern ihren Kindern entgegenbringen. Doch sie beschränkt sich nicht allein darauf. Über diese schreibt Lewis:»Ich zweifle keinen Augenblick daran, daß wir der Zuneigung neunzig Prozent allen festen dauerhaften Glücks in unserem natürlichen Leben zu verdanken haben.«[6]

Wer für die Heilung emotionaler Krankheiten betet, weiß, daß C. S. Lewis sicherlich recht hatte. Wenn dieses Bedürfnis auf rechte Art erfüllt wurde – ebenso wie unser Bedürfnis, daß unsere Geschlechtsidentität und unsere Identität als Person in der Pubertät entweder durch unseren irdischen Vater oder durch einen Vaterersatz bestätigt wird –, so befreit uns dies zu jener Art von Selbstvergessenheit, die für eine dauerhafte Freundschaft vonnöten ist. Wenn uns diese Zuneigung und Bestätigung vorenthalten wurde, brauchen wir das heilende Gebet und Weisheit von Gott[7], um als Mensch gesund und reif zu werden. Dies trifft besonders dann zu, wenn diese Entbehrung so schlimm gewesen ist, daß wir in früheren Entwicklungsstadien festsitzen und keine richtigen Beziehungen entwickeln können, besonders zu unseren Eltern.

Wir können echte Freundschaft nur erleben, wenn wir uns mit anderen verbinden und einem gemeinsamen Interesse nachgehen und etwas außerhalb unser selbst lieben. *Subjektiver Egoismus* – welcher bei unerfüllten oder nur unzureichend erfüllten Bedürfnissen im Bereich von Zuneigung, Wertschätzung und Bestätigung häufig ist –, verhindert Freundschaft und verdirbt sie in den meisten Fällen. Das bedürftige Ego verlangt nach einer unmittelbaren Beziehung, die die Dimension eines Götzendienstes hat. Ich spreche hier von einem »Götzendienst«, weil wir von einem anderen Menschen die Identität und Bestätigung verlangen, die wir in den natürlichen Entwicklungsphasen, in denen wir Beziehungen aufbauen und in einem festen Zuhause und mit der Hilfe von zuneigungsfähigen Eltern aufwachsen, nicht empfangen haben. Diese Form des »Götzendienstes« ist von Unruhe geprägt, weil er voller Ambivalenzen ist. Wir sind emotional abhängig, was ausgesprochen unangenehm ist, und suchen daher in einem anderen Menschen Erfüllung. Wir schieben die Schuld auf andere, wenn wir feststellen, daß wir immer noch leer und abhängig sind. Wir verlangen, daß andere Menschen uns sagen, wer wir sind, wo doch eigentlich allein Gott dies tun kann. Wir finden aus diesem Stadium nur heraus, wenn wir uns ganz von Gott abhängig machen, indem wir sein Reden hören. Indem wir alles, was uns angetan wurde, vergeben, werden wir in die Heilung und in die Freiheit hineingeführt.

Dies ist die Beschreibung unseres gefallenen Menschseins, wie wir es alle zu einem gewissen Grad erlebt haben. Wir sind Geschöpfe mit einem hohen Eigeninteresse und wir wollen, daß unsere subjektiven Bedürfnisse durch die Kommunikation, Liebe und Bewunderung erfüllt werden, die andere Geschöpfe uns entgegenbringen. Wir sind dann jedoch weit entfernt von der Freundschaft – von dem, was gemeinsame Interessen und Ziele außerhalb unseres bedürftigen Selbst voraussetzt.

Freundschaft mit Gott beinhaltet, wie die Freundschaft mit unseren Brüdern und Schwestern, »Gleichheit im Denken, im Herzen und im Geist«.[8] Dann entwickeln wir wie Abraham, Samuel, Mose und die Heiligen aller Tage ein Interesse und eine Überzeugung für das, was Gott vorhat, was er im Sinn hat. Wir treiben sein Reich in seinem Namen voran. Wenn Jesus uns Freunde nennt, spricht er von diesem Einssein. »Die ganze Schule des Lebens soll uns einzig und allein dazu befähigen, in diese engste Beziehung zu Jesus Christus zu treten.«[9]

Nur wenn wir Christus gehorsam sind, kann er uns zum Vater bringen; nur dann können wir anfangen zu hören, wie er sein »Du treuer Knecht!« in unser Leben hineinspricht. Wir, die aus Gnaden adoptierten Kinder, sind in dem, der aus seiner göttlichen Gestalt heraus Sohn Gottes ist. Wir müssen in ihm bleiben, um an seinem Gehorsam, seiner »Gleichheit im Denken, im Herzen und im Geist« mit dem Vater teilhaben zu können. Daraus entsteht Freundschaft: »Ihr seid meine Freunde, wenn ihr tut, was ich euch auftrage« (Joh 15,14).

In der Gegenwart Gottes wird ein neues Selbst geboren

In dieser Bewegung der Seele, in der sie ihre Entfremdung und ihre Unfähigkeit zu hören aufgibt und mit Gott Freundschaft schließt, liegt viel

Schönheit. Die Seele wird fähig zu hören und zur Einheit mit Gott finden. Dieser Vorgang besitzt eine herrliche Einfachheit.

Wenn der Mensch in die Gegenwart Gottes tritt, spielt es keine Rolle, wie verdreht seine Seele zuvor war oder wie sehr er Götzen zugeneigt war. Er wird die Gnade finden, dieser Neigung abzusagen. Wenn ein Mensch sich durch und durch bekehrt hat und sich völlig zu Christus wendet und zur Einheit mit dem Willen Gottes findet, bekommt dieser Mensch ein neues und starkes Rückgrat, durch das er aufrecht vor dem Vater stehen und von ihm empfangen kann. Die Seele sieht, *hört* und tritt in ein heiliges Gespräch ein. Sie kann mit Gott auf einer freundschaftlichen Ebene kommunizieren.

Die Seele entdeckt, daß Gottes Liebe wirklich, wie C. S. Lewis gesagt hat, »etwas Strengeres und Herrlicheres ist als bloße Freundlichkeit«. Diese Liebe scheidet die Finsternis vom Licht, den alten Menschen vom neuen. Sie erkennt: »Alles, was aufgedeckt ist, wird vom Licht erleuchtet« (Eph 5,13).

Ein neuer Mensch, ein neues Selbst wird geboren, dessen Angesicht Gott zugewendet ist und dessen Herz ungeteilt sehen und hören kann. Christus, das Wort, wird geboren und nimmt in dieser Seele Gestalt an. Er oder sie findet nun die Fähigkeit, mit dem Vater zu kommunizieren. Wir wurden in Christus und Christus in uns hineingetragen. Hier ist Vollendung. Hier findet sich eine tiefe Schönheit und Einfachheit in der Art, wie dieses Selbst, Heilung und Ganzheit gefunden hat.

In all dem besitzen wir eine großartige und geheimnisvolle Fähigkeit zu reden, zu hören und zu verstehen. In der ganzen Schöpfung Gottes hat nur die Menschheit die bleibende Fähigkeit zu sprechen – d. h. Symbole zu schaffen. Darin sind wir Ebenbild Gottes, denn Gott redet. So können Gott und Mensch miteinander reden. Christus, das Wort, sprach, und die Erde wurde, und wir wurden erschaffen. Er hauchte Adam das Leben ein und rief ihn hinein in die Kommunikation mit Gott.

Die Sprache ist etwas Ursprüngliches. Ihre Wurzeln bleiben unserem wissenschaftlichen Drang verborgen, der alles wissen will. Die Sprache hat mit dem Wesen des Menschen an sich zu tun, der zum Ebenbild Gottes geschaffen wurde und der in das Gespräch mit Gott hineingerufen wurde. Ohne dieses Gespräch mit Gott sind wir einsam; wir kennen eine ursprüngliche Einsamkeit. Der gefallene Mensch wird in diesen Zustand hineingeboren.[10]

Wie die Wüste der Einsamkeit
in einen Garten der Abgeschiedenheit verwandelt wird

Die Einsamkeit – die ursprüngliche Einsamkeit durch das Abgeschnittensein von der Stimme Gottes – war die wichtigste Herausforderung, an der ich auf meinem Weg zurück zu Gott arbeiten mußte. Als ich im Exil lebte, hatte ich gehört, wie er mich rief. Als ich im Exil lebte, hatte ich gehört, wie er durch den Propheten Jeremia zu mir redete:

> »Denn ich, ich kenne meine Pläne, die ich für euch habe – Spruch des Herrn –, Pläne des Heils und nicht des Unheils; denn ich will euch eine Zukunft und eine Hoffnung geben. Wenn ihr mich ruft, wenn ihr kommt und zu mir betet, so erhöre ich euch. Sucht ihr mich, so findet ihr mich. Wenn ihr von ganzem Herzen nach mir fragt, lasse ich mich von euch finden – Spruch des Herrn ... Ich bringe euch an den Ort zurück, von dem ich euch weggeführt habe« (Jer 29,11-14).

Er mußte mich so weit reinigen und heiligen, daß ich sein Freund sein konnte. Nur ich wußte, wieviel Mühe das bedeutete. Und ich wußte auch, daß er mich nur an diesen Punkt führen konnte, wenn ich ihm ganz und gar gehorchte. So prägten sich mir seine Worte »Ihr seid meine Freunde, wenn ihr tut, was ich euch auftrage« tief in mein Sein ein. Ich mußte jedem Gebot, jedem Flüstern Gottes lauschen, um dem alten Selbst abzusterben. Ich mußte der alten Leanne absterben, die verlangte, daß das Geschöpf für sie Gott spielen sollte – die fest davon überzeugt war, daß die Freundschaft zu einem Geschöpf ihre Einsamkeit lindern konnte. Erst dann konnte ich dauerhafte Freundschaften kennenlernen. Erst danach konnte ich Gott oder auch anderen Menschen ein wahrer Freund sein.

Wir alle müssen diese Arbeit leisten. Ich habe dies bei allen festgestellt, die sich mit dem Heiligen Geist auf den Weg machen und diese hörende Freundschaft zu Gott beginnen. Wer als Kind Zuneigung und Bestätigung erlebt hat, tut sich leichter, denn Gott bereitet uns dadurch darauf vor, daß wir ihn als unseren himmlischen Vater kennen und lieben. Doch aufgrund unserer Neigung zum Geschöpf und unserer sündigen Natur erkennen wir nur sehr langsam, wie selten wahre Freundschaft ist. Wir versuchen immer noch, Menschen zu finden, die diese ursprüngliche Einsamkeit füllen können. So oft erhoffen wir uns von einer Freundschaft die Linderung dieser Leere, ja dieser Sinnlosigkeit.

Wir können keinem Menschen diese Mühe ersparen. Wer keine Heilung erfahren hat und sich dieser Einsamkeit gegenübersieht, sucht nach Freunden, die den Schmerz nehmen können. Sie wenden sich einander in einer verkrümmten, von den Bedürfnissen geprägten Liebe zu und hoffen, daß der andere der Freund, der Ehepartner oder der Sohn (oder die Tochter) sein wird, der diese Leere füllen kann. Doch Oswald Chambers warnt uns: »Wenn du eine Seele von dir abhängig machst (wörtlich: wenn du für eine Seele zur Notwendigkeit wirst; Anm. d. Übers.), bist du von Gottes Gebot abgewichen.«[11] Er warnt uns vor dem, was wir heute Mitabhängigkeit nennen – wir versuchen auf diese Weise zu verhindern, daß andere den Schmerz ihrer Situation spüren, und wollen ihnen die Möglichkeit geben, in ihrer momentanen Verfassung zu bleiben, verhindern aber dadurch nur, daß sie zu Christus finden.

Wir haben die Aufgabe eines Hirten wahrzunehmen, indem wir allen emotional bedürftigen Menschen helfen, damit sie sich ihrer inneren Einsamkeit stellen und Gott und ihr eigenes wahres Selbst hören können. Jeder von uns – nicht nur die, die am offensichtlichsten von der Finsternis der Menschheit und dieser Welt verletzt wurden – muß sich seiner inneren Einsamkeit und seiner Trennung von Gott stellen. Wir alle müssen die harte, aber in ihrer Strenge wunderbare Arbeit leisten, die »Wüste der Einsamkeit« in unserm Innern in den weiten und schönen »Garten der Abgeschiedenheit« zu verwandeln, in dem das wahre Selbst zum Vorschein kommt und gedeiht. Dieses Selbst ist zur Freundschaft und zur christlichen Gemeinschaft fähig. Seine Identität ruht nicht mehr im Geschöpf. Es verlangt nicht länger, daß ein anderes Geschöpf für es zum Gott wird.

Die Larve des Schmetterlings ist ein wunderbares Bild für die Mühe, die jede Seele bei ihrer Geburt durchmacht. Es ist schmerzhaft zu sehen, wie die Larve in ihrem Kokon kämpft, um sich freizumachen. Doch wenn wir eine Schere nehmen und die Spitze des Kokon aufschneiden, dann wird der Schmetterling niemals fliegen können. In diesem Ringen mit der äußeren Hülle, dem äußeren Selbst, entwickeln sich die Flügel und gewinnen allmählich an Kraft. Gelegentlich hört vor dem Schlüpfen dieses Ringen einen Moment lang auf. Wir fragen uns dann, ob die Larve die schmerzhafte Arbeit aufgegeben hat oder ob sie gar in ihrer gewebten Hülle gestorben ist. Doch aus der kleinen Raupe, die sich den ganzen Tag vollfrißt und ihren Bauch über die Äste schleppt, entwickelt sich eine herrliche Kreatur, die sich mit ihren Flügeln, welche die Farben und das Design eines allmächtigen Schöpfers tragen, in die Lüfte erhebt.

So ist es auch bei den Menschen, für die wir beten – es wird Zeiten geben, wo die Arbeit aufzuhören scheint. Doch gerade in diesem Augenblick können wir einer Seele schaden, ja sie sogar zerstören. Sie wird bei uns Erfüllung suchen wollen. »Befriedige meine Einsamkeit«, so wird sie sagen: »Sei meine Mutter, die Mutter, der Vater, der Ehepartner, Freund … die ich nie gehabt habe.« Und wenn wir versuchen, dies zu sein, dann werden wir eben den Schmerz lindern oder nehmen, der allein die Seele in diese hörende Beziehung zu Gott hineinführen kann. Statt dessen sollen wir diesem Menschen helfen, die Gegenwart Gottes zu suchen, Gott zuzuhören und in diesem Prozeß des eigenen Werdens weiterzukommen. Dieser Mensch hat nur für einen Augenblick aufgehört, um diese aufrechte, hörende und freie Haltung zu kämpfen, und hat sich einen Moment lang wieder dem Geschöpf zugeneigt.

Hindernisse der Freundschaft mit Gott

Neben der Schwierigkeit, wenn wir uns zu stark auf die Erfahrungen fixieren, nämlich daß wir Gott mit unseren Sinnen wahrnehmen wollen, gibt es noch andere Hindernisse, die uns vom hörenden Gebet und von der Freundschaft mit Gott, die daraus entsteht, abhalten. Bedenken wir: wenn wir wahrhaftig in die Gegenwart Gottes treten, treten wir auch in die Gegenwart unseres eigenen Herzens. Christus tritt als das Licht der Welt ein, eine Lampe, die hell in die finsteren Ritzen unseres Herzens hineinstrahlt. Im folgenden möchte ich zeigen, was geschehen kann, wenn das eigene Herz den Schmerz unterdrückt und verleugnet hat.

Kürzlich betete ich mit einer netten jungen Frau, die unter einem ungewöhnlich schweren Hindernis beim Beten litt. Sie konnte sozusagen beten, wenn sie auf der Flucht war. Doch immer, wenn sie sich in die Stille begab, um zu beten und längere Zeit im Gebet verharrte, kam sie mit einem unerträglichen emotionalen Schmerz in Berührung. Der Schmerz war so stark, daß sie das Gebet beenden mußte, um nicht loszuschreien. »Warum tut mir Gott das an?« fragte sie. »Warum muß ich aufhören zu beten, um diesen Schmerz zu vermeiden?« Die Sache wurde dadurch noch verschlimmert, daß sie die Führung Gottes benötigte, jedoch Angst hatte, in die Stille zu gehen und zu hören, weil sie wußte, daß dann dieser Schmerz wieder hochkommen würde.

Während sie sich mit diesem Problem quälte, gab es gleichzeitig noch ein weiteres leidvolles Problem – es fehlten ihr Freundinnen. Sie hungerte nach Freundschaft, nach einem guten Gespräch unter Freundinnen. Sie hatte sich vorgenommen, in eine andere Gegend zu ziehen, wo die Chancen, christliche Freunde zu finden, besser standen. Diese beiden Probleme, die scheinbar nichts miteinander zu tun hatten, tauchten in unserem Gespräch immer wieder auf, während sie mir von ihrem Leid und ihrer tiefen Frustration erzählte. Sie war nahe daran zu verzweifeln.

Unter diesen Umständen war ich überrascht, gleich zu Beginn unseres gemeinsamen Gebetes ein Bild zu bekommen, das ihr Herz als einen wunderschönen Garten zeigte. Obwohl es kein tropischer Garten war, wuchsen die Blumen darin so üppig wie in einem tropischen Garten. Das Bild zeigte eine außerordentliche Fruchtbarkeit und Klarheit.

Fast im selben Augenblick sah ich einen zweiten Garten: eine trockene Wüste. Sie war von dem ersten Garten völlig abgetrennt und befand sich unterhalb dieses duftenden, fruchtbaren, lebendigen Gartens. Ich wußte sofort, worin das eigentliche Problem bestand. Wir werden gleich darauf zurückkommen, nachdem wir einen kurzen Blick auf ihr Leben geworfen haben.

Die Umstände während der frühen Kindheit dieser Frau waren äußerst schwierig gewesen, denn ihr Vater verachtete Frauen zutiefst. Er war der klassische Frauenfeind, geboren in einer Tradition von Männern, die von ihren Vätern dazu erzogen worden waren, Frauen zu hassen und zu mißbrauchen. Er haßte sie einfach nur deshalb, weil sie ein Mädchen war. Er hatte sie als Kind verbal mißbraucht und sexuelle Anspielungen gemacht und tat dies auch jetzt noch, wenn er die Gelegenheit dazu bekam.

Als Opfer eines typischen Frauenfeindes hatte sie, durch diesen Mißbrauch gebrochen, zu Christus gefunden und viel Heilung erfahren. Sie begann sofort, anderen zu helfen und Gott mit all ihrer Kraft nachzufolgen. All dies zeigte sich in dem Bild ihres Herzens, das einen wunderschönen, fruchtbaren Garten zeigte. Nun jedoch war sie frustriert über ihre Gebetserfahrungen und ihre Not, Freunde zu finden, so daß sie zutiefst verletzt, ja sogar innerlich zerrissen war.

Diese tiefe Einsamkeit wird nur durch das hörende Gebet genommen, das zu einer Freundschaft mit Gott und von dort aus zu der Gewißheit führt, daß wir von Gott als Kinder angenommen wurden. Sie wußte das, konnte aber nicht tiefer ins Gebet gehen. Der Schmerz, dem sie begegnete, schien zu tief, ja sogar lebensbedrohlich zu sein. Hier stand sie der ursprünglichen Einsamkeit verbunden mit einer schweren Komplikation gegenüber. Ein wichtiger und schrecklicher Teil dieser Einsamkeit bestand in dem Bösen, das ihr Vater getan hatte. Dieses Böse war mit der Einsamkeit so sehr verwoben, daß beides zusammen unterdrückt und verleugnet wurde. Sie hatte hohe Mauern darum gebaut. Doch in ihrem Innern lebte es weiter als diese aufgerissene, völlig trockene und häßliche Wüste, die unter dem fruchtbaren Garten lag.

Um zu überleben, hatte sie zwischen sich und diesem Bösen eine Mauer aufgerichtet – das ging bis zur Leugnung des Bösen. Diese Leugnung war so extrem, daß es zu einem regelrechten Verdrängungsmechanismus kam. Die Erinnerungen und die Tatsache, daß dieses Böse existierte, war in ihrem Herzen durchaus vorhanden und war eine schreckliche Begleiterscheinung der Einsamkeit, doch in gewisser Weise völlig in ihr abgeschlossen. Doch wenn sie in die Gegenwart Gottes kam und dort auch nur einen Augenblick verweilte, dann kam sie mit dem in Berührung, was sie verdrängt hatte. Sie hätte in dieser Situation aus ihrer leugnenden Haltung heraustreten, das Böse benennen und es aus ihrem Herzen ausschließen müssen.

Wenn jemand zur geistlichen Reife kommen will, darf er nicht verdrängen, daß eines seiner Eltern böswillig und verletzend an ihm handelte. Doch das gehört zum Schwersten, was der Sohn oder die Tochter eines solchen Elternteils in ihrem Leben jemals eingestehen muß. Daher ist es eines der letzten Hindernisse, von denen er oder sie schließlich befreit wird.[12] Das hörende Gebet hilft uns nach und nach, aus dieser Leugnung herauszufinden. Was geschah nun, als diese junge Frau in die Stille ging, um auf Gott zu hören?

Sie erlebte den unteren Garten, in dem sich die ursprüngliche Einsamkeit mit dem aktiven Haß und der Negativbestätigung mischte, die der Vater seiner Tochter als Mensch und als Frau entgegenbrachte. Sie benötigte das heilende Eingreifen Gottes. Solange die Verleugnung in kraft war, bestanden in ihrem Leben zwei Gärten. Der eine spiegelte ihr wunderbares Leben im Heiligen Geist, im Hören auf Gott und die daraus entstehende Frucht wider. Doch unter diesem Garten befand sich ein zweiter. Dem Schmerz dieses Gartens begegnete sie, wenn sie in der Stille vor dem Herrn niederkniete.

Ihre Not? Sie mußte aus der Leugnung herausfinden. Sie mußte die Auswirkungen des Bösen benennen und sogar ihren Vater »böse« nennen. Statt ihn zu ignorieren, mußte sie sich innerlich von ihm trennen.[13] Der Schmerz, der sie buchstäblich zum Schreien brachte, kam daher, daß sie ein Reservoir des Bösen berührt hatte, das seit Generationen bestand. Sie fühlte mit ihrem eigenen Schmerz auch den Schmerz ihrer Großmütter – all das, was ihr als böses Erbe über die Generationen ihrer Familie hinweg weitergereicht worden war. Dieser Schmerz mußte benannt werden, als etwas, das von dem böswilligen Handeln ihres irdischen Vaters ausgegangen war. Es war nicht von ihrem himmlischen Vater beschert worden, um sie am Beten zu hindern.

Den verleugneten Schmerz – das, was sie verdrängt hatte – zu erleben, brachte sie zum Schreien, als befände sie sich in der feurigen Hölle des Hasses. Auf der ein oder anderen Bewußtseinsebene befand sie sich ständig in dieser feurigen Hölle. Sie sollte so lange darin bleiben, bis das Böse beim Namen genannt und dadurch eingestanden, objektiviert und von ihr genommen würde. Wenn sie das Böse nicht ganz eingestand, konnte es nicht aus ihrer Seele verwiesen werden. Sie selbst ist ein Tempel Gottes, doch die Hölle, ständig als Zielscheibe für das Böse ihres Vaters zu dienen

– solange dieses Böse auch nur teilweise verleugnet wurde –, war noch bei ihr. Da sie es verinnerlicht hatte, konnte sie es nicht objektivieren; da sie leugnete, daß es von ihrem Vater ausging, konnte sie es (wenn sie ins Gebet ging) nur auf Gott projizieren und ihn dafür verantwortlich machen. »Warum tut Gott mir das an? Warum läßt er es zu?«

Ein weiteres ist an dieser Stelle zu sagen: Ein Teil von ihr blieb so lange unreif, bis sie aus der Verleugnung heraustrat, das Böse ganz eingestand und sich davon trennte. Wie Kinder in einem bestimmten Alter, blieb sie in einer eigentümlichen Form des Schwarzweißdenkens verhaftet. Sie ist eine Frau mit einem klugen Verstand, doch solange sie in dieser Leugnung verhaftet war, blieb ein Teil ihrer kognitiven Entwicklung stehen. Sie war in diesem Schwarzweißdenken gefangen, das die Reaktionen und das Denken eines Kindes in einem bestimmten Alter charakterisiert.

Christus, unser Bruder, bringt uns zum Vater

»Denn ihr habt nicht einen Geist empfangen, der euch zu Sklaven macht, so daß ihr euch immer noch fürchten müßtet, sondern ihr habt den Geist empfangen, der euch zu Söhnen macht, den Geist, in dem wir rufen: Abba, Vater! So bezeugt der Geist selber unserem Geist, daß wir Kinder Gottes sind« (Röm 8,15-16).

In der hörenden Freundschaft finden wir die Bestätigung unserer höchsten Identität: unserer Sohnschaft (näheres vgl. Kapitel 8). Wir finden nicht nur als Person Bestätigung, sondern als Söhne und Töchter Gottes. Aus der Unreife und Knechtschaft finden wir zu der Gewißheit, wer wir in der Liebe Gottes sind.

Als ich ein junges Mädchen war, hatte mich Holman Hunts Gemälde vom an die Herzenstür klopfenden Christus derart bewegt, daß ich mich nach der Gewißheit sehnte, er sei bereits eingetreten oder werde noch eintreten. Ich sehnte mich nach der Gewißheit, daß ich vom himmlischen Vater in seiner Liebe adoptiert worden war. Christus allein kann uns diese Gewißheit schenken. Darum ist die Kirche, wenn sie orthodox ist, christuszentriert. Indem Christus in unser Menschsein kam, nahm er menschliche Gestalt an und wurde Gottessohn und Menschensohn zugleich. Er wurde unser Bruder. Kraft seiner Menschwerdung können wir Gott Vater nennen.

Meine Not als ein auf die Pubertät zugehendes Mädchen wurde dadurch noch komplizierter, daß mein irdischer Vater gestorben war, als ich noch ein Kleinkind war, und ich keinen Vaterersatz gehabt hatte. Ich kämpfte mit den Auswirkungen meiner Vaterlosigkeit und hatte das starke Bedürfnis, die

Stimme eines Vaters zu hören. Ich brauchte die Bestätigung eines Vaters, der mir sagte, wer ich bin und wer ich wurde. Ich mußte einen Vater sagen hören: »Du bist in meinen Augen wertgeachtet, eine vielversprechende junge Frau, und eines Tages wirst du aufblühen und eine wirkliche und anmutige Frau werden.« Obwohl ich damals nicht verstand, welche Folgen es hat, keinen Vater zu haben, so weiß ich doch inzwischen, daß ich mir die Stimme und Liebe eines Vaters kaum vorstellen konnte. Keines von beiden hatte ich je erlebt. Dies ist zweifellos einer der Gründe, warum ich diesem Fixiertsein auf Erfahrungen unterlag, von dem ich bereits geschrieben habe.

Unsere irdischen Väter symbolisieren unseren himmlischen Vater. Sie sind von Gott als Instrumente eingesetzt, durch die wir in ein sicheres Gespür für unser Mann- beziehungsweise Frausein eingeführt werden. Im Idealfall bereitet uns ihre Bestätigung auf die Bestätigung Gottes und auf die Identität, die wir in ihm haben, vor und öffnet uns für diese Bestätigung. Auf der irdischen Ebene macht uns die Bestätigung durch unsere irdischen Väter fähig, uns selbst, unsere geschlechtliche Identität und unsere Person am Ende der Pubertät anzunehmen. Fehlt diese Bestätigung, dann fällt es uns schwerer, unserem himmlischen Vater unser Herz zu öffnen. Wir ringen dann mit jener Art emotionaler Unsicherheit, welche die Zeit des Heranwachsens und der Pubertät zu dem »finsteren Mittelalter« werden lassen kann, von dem Lewis sprach.

Eine gesunde Vaterbeziehung[14], der eine gesunde Mutterbeziehung vorangeht, ist das Heilmittel, das den Übergang erleichtern kann. Sie kann daraus sogar einen lohnenden, wenn auch unruhigen Abschnitt unseres Lebens werden. Wir müssen uns auf gesunde Art von unserer Mutter loslösen, um nicht mehr über die Maßen von ihr, ihrer Fürsorge und dem Tonfall schützender Besorgnis in ihrer Stimme abhängig zu sein. Auch die Mütter brauchen diese Loslösung. Die Väter müssen zwischen die Mütter und ihre Kinder treten und beiden bei diesem wichtigen Schritt helfen. In der Pubertät müssen wir also auf die starke, weise männliche Stimme hören, die uns nicht nur als Person in unseren eigenen Rechten bestätigt, sondern uns auch auf die größere Welt außerhalb des Kreises unserer Familie hinweist.

Eine offenkundig schlechte Vaterbeziehung, wie bei dem Beispiel der jungen Frau, die von ihrem Vater von Geburt an gehaßt worden war, legt unserer Entwicklung noch größere Hindernisse in den Weg. Der, der das letztlich Maskuline, Gott den Vater, symbolisieren soll, wird für die Art, wie der junge Mensch die Stimme und Liebe Gottes aufnimmt, zu einem schwerwiegenden emotionalen Hindernis. Ebenso finden wir jedoch zur nötigen Heilung, wenn wir das Leiden durchbrechen und Gottes Stimme hören. Es geschieht nur auf diesem einen Wege.

Wir bekommen einen guten Einblick in den Schutz, den Josef Jesus und dessen Mutter, Maria, seit Jesu Geburt bot. Josef war ohne Zweifel ein irdischer Vater, durch den Gott Jesus außerordentlich segnete und bestätigte und ihn in die richtige Richtung lenkte. Er war solch ein Vater, der sich zur rechten Zeit liebevoll zwischen seine Kinder und ihre Mutter stellen konnte, zum Wohl der Kinder und der Mutter. Ein solcher Vater gibt jungen Menschen die Gewißheit, daß ihre Kindheit nun erfolgreich abgeschlossen ist und sie auf ein verantwortungsvolles Leben als Erwachsene zugehen.

Es kam die Zeit, als Jesus ganz in die Gegenwart der Stimme seines Vaters im Himmel eintreten mußte, um zur vollen Reife zu gelangen. Im Lukasevangelium, Kapitel 2, Vers 49, hören wir, wie der zwölfjährige Jesus zu seinen besorgten Eltern sagt: »Warum habt ihr mich gesucht? Wußtet ihr nicht, daß ich in dem sein muß, was meinem Vater gehört?« Wir erkennen daran, daß er den Übergang aus der Pubertät ins Mannsein erfolgreich und entschlossen durchlaufen hat. Er hat sozusagen von dem Haus Josefs in das Haus, das seinem Vater gehörte, gewechselt. Und so muß es bei uns auch sein, wenn wir im Heiligen Geist leben und unsere Identität als Erben Gottes ganz ausfüllen wollen. Es ist eine Sache, auf der irdischen Ebene einigermaßen selbstsicher zu sein; es ist etwas völlig anderes, zu der Bestätigung und Gewißheit zu finden, Kinder des lebendigen Gottes zu sein.

»Wissen wir erst einmal um Gottes Vaterschaft, so wissen wir auch gleichzeitig um unsere Sohnschaft. Wenn uns vertraut wird, wer er ist, sind wir auch vertraut mit dem, was wir sind ... Calvin hat einmal im ersten Abschnitt seiner Institutio darauf hingewiesen, daß Erkenntnis Gottes, wo sie am tiefsten gründet, immer auch Selbsterkenntnis ist.«[15]

Viele finden zu Christus und erkennen doch nie die Bedeutung dessen, was es heißt, Söhne und Töchter Gottes zu sein. Das Gemälde, auf dem Christus an die Tür unseres Herzens klopft, stellt dies dar. Indem wir hören und dem göttlichen Sohn die Tür öffnen, erleben wir Freundschaft und Sohnschaft. Gott, der Vater, hat es so gewollt, daß wir Jesus durch seinen Gehorsam als Sohn Gottes, einen Gehorsam bis zum Tode, nicht nur als Erlöser, sondern auch als Bruder erfahren sollten, der uns zum Vater führt. Er bringt uns mit der männlichen Stimme schlechthin ins Gespräch; wenn wir diese Stimme hören und ihr gehorsam sind, dann haben wir das Leben gewählt.

Kapitel 12

Wie Gott zu
seinen Kindern redet

*»Der Vater als Gott im Himmel, in Herrlichkeit, der Sohn als fleischge-
wordener Gott und Mensch und der Geist als Kraft verleihender, der
Gemeinde und den Gläubigen innewohnender Gott, diese drei sind
nicht nur drei Götter Seite an Seite in einem unerquicklichen Wettstreit
miteinander. Im Neuen Testament gibt es kein Zurück hinter die
Grundeinsicht des alttestamentlichen Glaubens: »Höre, Israel: Der
Herr ist unser Gott, der Herr allein!« (Dtn 6,4). Aber dieser einige
Gott ist auf dreifach verschiedene Weise da. Das ist in der Tat ein
Geheimnis, das über unseren Verstand hinausgeht. Worauf es aber
ankommt, ist, daß es sich um ein authentisches Mysterium handelt ...«*
(Thomas A. Smail)[1]

Gott spricht zu uns als Vater, als Sohn und als Heiliger Geist, und wir
wissen im allgemeinen, wer aus der Dreieinigkeit zu uns redet. Als
Gott zum Beispiel in einer Vision zu Petrus redete, wußte dieser
sofort, daß es die Stimme seines Herrn war und redete ihn als solchen an
(vgl. Apg 10,14). Bald danach, als gerade die Männer, die Kornelius
gesandt hatte, an der Tür zum Haus des Petrus Einlaß erbaten, hörte Petrus,
wie der Heilige Geist zu ihm redete. Er befand sich nicht mehr in der
erwähnten Vision, einer »Verzückung«. Diesmal redete der Heilige Geist
und informierte ihn über die drei Männer, die ihn suchten. Er sollte nicht
zögern, mit ihnen zu gehen (vgl. Apg 10,19).

Wie in der Schrift damals, so ist es auch bei denen, die heute auf Gott
hören. Wenn uns ein Wort durch den Heiligen Geist erreicht, so wird es
manchmal von einem eigentümlichen »Schubsen« begleitet. Hier ist ein
Beispiel aus jüngster Zeit. Ein Priester, der gut Vorträge halten konnte,
sprach bei einer Versammlung. Seine Vorträge waren, was Inhalt und
Aufbau anging, sehr gut vorbereitet. Wir waren gemeinsam zu dieser
Versammlung eingeladen, und ich selbst hatte bereits die herausfordernde
Erfahrung gemacht, daß Gott das, worüber ich reden soll, plötzlich ändert.

Dieser Mann jedenfalls war ein Brite und in seiner Art nicht ganz so flexibel. Aber so sehr er auch versuchte zu widerstehen, er mußte von dem abweichen, was er für seinen Vortrag vorbereitet hatte, und statt dessen das sagen, was der Heilige Geist sagen wollte! Das Ergebnis war wunderbar. Als er sich später entschuldigte und sein Abweichen vom Geplanten zu erklären versuchte, beschrieb er dieses »Schubsen« wundervoll. Mit Gesten zeigte er, wie er vom Heiligen Geist »angeschubst« und einmal beinahe »geprügelt« worden war – bis er begriff, was der Heilige Geist wollte.

Wie in dem Beispiel aus der Apostelgeschichte empfangen wir Gottes Wort auf unterschiedliche Weise. Oft muß Gott dasselbe Wort auf mehrerlei Weise sagen, damit wir verstehen. Im folgenden wollen wir kurz einige verschiedene Formen betrachten, wie die Botschaft Gottes uns erreicht.

1. Die Bibel

Wir haben bereits betrachtet, welchen einzigartigen Platz die Bibel bei unserem Hören auf Gott einnimmt. Sie ist ein so einmaliges und machtvolles Instrument für die Stimme Gottes, daß heute manche den Fehler machen zu behaupten, Gott spreche nur durch die Schrift zu uns. Die Tatsache, daß dies nicht stimmt, nimmt dieser schriftlichen Offenbarung Gottes für uns nichts von ihrer Bedeutung. Sie ist der wichtigste Weg, um Gott zu erkennen und zu hören. Die schriftliche Offenbarung, verbunden mit der Art, wie der Heilige Geist bestimmte Teile der Schrift als eine direkte Antwort auf eine momentane Situation in uns wachruft, machen die Bibel zur größten Schatztruhe, die wir hier auf dieser Erde jemals besitzen werden.

2. Eine hörbare Stimme

Wir haben bereits gesehen, wie Gott mit hörbarer Stimme in das Leben des jungen Samuel hineinspricht. Es gibt in der Geschichte viele weitere, schriftlich belegte Beispiele dafür. Ich habe den Bericht über die hörbare Stimme Gottes in der »Confessio« des Heiligen Patrick gelesen: Gott ruft Patrick aus der Sklaverei heraus und beordert ihn zurück in sein Heimatland. Dies war der Beginn der großen Berufung des Heiligen Patrick, das Evangelium zu verkünden. Die Heiligen haben die hörbare Stimme besonders wahrgenommen und niedergeschrieben, weil sie im Vergleich mit den anderen Wegen, wie Gott mit uns kommuniziert, selten ist.

Nur einmal habe ich eine hörbare Stimme vernommen. Sie weckte mich aus einem tiefen Schlaf auf. Ich »sah« nichts – es handelte sich nicht um einen Traum –, und das einzige, was ich erlebte, war, daß ich etwas hörte, das ich für die Stimme Gottes, des Vaters hielt. Die Stimme sagte nur sechs Worte, die Aussage des Paulus: »Für mich ist Christus das Leben« (Phil 1,21). Im Gebet hatte ich mehrfach darum gebeten, den Sinn dieser Worte zu erfahren. Als der Vater diese Worte mit lauter, eindrucksvoller Stimme über mir gleichsam ausschüttete, hatte ich den Eindruck, als würde ich darin getauft. Ihre Bedeutung umspülte mich und floß durch mich hindurch. An diesem Tag hatte mir Gott, bevor ich zu Bett gegangen war, eine meiner ersten großen Lektionen über die »Wirklichkeit der Inkarnation«[2] [Menschwerdung] gegeben. Der Zusammenhang, in den hinein Gott diese Worte sprach, war ungewöhnlich. Zum ersten Mal in meinem Leben wußte ich, was es heißt, einen wirklichen »Feind« zu haben. Die Worte des Paulus bedeuteten in dieser Situation, daß ich es Christus gestatten sollte, in mir zu leben und selbst meinen schlimmsten »Feind« durch mich zu lieben.

3. Erfahrungen mit hörbaren oder nicht hörbaren Botschaften

Gott spricht zu uns auch durch solche Erfahrungen, bei denen wir eine entweder hörbare oder aber nicht hörbare Botschaft empfangen, zum Beispiel durch eine Vision, einen Traum oder eine Theophanie [eine sichtbare Manifestation Gottes]. Christi Taufe ist ein wunderbares Beispiel für das Erleben einer hörbaren Stimme.

Es geschah, als Jesus betete. Wir wissen nicht, was Jesus vom Vater erbat, aber wir wissen, daß der Vater redete:

> »Zusammen mit dem ganzen Volk ließ auch Jesus sich taufen. Und während er betete, öffnete sich der Himmel, und der Heilige Geist kam sichtbar in Gestalt einer Taube auf ihn herab, und eine Stimme aus dem Himmel sprach: Du bist mein geliebter Sohn, an dir habe ich Gefallen gefunden« (Lk 3,21-22).

Jesus war zu diesem Zeitpunkt etwa dreißig Jahre alt. Durch seine Taufe wurde er vom Vater für seinen Dienst mit Vollmacht ausgestattet, und Jesus begann danach sein öffentliches Wirken. »Du bist mein Sohn« – du bist der Messias. Der Vater bestätigte ihm umfassend und in aller Öffentlichkeit die Vaterschaft und damit auch Jesu ganze und wahre Identität.

Der Evangelist Markus spricht von dem, was Christus sowohl sah als auch hörte: »Und als er aus dem Wasser stieg, sah er, daß der Himmel sich öffnete und der Geist wie eine Taube auf ihn herabkam« (Mk 1,10). Johannes der Täufer sah und hörte das gleiche wie Christus. Außerdem sprach Gott, der Vater, direkt zu ihm:

»Und Johannes bezeugte: Ich sah, daß der Geist vom Himmel herabkam wie eine Taube und auf ihm blieb. Auch ich kannte ihn nicht; aber er, der mich gesandt hat, mit Wasser zu taufen, er hat mir gesagt: Auf wen du den Geist herabkommen siehst und auf wem er bleibt, der ist es, der mit dem Heiligen Geist tauft. Das habe ich gesehen, und ich bezeuge: Er ist der Sohn Gottes« (Joh 1,32-34).

Die nächste Begebenheit, bei der uns von der hörbaren Stimme des Vaters berichtet wird, trug sich zu, als Jesus Petrus, Johannes und Jakobus zum Gebet mit sich auf einen Berg nahm. Auch hier redete der Vater wieder als Anwort darauf, daß Jesus betete. Dieses Mal sprach er aus einer Wolke heraus. Jesus wurde vor ihren Augen verklärt, »das Aussehen seines Gesichtes [veränderte sich], und sein Gewand wurde leuchtend weiß«, so berichtet uns Lukas. Mose und Elija, selbst von der Herrlichkeit Gottes verklärt, treffen sich mit Jesus:

»Und plötzlich redeten zwei Männer mit ihm. Es waren Mose und Elija; sie erschienen in strahlendem Licht und sprachen von seinem Ende, das sich in Jerusalem erfüllen sollte« (Lk 9,30-31).

Es ist nicht verwunderlich, daß Petrus, Johannes und Jakobus »voller Schlaf« [vgl. Urtext, »beschwert von Schlaf«] waren – Erdenbewohner kommen nicht sehr gut mit der Wucht einer solchen Herrlichkeit zurecht. Doch sie sahen die Herrlichkeit Christi und hörten den Vater reden, der erneut den Sohn bestätigte: »Das ist mein auserwählter Sohn, auf ihn sollt ihr hören« (Lk 9,35).

Wir sollten uns nicht wünschen, so oft die Stimme Gottes zu hören und seine Herrlichkeit zu sehen, wie Petrus, Johannes und Jakobus das taten. Das ist eine zu große Belastung für unseren Körper. Die Herrlichkeit Gottes, die Manifestation seiner Gegenwart über und in uns muß über einen Mittler geschehen, wenn wir es ertragen und überleben sollen. Zu Mose hat Gott gesagt: »Du kannst mein Angesicht nicht sehen und leben.« Mose, so wird uns berichtet, redete von Angesicht zu Angesicht mit Gott, doch als Sterblicher hätte er Gott nicht sehen können, ohne dabei zu sterben. Gott manifestiert sich und seinen Willen mit unterschiedlicher Intensität. Manchen dieser Wege können wir uns leichter aussetzen als anderen.

Manchmal können wir Gott auch in Verbindung mit einer nicht hörbaren Botschaft erfahren. Die Worte oder Bilder werden »gesehen« oder in unsere Gedanken hineingeprägt. Wir könnten dies als die »leise, unscheinbare Stimme Gottes« bezeichnen oder auch als das sanfte und doch beharrliche »Schubsen« des Heiligen Geistes.

4. Erfahrungen ohne eine hörbare oder nicht hörbare Stimme

Ein persönliches Beispiel für eine Erfahrung ohne eine hörbare oder nicht hörbare Stimme, das mir einfällt, war meine Taufe im Heiligen Geist. Als Jesus mich im Heiligen Geist taufte, teilte er sich mir in ganz persönlicher Weise mit, wie ich es in diesem Leben wahrscheinlich nicht stärker und machtvoller erleben werde. Doch ich kann mich nicht daran erinnern, daß dabei irgend etwas gesagt wurde. Es mag lautlose Worte gegeben haben, die von dem Erlebnis überschattet wurden, weil ich ein Kind war, doch ich würde mich daran erinnern, wenn ich eine hörbare Stimme gehört hätte. Gottes überwältigende Gegenwart goß sich vom Himmel auf mich herab, strömte in mich hinein und füllte mein ganzes Sein aus, um dann in einem gewaltigen Ausruf des Dankes und des Lobpreises zu Gott aufzusteigen. Gott könnte kaum nachdrücklicher zu einem Menschen reden. Christus, der »Ich-bin«, redete, und ich wußte, daß dieser »Ich-bin« bei mir war (vgl. Ex 3,12). Dies ist die Botschaft des Evangeliums, die ich auf allen Ebenen meines Seins empfing.

5. Engel

Gott sendet sein Wort durch Engel. Die Schrift und die Heiligen aller Tage erzählen von vielen Beispielen hierfür. Auch hierbei gilt, daß das Wort manchmal hörbar ist und manchmal nicht hörbar. Mir brachte einmal ein Engel eine Botschaft, und seine außerordentlich maskuline Erscheinung überwältigte mich derart, daß ich Tage, ja vielleicht Wochen brauchte, um darüber hinwegzukommen.[3] Der Engel war plötzlich bei mir, als ich sehr ernstlich um eine Wegweisung bat, wohin ich gehen sollte. Er sprach kein Wort. Ich war von seiner Gegenwart, seiner Größe und dem, was ich von ihm sah, zu Boden geworfen worden. Ich konnte nicht einmal aufschauen, um sein Gesicht zu sehen. Doch während seine Erscheinung langsam verschwand, nahm seine Botschaft in meinem Verstand klar und deutlich Gestalt an. Zuvor hatte ich niemanden an dem Ort gekannt, an den ich gehen sollte, und nichts über die Situation dort gewußt. Nun wußte ich ganz genau, wohin ich gehen sollte, was ich tun sollte und an wen ich mich zuerst wenden sollte, wenn ich angekommen war. Aus dieser Reise entwickelte sich ein gewaltiges Wirken des Heiligen Geistes, das Leiter zu Christus führte. Erst nach einer Weile erkannte ich, daß die Antwort vom Engel überbracht worden war.

Auch hier ist zu sagen, daß die Intensität solcher Manifestationen von Fall zu Fall unterschiedlich ist. Ich habe in unseren Versammlungen und im persönlichen Gebet oder im Gebet der Gruppe Engel erkannt, doch ich habe sie nicht in einem solchen Maß intuitiv wahrgenommen und bin nicht so sehr »in ihre Gegenwart getreten« wie bei diesem denkwürdigen Ereignis.

6. Die leise, unscheinbare Stimme Gottes

Gott prägt sein nicht hörbares Wort durch seine leise, unscheinbare Stimme tief in unsere Gedanken hinein. Wir wissen, daß diese Gedanken nicht von uns selbst stammen, sondern von Gott. Dieses Reden Gottes kann in seinen Auswirkungen genauso gewaltig sein wie das scheinbar dramatischere Hören einer lauten Stimme, das Erscheinen eines Engels oder eine phänomenale Erfahrung. Unsere Gebetstagebücher sind eine Chronik unserer Erfahrungen beim Hören und ein Beachten dieser leisen, unscheinbaren Stimme Gottes.

In der Regel weine ich nicht, aber ich erinnere mich, daß ich einmal, nachdem ich ein solches »Reden« empfangen hatte, noch tagelang weinen mußte. Ich spielte die Orgel und leitete die Gemeinde bei einem Kirchenlied an, als Gott in mich die schlichte Gewißheit einprägte, daß ich erwählt war. Dann steckte er mir ein bestimmtes Ziel. In den folgenden drei Tagen hatte ich ein Verlagen nach Gebet, das nur Gott angeregt und möglich gemacht haben konnte. Und nicht er traf für mich die Entscheidungen, sondern ich mußte entscheiden und mir dann willentlich vor Gott ein bestimmtes Ziel setzen. Ich hatte falsche Vorstellungen darüber, was ich tun konnte und was nicht, derer sich Gott in dieser Zeit annahm. Was ich an dieser Stelle mit dieser Schilderung sagen möchte, ist, daß die Frage, wie tief wir von einem Wort des Herrn getroffen werden, nicht von der Art abhängig ist, wie Gott zu uns redet.

7. Andere Menschen

Gott kann und wird oft durch andere Menschen sehr direkt zu uns reden. König David hat dies ausgedrückt: »Der Geist des Herrn sprach durch mich, sein Wort war auf meiner Zunge« (2 Sam 23,2). »Vom Heiligen Geist getrieben haben Menschen im Auftrag Gottes geredet«, so sagt Petrus (2 Petr 1,21). Dies unterscheidet sich von dem, wie Gott andere Menschen normalerweise benutzt, um uns zu unterweisen. Uns wird bewußt, daß Gott auf besondere Weise zu uns gesprochen hat, indem sein Geist an und durch diesen Menschen gehandelt hat. Dies geschieht bei gesalbten Predigten oder Unterweisungen. Es geschieht durch die Gaben des Heiligen Geistes. Gott kann auch durch eine Begebenheit oder durch seine anderen Geschöpfe direkt zu uns reden. Als Bileams Ohren voller Wachs waren, weil er einem heidnischen König gefallen wollte, übermittelte ihm sein Esel das Wort Gottes und verschaffte der Botschaft Gehör.

8. Träume und Visionen

»Ist nicht das Träumedeuten Sache Gottes? Erzählt mir doch [eure Träume]!« (Gen 40,8).

Gott hat mir durch Träume Dinge mitgeteilt, die ich auf anderem Wege wohl kaum hätte erfassen können. Dinge, die einen zu umfassenden Überblick zeigen oder für Worte zu groß sind, können durch Bilder und Symbole zu uns gelangen. Und sie bleiben uns auch leichter erhalten. Wenn die Botschaft des Bildes in unserem Herzen verwahrt wird, wächst unser Verständnis für das »Gesagte«. Zum Beispiel sind gewisse Schlüsselträume in meinem Geist besonders lebendig und bedeuten mir heute sogar noch mehr als damals, als ich sie empfing.

Diese Träume scheinen in Zeiten aufzutreten, in denen sich entscheidende Veränderungen abspielen – Zeiten, in denen meine Ideen von dem, was Gott von mir will oder erwartet, eher mit dem in Einklang stehen, was ich mir für andere vorstellen könnte, nicht aber für mich. Dies mag auch bei Josef der Fall gewesen sein, wie uns im Buch Genesis berichtet wird. Als junger Bursche wurde er von seinem Vater gegenüber seinen Halbbrüdern bevorzugt und geriet so in Gefahr. Inmitten dieser Situation hatte er zwei Träume, die ihm nach dem Willen Gottes ganz eindeutig eine führende Stellung in seiner Familie voraussagten. Josef setzte sich der tödlichen Eifersucht seiner Brüder aus, indem er ihnen seine Träume erzählte, denn seine Familie verstand die symbolhafte Botschaft seiner Träume.

Eine Ironie liegt bei dieser Geschichte natürlich darin, daß seine Brüder der Botschaft von Josefs Träumen glaubten, was er selbst kaum vermochte. Obwohl die Schrift uns nicht berichtet, welchen persönlichen

Einfluß diese Träume auf Josef hatten, können wir davon ausgehen, daß dieser Einfluß unermeßlich groß gewesen sein muß. Gottes Botschaft trug Josef ohne Zweifel nicht nur durch seine Jahre im Gefängnis hindurch, sondern auch in der Zeit, als er die Aufgabe hatte, sein Volk während der großen Hungersnot zu retten.

Vor kurzem erst waren mehrere Mitglieder unseres Gebetsteams, unter ihnen auch Mario Bergner, in einem schwierigen Auftrag unterwegs. Sie sollten einer einflußreichen kirchlichen Gruppierung dienen, die unter den starken Einfluß geistlicher Irreführung geraten war, einer Tatsache, von der wir nichts wußten. Als sie dort ankamen und noch bevor ihr eigentlicher Dienst begann, schenkte der Herr Mario einen Traum. Auf symbolhafte Weise wurde uns das Problem gezeigt, mit dem wir es zu tun haben würden, dazu auch seine Ursprünge und die Hunderte von Jahren zurückreichende Geschichte dieses Problems. Nur durch einen Traum konnte dies geschehen.

Es war äußerst phänomenal, wie Gott diesen Traum benutzte, um uns nicht nur zu helfen, dieses riesige Problem zu verstehen, dem wir gegenüberstanden, sondern um es uns auch zu ermöglichen, denen zu helfen, die in diese Irreführung verwickelt waren, so daß sie ihrerseits das Problem verstehen konnten. Sie müssen sich über die Weisheit, die Gott uns gab, gewundert haben. Ich kann nur sagen, daß es keinen anderen Weg gegeben hätte, wie Gott uns das ganze Ausmaß dieses Problems und auch die entscheidende Fehlhaltung von Sünde zeigen konnte, die es zu bekennen galt, um die Irreführungen, die das Leben der Menschen in dieser Gruppierung beherrschten.

Die emotionalen und geistlichen Hindernisse, unter denen viele leiden, um zu einem gesunden, ganzheitlichen Menschen zu reifen, stellen komplizierte und tiefe Verletzungen der Persönlichkeit dieser Menschen dar. Indem wir Träume verstehen, hilft Gott uns, verletzten Menschen zu helfen, wenn sie uns von ihren Träumen erzählen. Die Träume eines Menschen können uns die nötigen Fingerzeige geben, die für die sonst unergründlichen Tiefen der Persönlichkeit von Bedeutung sind. Wenn wir betend um die Interpretation der Träume bitten und im Gebet den Nöten und Entbehrungen der Seele nachgehen, auch durch die Buße und die Vergebung anderer gegenüber, erleben wir, wie dieser Seele große Heilung widerfährt. Wir können gewiß sagen, daß in vielen Fällen diese Heilung ohne die Botschaft, die durch die Träume übermittelt wurde, nicht stattgefunden hätte. Es ist wunderbar zu sehen, wie Menschen wachsen, wenn Gott erst einmal seinen Finger auf ihre versteckten Wunden gelegt, diese benannt hat und diesen Menschen gleichzeitig die Gnade geschenkt hat, zu vergeben und Vergebung zu finden.[4]

Wie wir Träume von Worten
der Erkenntnis unterscheiden können

Manchmal erreicht uns ein Wort der Erkenntnis im Schlaf. Zum Beispiel erkennt eine Mutter ganz plötzlich, daß ihr Kind am Ertrinken ist, und springt von einem Nickerchen auf und rettet das Kind. Das ist etwas anderes als ein Traum, selbst wenn womöglich Elemente des Traums beteiligt waren wie zum Beispiel Traumbilder, die uns im Aufwachen bewußt werden. Doch die Botschaft hat keinen symbolischen Charakter und muß nicht erst interpretiert werden. Es ist ein direktes Reden, dem wir umgehend Folge leisten sollen.

Die Vision

Manche sagen, Visionen seien einfach nur Wachträume. Es scheint mir jedoch, daß Visionen sowohl dann auftreten können, wenn wir schlafen, als auch im Wachzustand. Die Vision schenkt uns ein erhöhtes Bewußtsein für andere Seinsebenen, darin unterscheidet sie sich vom Traum. Der Bereich des normalerweise Unsichtbaren wird den Sinnen auf eine außergewöhnliche Weise präsent gemacht. Die Engelserscheinung, von der ich vorhin berichtet habe, war im Grunde eine Vision, die mir im Gebet zuteil wurde. In der Apostelgeschichte, Kapitel 10, lesen wir von zwei Visionen: in der ersten kam ein Engelsbote zu Kornelius mit der Information: »Deine Gebete und Almosen sind zu Gott gelangt, und er hat sich an sie erinnert« und mit klaren Anweisungen: »Schick jetzt einige Männer nach Joppe, und laß einen gewissen Simon herbeiholen, der den Beinamen Petrus hat. Er ist zu Gast bei einem Gerber namens Simon, der ein Haus am Meer hat« (Apg 10,4-6). Kornelius befolgte diese Anweisungen umgehend.

In der Zwischenzeit »kam eine Verzückung«, ein Zustand des überhöhten Bewußtseins, über Petrus, der auf einem Hausdach in Joppe gebetet hatte. Er hörte, wie der Herr ihm dreimal gebot, nichts unrein zu nennen, das Gott rein geschaffen hatte. Er sollte dem direkten Wort, das in dieser Vision enthalten war, umgehend Folge leisten.

Aus der Schrift heraus können wir den Unterschied zwischen Traum und Vision leicht erkennen. Beide enthalten symbolische Elemente und bedürfen der Interpretation. Beide bedürfen auch der Gabe der Unterscheidung, weil Worte der Welt, der Ichbezogenheit und des Widersachers uns durch Träume und Visionen ebenso erreichen können wie im Wachzustand. Wir müssen daran denken, daß Interpretationen eine Sache Gottes sind. Wie Petrus sind wir ratlos und überlegen, was die Vision bedeuten mag – wir sind vereint mit Menschen, die die Gabe haben, Träume auszulegen, im Gebet vor Gott, wir überlegen mit Gott zusammen und wir empfangen seine Weisheit.

Probleme bei der Interpretation von Träumen

Menschen können von den eher intuitiven Erkenntnisweisen ihres Herzens so sehr abgeschnitten sein, daß sie Träumen oder Visionen keine Beachtung schenken. Insbesondere Männer behaupten manchmal sogar, sie würden überhaupt nicht träumen. Doch sie träumen. Sie sind nur so erzogen, daß sie solches ignorieren. Wenn Männer und Frauen erst einmal anfangen, auf Gottes Reden zu hören und sich der Motivationen ihrer Seele bewußt werden, werden sie jedoch möglicherweise entdecken, daß Träume ein unverzichtbares Mittel sind, Gottes Reden zu hören.

An dieser Stelle wird sich jedoch unser eigentliches Problem zeigen. Männer wie Frauen verstehen die symbolhafte Sprache des Traums nicht. Bevor sie von Gott zutreffende und vollständige Interpretationen von Träumen empfangen können, benötigen sie ein göttliches Training, durch welches das vollständige jüdisch-christliche Symbolsystem wiederhergestellt wird. Dies gilt ebenso für die symbolischen Elemente, die manchmal, nicht immer, auch in Visionen enthalten sind.

Bei der Interpretation von Träumen sind die Christen am meisten gefährdet, die der symbolischen Sprache des Unterbewußten ein wissenschaftliches oder andersgeartetes Interesse entgegengebracht haben und daher den Traum am meisten schätzen. Solche Menschen sind entweder von ihrer Überzeugung her neognostisch (siehe Kapitel 14), meist von Jung beeinflußt, geprägt oder haben durch ihre Ausbildung einen Hang in diese Richtung. Ihre Interpretationen von Träumen werden sich, dadurch bedingt, mit dem psychologischen Reduktionismus unserer Tage decken. Menschen können und werden in ernsthaft geistliche Schwierigkeiten geraten, wenn sie die Anschauungen solcher Interpretationen übernehmen.

Im Gegensatz dazu können Christen, die ihre Träume wörtlich und nicht symbolisch nehmen, für andere auf eine Art gefährlich werden, wie dies ein gut geschulter Jungscher Therapeut, der die Träume symbolisch deutet, nicht sein könnte. Zum Beispiel gibt es Christen, die von anderen Menschen träumen und diesen Traum als eine wörtliche Botschaft über diese Person ansehen. Damit geht ihnen nicht nur die Bedeutung des Traums verloren, die dem Träumenden meist etwas über sich selbst sagen will, sondern sie lenken auch ihren Glauben in eine falsche Richtung und betrachten einen anderen Menschen in einer abergläubischen Art und

Weise. Paranoide Menschen machen diesen Fehler immer wieder, ähnlich wie dies bei heidnischen Medizinmännern geschieht.

Träume sind wichtig. Wir müssen die symbolhafte Sprache, in der sie reden, verstehen. Ich kannte einmal einen Baptistenprediger, der gerne zu sagen pflegte, wenn wir die leise, unscheinbare Stimme Gottes – Gottes häufigste Art, zu uns zu reden – nicht verstünden, dann würde Gott uns einen Traum senden. Wenn wir den Traum nicht beachteten, würden wir auf dem Krankenbett lernen. Dies mag eine gewisse Vereinfachung der Tatsachen sein, daß Gott auch mit anderen Mittel als dem Traum beharrlich reden kann. Aber das Krankenbett ist nicht die einzige Möglichkeit, wie wir eine nötige Lektion lernen. Doch der Traum hat tatsächlich etwas Beharrliches an sich. Er wiederholt sich häufig und stellt uns die gleiche Botschaft auf unterschiedliche Weise dar.

9. Gottes Schöpfung

Gott kann und wird manchmal auch sehr prägnant und direkt durch seine Schöpfung reden. Ich habe dies unter Punkt 6 bereits angedeutet, doch nicht in bezug auf die Schönheit und Majestät der Schöpfung Gottes. Charles Pierce, der amerikanische Philosoph, dessen religiöse Ansichten erst jetzt bekannt werden, nennt das Universum der Schöpfung Gottes auch »Gottes Gedicht«, das zu uns spricht. »Die Himmel erzählen«, so sagt der Psalmist. Der Apostel Paulus schreibt im Römerbrief, Kapitel 1, Verse 19-20, sehr treffend darüber. Im großen und ganzen wird in all diesen Feststellungen eine allgemeine Wahrheit ausgedrückt. Manchmal kann jedoch auch die große Schönheit der Natur oder einer moralischen Wahrheit der Weg sein, auf dem der Heilige Geist uns ein direktes Wort erfahren läßt.

10. Die Gaben des Heiligen Geistes

Gott spricht zu uns durch das Wirken der Gaben des Heiligen Geistes. In der Tat ist das Hören auf Gott und das Ausüben der geistlichen Gaben eng miteinander verwandt. Ein Wort von Gott zu empfangen bedeutet ein »Wort der Weisheit« oder »der Erkenntnis« oder das Charisma des übernatürlichen »Glaubens« oder der »Unterscheidung der Geister«. Oder eines der anderen Charismen wie das der »Heilung« oder der »übernatürlichen Gebetssprache«, auch »Sprachengebet« genannt, oder die Gabe der »Auslegung des Sprachengebetes«, der »Prophetie« und ähnliches, zu erhalten.

Die Gaben des Heiligen Geistes wirken zu lassen bedeutet, auf Gott zu hören und von ihm zu empfangen. Wenn die Gaben in unserem Leben wirksam sind, dann erleichtern sie das Hören. Dies stimmt auf ganz einzigartige Weise für die Gabe der »übernatürlichen Gebetssprache«. Da sie den eher rationalen oder bewußten Geist umgeht, erbaut sie den intuitiven, gefühlsorientierten beziehungsweise den sogenannten unbewußten Geist (vgl. 1 Kor 14,4). Wenn wir die Geistesgaben frei ausüben, dann sind wir offen, auf Gott zu hören und das Wort, das er schenkt, zu empfangen.

Eine der wichtigsten und häufigsten Weisen, wie Gott zu uns als Gebetszelle und als Gebetsteam redet, ist durch das Wirken der Geistesgaben. Die oben erwähnten Charismen wirken durch uns einfach dadurch, daß wir vom Heiligen Geist bewegt werden, und wir alle werden dadurch auferbaut. Zunächst laden wir Gott ein, mit seiner Gegenwart da zu sein, dann rühmen wir ihn in Lob und Dank. Wir lesen gemeinsam Bibelstellen. Während wir zu ihm beten, empfangen wir Worte der Weisheit, der Erkenntnis, der Unterscheidung, durch die er uns die Führung gewährt, die wir suchen, oder unsere Herzen weit macht, damit wir den größeren Willen Gottes in uns aufnehmen können, und so weiter.

»Wenn ihr zusammenkommt, trägt jeder etwas bei: einer einen Psalm, ein anderer eine Lehre, der dritte eine Offenbarung; einer redet in Zungen, und ein anderer deutet es. Alles geschehe so, daß es aufbaut« (1 Kor 14,26).

Das gleiche geschieht in geringerem Umfang – in der Regel –, wenn jeder von uns für sich allein betet.

Wir können das Wachs nicht aus unseren Ohren nehmen und hören oder die Geistesgaben ausüben, wenn wir nicht Gaben Gottes entfachen (vgl. 2 Tim 1,6). Und die Gaben werden uns nicht »in voller Blüte geschenkt; sie müssen durch den Gebrauch entwickelt werden«, wie es in einer Anmerkung der »New International Version« zu diesem Vers heißt. Die Gaben müssen also ausgeübt werden. Wenn in einer Gruppe die Gaben des Geistes ausgelebt werden, auferbauen sie in vielfältiger Weise, da verschiedene Stärken und Gaben zusammen sind, und das Wort, das wir vom Herrn hören, wird auch von allen Anwesenden geprüft. Es gibt keinen besseren Weg, um zu lernen.

Die Wirklichkeit, die den Gaben zugrunde liegt, ist Jesus Christus selbst, die eine Gabe, die in uns wohnt. Die Geistesgaben und alle Früchte des Heiligen Geistes sind in Gott und haben mit seiner Gegenwart unter und in uns zu tun. Ein anderer lebt in uns, und wir bekennen seine Gegenwart. Bei ihm sind alle Gaben und Früchte des Heiligen Geistes vorhanden. Weil Jesus, die eine Gabe, in uns Christen lebt, finden sich die Gaben und Früchte auch in unserem Leben. Sie können durch uns in eine notvolle Welt wirken.

Der Herr weist uns den Weg

»Die Eindrücke Gottes in uns (1) und sein Wort vor unseren Augen (2) werden immer von seiner Vorsehung bestätigt (3), die uns umgibt. Und wir sollten ruhig abwarten, bis diese drei Lichter sich in einem Punkt konzentrieren.«[5]

Vor Jahren fand ich ein schmales Taschenbuch von F. B. Meyer mit dem Titel »The Secret of Guidance«. Ich verschenkte dieses Buch bald genauso schnell, wie ich mir ein neues Exemplar kaufte. Dieses Buch von Meyer und sein Buch »Meet For the Master's Use« haben mein Leben tief beeinflußt. Ich las sie in den entscheidenden Jahren meines Lebens mit Christus.[6] Als junge Erwachsene hatte ich zum Glaubensleben zurückgefunden und fragte nun: »Wie kann ich Gottes Willen für mein Leben erkennen?« und »Wie kann ich mich von ihm führen lassen?« Pfarrer Meyer gab mir durch sein Buch »The Secret of Guidance« den nötigen Anstoß. Da dieses Buch nicht mehr nachgedruckt wird, seine Inhalte für uns heute aber so wichtig sind, erscheint im Anhang B ein Auszug aus diesem Werk.

Über die hier auszugsweise abgedruckten Seiten hat Dallas Willard gesagt: »Könnte ich neben der Bibel nur ein Werk über göttliche Führung behalten, so wäre es schwierig, dieses hier zu übergehen.« Er zeigt jedoch, daß Christen, die nicht gelernt haben, die innere Stimme Gottes zu hören, noch weitere Hilfestellung benötigen.[7] Er hat recht.

Ich glaube, dieses »mehr« an Hilfestellung ist die Freiheit, die wir durch unsere Elias gewinnen – Menschen, die die Stimme Gottes schon lange kennen und ihr in Freiheit folgen. Bereits in meiner Kindheit hatte ich die Stimme Gottes erkannt. Mit F. B. Meyers »drei Lichtern« bewaffnet, mit denen wir den Willen Gottes feststellen können, erging es mir recht passabel. Doch mir fehlte das Vertrauen, bis ich meinen Elia besaß. Wie sich zeigen sollte, war er ein demütiger Priester der Episkopalkirche namens Richard Winkler. Durch ein Gebet um die Freisetzung des Heiligen Geistes in meinem Leben und durch sein Beispiel lehrte er mich und viele andere, in diesem Bereich eine größere Freiheit zu gewinnen.

Das war damals in den frühen sechziger Jahren, einer Zeit, in der ein Teil der Episkopalkirche von einer Erweckung ergriffen wurde. Pastor Richard Winkler betete für Hunderte von Priestern um die Taufe im Heiligen Geist, und diese dienten wiederum anderen. Einer dieser Priester war Pfarrer Dennis Bennett, der diesen Dienst in wunderbarer Weise vorantrieb – insbesondere durch sein Buch »Nine O'Clock in the Morning« und durch seinen Dienst an Priestern der Episkopalkirche.

Pastor Winklers Gruppe traf sich wöchentlich zum Gebet, um dann den vielen Besuchern zu dienen, die aus aller Welt gekommen waren. Da waren alle vertreten, angefangen von der Prostituierten aus den Straßen von Chicago bis hin zu so bekannten Leuten wie Catherine Marshall. Die Behauptung, wir hätten unglaubliche emotionale und körperliche Heilungen erlebt, wäre eine glatte Untertreibung.

Doch eine einfache Feststellung muß an dieser Stelle gemacht werden: Damit diese Menschen geheilt werden konnten, mußten wir nichts anderes tun, als in die Freiheit des hörenden Gebetes einzutreten. Das war das »Geheimnis« dieses vollmächtigen Heilungsdienstes. Wir beten für das, wie der Heilige Geist uns führte. Erlösung oder Heilung oder Taufe im Heiligen Geist oder Führung – was auch immer es war, wir beteten dafür.

Viele Christen betrachteten damals diese Art von Heilungsdienst gar nicht wohlgesonnen. Das ist etwas, was ich nie verstanden habe. Es gab eine Redensart über Pastor Winkler, daß wohl jedes sterbende Neugeborene leben würde, wenn nur er schnell genug im Krankenhaus eintreffen würde. Das Baby würde geheilt werden, während er es taufte. Er besaß einen unerschütterlichen Glauben in den Willen Gottes zu heilen. Weil er auf Gott hörte und so betete, wie er geführt wurde, wurde er von Gott tatsächlich mit der Gabe der Heilung betraut. Der Stolz innerhalb der Kirche war dennoch so groß, daß viele Leute, die von alledem wußten, ihn trotzdem dafür verachteten, viele davon in seiner eigenen Gemeinde. Man braucht wohl nicht extra zu erwähnen, daß sie nicht an den Gebetsgruppen teilnahmen. Wir waren immer mehr Menschen, als der Raum aufnehmen konnte, also mußten die Stühle weichen, und die meisten standen oder saßen auf dem Boden.

Wir redeten sowenig wie möglich über unsere Versammlungen, um nicht die Feindseligkeiten derer zu provozieren, die das Heilungsgebet und diesen Dienst an den Kranken haßten. Wir trafen uns recht einfach und ungezwungen, um für Menschen zu beten, von denen viele, insbesondere kirchliche oder schulische Beamte, incognito gekommen waren. Mit großer Freude sangen wir bei diesen Treffen, erzählten von unseren Erfahrungen mit Gott und lasen in der Schrift. Dann kam der Augenblick, wo wir mit den Stühlen, die wir hatten, einen Kreis bildeten. Diejenigen von uns, denen die Gaben des Heiligen Geistes vertraut waren, setzten sich. Die anderen beteten um den Kreis stehend. Wir beteten, und jeder der Sitzenden beteiligte sich: ein Sprachengebet, eine Auslegung, eine

Prophetie, eine Bibelwort, ein Lied. Es war ganz so, wie es in der Schrift gesagt wird.

Nach einer Zeit des Gebets hatte der Herr uns die Weisheit geschenkt, die wir für das nachfolgende Heilungsgebet benötigten. Wir kannten das »Thema« – auf wunderbarste Weise geschenkt, der besondere Glaube für das, was Gott wirken wollte. Dann setzten sich die, die Gebet benötigten, und nachdem wir sichergestellt hatten, um welche Not oder welches Anliegen es ging, beteten fünf oder sechs aus unserer Gruppe für den Bedürftigen. Alle Gaben des Heiligen Geistes waren am Wirken, nicht eine fehlte. Einmal sah ich, wie eine von dämonischen Mächten geknechtete Frau, die eine Prostituierte war und deren Anblick so schrecklich war, daß ich es kaum noch in dem Raum aushielt, völlig verwandelt wurde. Am nächsten Tag erkannte ich sie buchstäblich nicht wieder – und genauso ging es den anderen, die mitgebetet hatten.

Wir wurden durch unsere »Hanna« gesegnet, die uns ermahnte und beständig in dieser Kirche betete. Ihr Name war Helen Galloway. Sie war eine ältere Dame, die im Heiligen Geist getauft worden war, als sie sterbend im Krankenhaus lag. Ihr Mann, ein Apotheker, war zu Pastor Winkler gekommen und hatte ihm gesagt, daß seine Frau im Streben lag. Er sagte ihm, daß noch etwas anderes in ihr vorginge, und bat ihn, ihn ins Krankenhaus zu begleiten. Als Pastor Winkler sich über die sterbende Frau beugte und sie leise reden hörte, erkannte er, daß sie in einer neuen Sprache betete und daß der Heilige Geist auf wunderbare Weise auf sie gekommen war. Er betete für sie, und sie wurde auf übernatürliche Weise geheilt.

Danach konnte nichts mehr die bereits etwas ältere Helen Galloway aufhalten. Sie besaß mehr Kraft und Energie als irgendein anderer Mensch in ihrem Alter. Sie ging von Krankenhaus zu Krankenhaus und betete für die Kranken. Sie war im besten paulinischen Sinne für den Griechen ein Grieche und für den Juden ein Jude: Sie begegnete Evangelischen, Katholischen, Juden und Menschen ohne Christus dort, wo sie waren, und brachte ihnen den heilenden Christus nahe. Sie stand als eine große Kraft im Gebet hinter Pastor Winkler und nahm diejenigen in ihre Schule, die Angst hatten, sie könnten für die Menschen, die Gott brauchte und suchten, falsch beten.

Wie dies alles damit zusammenpaßt, daß wir lernen, auf Gott zu hören, ist wirklich einmalig und erstaunlich. Es geschah folgendes: In diesem Kreis traten wir in das hörende Gebet ein. Pastor Winkler rief die besondere heilende Gegenwart des Herrn an, und wir begannen, im Heiligen Geist zu beten. Unser bewußtes Denken wurde dadurch erleuchtet. Vieles von dem, was als Sprachengebet oder Auslegung oder Prophetie – oder anders ausgedrückt das, was die Finsternis vom Licht scheidet, Sünde benennt und zur Umkehr ruft – bezeichnet wurde, war eigentlich das Hören, das dann einsetzt, wenn unser Geist durch das Gebet im Heiligen Geist erleuchtet worden ist. Diese Geistesgaben waren ebenfalls wirksam, aber die »Botschaften« des Sprachengebetes waren weniger Botschaften im eigentlichen Sinn als vielmehr die Gebetssprache des Heiligen Geistes. Unserem Geist wurde geholfen, mit Gott über die Dinge zu reden, die notwendig waren, die sich aber nicht in Worte fassen ließen. Durch die Teilnahme an dieser Gruppe gewann ich Freiheit im hörenden Gebet und im Ausüben der Geistesgaben, die ich seitdem entdeckt habe.

Pastor Winkler und Helen Galloway wußten, mit Ermahnungen umzugehen, und sie taten es ohne Furcht. Wenn jemand gegen die Ordnung verstieß oder sich nicht korrekt benahm, so wurde ihm das gesagt. Dies ist sehr wichtig, wenn man etwas lernen will. Wir alle brauchen das. Eli und Samuel gingen ganz offen miteinander um. Und bei dieser so wichtigen Übung darf das bei uns nicht anders sein. Ich gebe Ihnen ein Beispiel: Als ich neu in der Gruppe war und wir uns im Kreis zusammensetzten, um zu beten, traute ich mich nicht, den Mund aufzumachen. Als ich das dritte Mal »ausgelassen wurde« und mich nicht beteiligte, packte mich Helen Galloway mit ihrer wunderbaren alten Hand am Knie, schüttelte mich und sagte: »Das nächste Mal sagst du etwas, oder du kommst nicht wieder!« Ich hatte nicht die Absicht, die Gruppe aufzugeben, also betete ich das nächste Mal laut. Ich betete mit alle Kraft, und die Menschen wurden durch das Gebet, das der Heilige Geist mir gab, gesegnet. Kurz danach empfing ich auch die Gaben des Heiligen Geistes.

Die Menschen lieben Mahner wie Helen Galloway. Bei einer anderen Gelegenheit kam ein junger Mann, der zu einer Pfingstgemeinde gehörte, herein. Er hatte sein ganzes Leben um die Taufe im Heiligen Geist gebetet, aber sie nie empfangen. Er fing an zu heulen und tat alles mögliche, was er bei anderen Leuten gesehen hatte, in der Hoffnung, die Taufe zu empfangen. Doch es waren seine eigenen Aktionen, die sehr viel mit einer übersteigerten Emotionalität zu tun hatten und nichts damit, von Gott zu empfangen. Ich werde nie vergessen, was Helen sehr nüchtern und sachlich tat. Sie schüttelte den jungen Mann einmal kräftig und sagte mit fester Stimme: »Hören Sie auf damit, junger Mann! Es ist gar nicht nötig, daß Sie sich so verhalten!« Völlig erstaunt brach er sein Zittern und Weinen ab. Dann betete Helen leise für ihn, und er empfing den Heiligen Geist.

Die Einheit in dieser Gruppe war phänomenal. Wir waren so unterschiedlich, wie wir nur sein konnten, lauter verschiedene Konfessionen und Rassen. Hier lernte ich das »Jesusgebet« – »Herr, Jesus Christus, Sohn des lebendigen Gottes, erbarme dich über mich Sünder.« Es wurde uns empfohlen, daß wir uns, wenn wir mit jemandem eine Meinungsverschiedenheit hatten, was so selten vorkam, daß ich mich nur an einige wenige Gelegenheiten erinnern kann, niemals mit Worten an dem Betreffenden schuldig machen sollten, sondern lieber für den anderen das Jesusgebet beten sollten. Statt Schlechtes zu denken oder etwas gegen den anderen zu sagen, sagten wir nur: »Herr, Jesus Christus, erbarme dich über soundso.« Wir taten dies so lange, bis der andere zur Einsicht kam oder bis wir wußten, was wir sagen konnten, um ihm zu helfen. Auf diese Weise wurde keiner am anderen schuldig, und wir bewahrten die Einheit im Heiligen Geist. Aus dieser Einheit entsprang eine unglaubliche heilende Kraft von Gott.

Um es zusammenzufassen: Gott spricht zu uns auf mancherlei Weise. Wie er zu uns redet, ist jedoch nicht wichtig. Was zählt, ist, daß unser Herz und unser Verstand offen sind, um das Wort zu empfangen, das der Herr zu uns, zu seinen Kindern, jederzeit sprechen will.

Kapitel 13

Die Notwendigkeit
von Ermahnung und Prüfung

» ... wir [müssen] in unserer gegenwärtigen Verfassung in gewissem Sinn für Gott ein Greuel sein [...], wie wir ja auch, wenn wir es realistisch ansehen, für uns selbst ein Greuel sind. Dies ist, meiner Meinung nach, einfach eine Tatsache. Und ich stelle fest, daß ein Mensch sich um so mehr dieser Tatsache bewußt ist, je heiliger er ist.«
(C. S. Lewis) [1]

Ich kann darüber schreiben, wie man ein Gebetstagebuch aufbaut, aber ich kann nicht darüber schreiben, *wie* man Gott hört. Ich kann die Grundsätze des hörenden Gebetes niederschreiben, doch wie wir hören, hängt letztlich von unserem Charakter und unserem Seinszustand ab. In seinem hervorragendem Buch »In Search of Guidance« spricht Dallas Willard davon, wie wir Wegweisung empfangen. Dies gilt für jedes hörende Gebet:

»Hier wie auch an anderer Stelle müssen wir die Worte Jesu sehr ernst nehmen: ›Niemand kennt den Vater, nur der Sohn und der, dem es der Sohn offenbaren will‹ (Mt 11,27). Und das bedeutet vor allem anderen, daß es nur sinnvoll und sicher ist, bewußt die Führung Gottes zu suchen, wenn man sich innerhalb dieses Lebens befindet, in dem wir die Einheit mit Gott und mit seinem Reich, das Jesus ans Licht gebracht hat, erfahren ... Nur unsere Gemeinschaft mit Gott kann den angemessenen Rahmen schaffen, in dem die Kommunikation zwischen uns und ihm stattfinden kann.«[2]

Als ich einige Seiten vorher über die Freundschaft mit Gott schrieb, erzählte ich von der Frau, die die Auswirkungen des Bösen, das ihr Vater ihr angetan hatte, für etwas hielt, das von Gott kam. Sie hörte falsch, weil sie noch mehr Heilung benötigte. Doch durch das Gebet mit weisen und vertrauenswürdigen Menschen, die die Gabe der Unterscheidung im Gebet von Gott erbaten, wurde sie davor bewahrt, Gott fälschlicherweise zu beschuldigen. Wäre dies nicht geschehen, so hätte sie weiterhin Gott in schwerwiegender Weise falsch gehört.

Gott benutzt andere, um uns zu korrigieren

Wir bedürftigen Menschen verleumden Gott nur allzu leicht – viele von uns tun das. Wir können Gott zum Beispiel verleumden, indem wir ohne acht zu geben sagen: »Der Herr hat mir gesagt«, wenn das, was wir sagen, nicht nur falsch ist, sondern auch ganz und gar nicht mit dem Charakter Gottes in Einklang steht. Wir können auf diese Weise auch den Namen des Herrn mißbrauchen. Besser ist es, in aller Bescheidenheit zu sagen: »Mir scheint, daß Gott uns in diese Richtung führt« oder: »Mir scheint, daß Gott folgendes zu mir sagt« und so weiter.

Wir müssen ernstlich umkehren, wenn wir Gott auf diese Weise verleumdet oder seinen Namen mißbraucht haben. Die Wahrheit und die Liebe zur Wahrheit ist entscheidend. Wir müssen sie achten, pflegen und schätzen und sehr darauf acht haben, die Wahrheit zu sagen. Wenn wir das, was wir hören, nicht sorgsam abwägen, dann werden wir an der einen oder anderen Stelle den Namen des Herrn, unseres Gottes, mißbrauchen und werden Gott verleumden.

Unser ganzes Leben lang müssen wir also mit Hilfe anderer Menschen die Art und Weise prüfen, wie wir Gottes Reden und Führen aufnehmen. Wir können nicht losgelöst vom Leib Christi und von der Gemeinschaft des Heiligen Geistes wachsen. Von Zeit zu Zeit benötigt jeder von uns Korrektur. Wir benötigen alle ständig Heilung und Vergebung. Und jeder von uns hat seinen blinden Fleck. Das war schon bei den Aposteln so, und deshalb nahmen sie die gegenseitige Korrektur in Anspruch.

Während ich dies schreibe, befinden sich mehrere christliche Leiter, die ich kenne, in ernsten Schwierigkeiten, weil sie Gott falsch gehört haben – und keiner von ihnen will sich ermahnen lassen. Selbst die nicht, die in der Vergangenheit am meisten die gegenseitige Ermahnung geachtet und geliebt haben. In all diesen Fällen zeigt sich deutlich ein maßloser geistlicher Stolz. Er kann sich so leicht einschleichen. Keiner von uns ist dagegen immun.

Dies geschah bei der Autorin Hannah Hurnard. Nach ihrer mutigen Missionsarbeit und ihrem einflußreichen Buch »Leichtfüßig wie die Hindin«, das so vielen zum Segen wurde, verfiel sie der Suche nach einer »höheren Weisheit«. In Wirklichkeit war es eine sehr viel niedere Weisheit. Die Frucht ihres späteren Falls – subtile theologische Verirrungen und das

Fehlen von emotionaler Heilung und Ausgewogenheit – kann von einem sehenden Auge bereits sehr früh im Leben und Schreiben von Frau Hurnard wahrgenommen werden. Da sie jedoch keine Korrektur erfuhr, erwuchsen daraus später keine Früchte. Eine kürzlich erschienene Biographie über das Leben von Frau Hurnard, geschrieben von Isabel Anders, befaßt sich in einer bewundernswerten Weise mit ihrem frühen Werk und mit ihrem Abweichen von der konventionellen Lehre in bestimmten Bereichen. Tatsache ist, daß ihr »hörendes Herz« einen Kanal anzapfte, der nicht vertikal verlief, um auf Gottes Reden zu hören. Sie wurde dadurch geradewegs in die Irre geleitet.

Ihre späteren Werke werden inzwischen in New-Age-Buchläden verkauft. Sie enthalten den heidnischen Gnostizismus, der für unser Zeitalter so typisch ist. Die eigene subjektive Weisheit wird dem objektiv Wirklichen vorgezogen – der Wahrheit Gottes –, welche sich dem hilflosen und entwurzelten Geist entzieht. Frau Hurnard wurde von bestimmten metaphysischen Philosophien, die von falschen Lehrern ihrer Tage vertreten wurden, negativ beeinflußt. Diese neuen Formen des Gnostizismus infiltrierten den Heilungs- und Gebetsdienst der Kirche damals in ähnlicher Weise, wie sie sich heute unter dem Deckmantel einer Jungschen, feministischen Psychologie und Spiritualität in der ganzen Kirche und überall auf der Welt ausbreiten. Frau Hurnard wurde von den christlichen Leitern, die sie ermahnten, wirklich geliebt und bewundert. Sie nahm jedoch deren Korrektur nicht an. Sie blieb im großen und ganzen auch weiterhin eine Einzelgängerin.

Ich besitze zwei Gebetsgruppen, die ich sehr schätze. Beide bestehen aus christlichen Leitern, die gemeinsam auf Gott hören und das prüfen, wer wir sind und was wir tun. Ich kann gar nicht ausdrücken, welch ein Geschenk diese teuren Menschen für mich bedeuten. Die Führung, Weisheit und Erkenntnis, die wir empfangen, wenn wir gemeinsam auf Gott hören, sind durch nichts zu bezahlen. Ich kann nicht im Heiligen Geist, das heißt im Reich Gottes, leben, wenn ich keine Menschen zur Seite habe, die Korrektur lieben und suchen.

Die Schrift warnt uns an vielen Stellen, niemals den Herrn, unseren Gott, zu prüfen, und es ist wichtig, daß wir dies beim hörenden Gebet bedenken. Doch wir werden sehr ermahnt, so ziemlich alles andere zu prüfen – ganz besonders unseren Geist und unser Herz sowie die Offenbarungen, die wir empfangen. Denn die Frage, *wie* wir hören, hängt letztlich, wie bereits erwähnt, von unserem Seinszustand, unserem Charakter ab. Und obwohl wir den Herrn nicht prüfen sollen, sollten wir dankbar sein, daß er unser Herz immer wieder prüft (vgl. Spr 17,3; 1 Thess 2,4) und andere benutzt, daß sie uns bei der Unterscheidung der Geister helfen. Die

Ermahnung ist eine der wunderbarsten Gaben des Heiligen Geistes. Wir sollen uns danach ausstrecken, diese Gabe auszuüben – zu unserem Wohl und zum Wohle anderer. Wir sollen sorgsam abwägen (vgl. 1 Kor 14,29), was wir aussprechen, und wir bitten andere, denen wir vertrauen, daß sie uns dabei helfen.

Wir, die Unreifen, werden unterwiesen zu hören, damit wir wachsen können. Dies ist so lange unbedenklich, solange wir bildlich gesprochen an einem Zweig des betenden Leibes Christi angewachsen sind, zu dem auch solche gehören, die die Fähigkeit und die Freiheit besitzen, die Geister zu unterscheiden und die Gabe der Ermahnung auszuüben.

Obwohl ich in unseren Seminaren schon seit langem über das hörende Gebet lehre, habe ich gezögert, dieses Buch zu veröffentlichen, weil solche Gruppen nicht leicht zu finden sind. Ich habe bereits vor zwölf Jahren mit dem Schreiben dieses Buches begonnen. Nun weiß ich besser denn je, daß es gefährlicher ist, Christen überhaupt nicht im hörenden Gebet zu unterweisen. Die Bibel ist schließlich das Schulbuch zum hörenden Gebet; wir brauchen nichts anderes. Gott hat bereits einkalkuliert, daß wir etwas Falsches hören könnten – ebenso wie er einkalkuliert hat, daß wir womöglich in unserem Denken falsch liegen.

Was wir benötigen, ist eine Wiederherstellung der Weltsicht, aus der heraus die Bibel geschrieben wurde. Wenn diese Weltsicht wiederhergestellt ist, werden wir wissen, daß unsere Seele in der Lage ist, mit Gott Gemeinschaft zu haben und mit Gott zu kommunizieren. Wer noch am Lernen ist und keinen Zugang zu den Gaben der Ermahnung und der Geisterunterscheidung hat, sollte einfach beten, daß Christen, die diese Gaben besitzen, hervortreten. Wer ein Jünger sein will, soll um Menschen beten, die ihn in der Jüngerschaft anleiten können, dann können sie gemeinsam Gruppen für das Gebet und die Gemeinschaft von Christen gründen, in denen die Gaben des Heiligen Geistes wirksam werden können.

Was wir beachten müssen

Wenn wir aufschreiben, was wir den Herrn sagen hören, dann sollten wir einige wichtige Punkte beachten. Nichts von dem, was wir gehört haben, bleibt ungeprüft. Wir wissen, daß wir nicht die Heilige Schrift fortführen – keine Worte, die dem Kanon der Bibel hinzugefügt werden könnten. Wenn wir dieser Tatsache ins Auge sehen, können wir die Einzigartigkeit der Heiligen Schrift besser schätzen.

Thomas von Kempens Nachfolge Christi ist ein klassisches Beispiel dafür, wie Gott zu seinen Jüngern redet und wie sie im Gegenzug das aufzeichnen, was »die Stimme des Geliebten« sagt. Obwohl sein Werk ein Bestseller unter den christlichen Büchern aller Jahrhunderte ist, hätte er nie behauptet, daß es mit der Schrift auf einer Stufe steht. Darüber hinaus können wir auch bei einigen seiner Gedanken Mängel entdecken. Er war ein Geschöpf seiner Kultur und Zeit, ebenso wie wir. Doch ich bin dankbar für seine große Weisheit, die er durch sein treues Hören von Gott empfing und an uns weitergab. Wir benötigen zu allen Zeiten solche Menschen wie Thomas von Kempen, die sorgsam hören und die gleichen, altbewährten Wahrheiten in einer frischen und neuen Weise ausdrücken, so daß unsere, von unserer Zeit geprägten Ohren, sie hören können.

1. Finsternis und Stille als Zeichen Gottes

Obwohl wir die Weisheit Gottes tagtäglich empfangen, wenn wir sie von ihm erbitten (»unser tägliches Brot gib uns heute«), führt Gott »uns zeitweise durch eine Schule der Finsternis, um uns dazu zu bringen, Ihn zu beachten.«[3] Wir müssen in diesen Zeiten sehr darauf acht haben, daß wir Gott nicht verleumden. Wir müssen abwarten und nur auf ihn allein hören, statt uns zu beklagen oder an anderer Stelle Trost und Führung zu suchen. Wir können keine bessere Ermahnung finden als die Worte Oswald Chambers:

»Dann bleibe still. Wenn du im Dunkel deinen Mund auftust, wirst du die falsche Tonart wählen; die Dunkelheit ist die Zeit zum Schweigen. Sprich nicht mit anderen darüber; lies keine Bücher, um den Grund herauszufinden, weshalb du in der Dunkelheit bist, sondern merke auf und lausche! Wenn du mit anderen Menschen darüber sprichst, kannst du nicht hören, was Gott sagt. Wenn du im Dunkel bist, dann lausche, und Gott wird dir eine sehr kostbare Botschaft für einen anderen Menschen geben, wenn du wieder im Licht bist.«[4]

Während wir auf Gott harren, werden wir vielleicht etwas entdecken, das wir zuvor nicht sehen konnten.

Ich erinnere mich an den Augenblick, als ich diese Lektion lernte. Der Herr segnete meinen Dienst so sehr, daß ich im Leben anderer schnelle Erhörungen der Gebete um Heilung erlebte. Dann mußte ich ganz unerwartet auf einige Anworten Gottes warten. Mit anderen Worten, ich saß da ohne Antworten und ohne ein Wort vom Herrn, wie ich beten sollte, ohne eine Führung außer dem großen Geschenk des Verstandes, das Gott uns allen gegeben hat – und fast ohne Trost vom Herrn! Ich hörte, aber Gott sagte nichts. Während ich im Gebet abwartete, wurde mir bewußt, daß sich der Blickwinkel meines Vertrauens ein klein wenig verschoben hatte – weg vom Vertrauen auf Gott und hin zum Vertrauen auf die Dienstgaben, die er uns gibt. Ich kehrte mit ganzem Herzen um und sagte: »Herr, auch wenn du deine Kraft nie wider über meinem Leben ausgießen solltest und mir nie wieder so wie bisher deinen Willen kundtun solltest, so will ich dir doch vertrauen. Ich will im Glauben für andere beten!«

Diese »Erziehung in der Finsternis« endete mit einer wunderbaren, kraftspendenden Gebetserfahrung – eine Erfahrung, bei der ich auf ihn harrte und darauf wartete, daß er meiner Not, der momentanen wie der lange währenden, begegnete. Nichts könnte jemals die Grundhaltung unseres Gebetes ersetzen, bei der wir ganz und gar auf Gott vertrauen, selbst wenn er schweigt. Er zeigte mir, daß ich nahe dran war, geistliche Autorität zu mißbrauchen. Ich war kurz davor, das Vertrauen auf ihn durch das Vertrauen in den Gebrauch der Geistesgaben zu ersetzen.

Welch wunderbares Zeichen Gottes! Wir sollen die Vollmacht und Kraft, die er uns gibt, gebrauchen, um zu predigen, zu lehren und zu heilen. Aber während wir dies tun, müssen wir selbst die kleinsten Verschiebungen unseres Blickwinkels, weg von Gott selbst und hin zu seinen Gaben, beachten. Wir leben, um Gott in Ewigkeit zu verherrlichen und uns an ihm zu freuen. Das ist unsere tiefste Verantwortung und unser eigentliches Ziel. Alles andere kommt mit großem Abstand an zweiter Stelle, auch unser Wohl und das Wohl unserer Nächsten und unser Dienst. Die Geistesgaben, die Herrlichkeit, die Vollmacht – all dies kann er uns schenken, doch nichts davon soll uns dazu bringen, daß wir versäumen, aus dem Glauben zu leben. Wir werden immer »wie durch einen Spiegel erkennen«, und doch müssen wir Gott ganz vertrauen.

»Singvögeln wird das Singen im Dunkeln beigebracht, und wir werden in den Schatten der Hand Gottes versetzt, bis wir lernen, auf Ihn zu hören … achte darauf, wo Gott dich in die Finsternis versetzt, und wenn du im Dunkel bist, dann halte deinen Mund!«[5]

In diesen Zeiten, in denen wir nichts hören können und nicht wissen, wohin wir uns wenden sollen oder wohin wir gehen sollen, wird uns nichts helfen als allein das Gebet im Heiligen Geist und das »Jesusgebet«. Durch diese beiden Gebete behalten wir den göttlichen Namen nicht nur in unseren Gedanken und unserem Herzen, sondern auch auf unseren Lippen.

Wenn wir nicht wissen, wie wir beten sollen – oder auch nur für was – und wenn die Hilfe unendlich fern scheint, dann erinnern wir uns daran, daß der heilige Name Christi und seine Gegenwart eins sind und daß

»... sich auch der Geist unserer Schwachheit an[nimmt]. Denn wir wissen nicht, worum wir in rechter Weise beten sollen; der Geist selber tritt jedoch für uns ein mit Seufzen, das wir nicht in Worte fassen können. Und Gott, der die Herzen erforscht, weiß, was die Absicht des Geistes ist: Er tritt so, wie Gott es will, für die Heiligen ein« (Röm 8,26-27).

Der Name Jesus Christus besitzt soviel Macht, Heilung, Hoffnung und Kraft, daß er die Vorstellungskraft der meisten Christen weit übersteigt. Wenn die Finsternis so groß ist, daß kein Lichtstrahl mehr hindurchdringt, dann müssen wir diesen Namen immer und immer wieder mit unserem Atem in uns aufnehmen. So bleiben wir in seiner Gegenwart und bleiben treu in der Kraft dieses Namens.

»Beschütze alle, die deinen Namen lieben, damit sie dich rühmen« (Ps 5,12).

»Darum vertraut dir, wer deinen Namen kennt; denn du, Herr, verläßt keinen, der dich sucht« (Ps 9,11).

Eine Weiterführung des göttlichen Namens »Ich bin, der ich bin« (vgl. Ex 3,14) ist auch das »Ich bin mit dir« (vgl. Verse 12.15). In einem äußerst treffenden Moment bezieht Jesus den Gottesnamen auf sich selbst (vgl. Joh 8,58-59). Er sagt nicht: »Ich war«, sondern »Ich bin«. Jesus ist der Ewige, der Zeitlose.

Diese Zeiten der Wüste gewähren uns den Raum, im Leiden geduldig werden zu können. Wir entdecken die Hoffnung und lernen, fest zu bleiben und beständig den Namen Jesu und im Namen Jesu zu beten.

Dies ist schmerzhaft. Doch gerade in solchen Zeiten werden immer einige der strahlendsten geistlichen Schätze ans Licht gebracht, wie zum Beispiel die Demut. Wenn wir anhaltend im Heiligen Geist beten, dient es uns selber (vgl. Jud 20; Eph 6,18). Wenn schließlich die Strahlen der Weisheit und Erkenntnis Gottes durch uns hindurchscheinen und die Finsternis weicht, dann staunen wir, wie lange wir gebraucht haben, um zu hören.

2. Wir brauchen Vergebung

Tägliche Vergebung, wie wir sie im Vaterunser erbitten, ist für eine anhaltende Konversation und Gemeinschaft mit Gott notwendig. Wie die Weisheit erlangen wir auch die Vergebung, indem wir täglich darum bitten; beide tragen zu unserem Wachstum bei.

Wenn wir unsere Sünde nicht beim Namen nennen, wird unser Hören auf Gott undeutlich. Heiligkeit und Heiligung unserer Gedanken und unserer Handlungen sind für das hörende Gebet unbedingt notwendig. Bewußte Sünde baut eine Mauer zwischen Gott und uns selbst, so daß die Kommunikation mit ihm abbricht. Sünde verhärtet das Herz und macht es »trüb«. Ein solches Herz wird immer falsch hören. Wenn die Sünde nicht als das anerkannt wird, was sie ist, wächst sie und zerstört die Fähigkeit, Gott in rechter Weise zu hören. Ichbezogene »Weisheit« ist das Ergebnis.

3. Wir brauchen die Einheit der Gläubigen

Wo es keine Einheit unter Christen gibt, da gibt es auch kein vertrauenswürdiges gemeinsames Hören auf Gott.

> »›Und ich habe ihnen die Herrlichkeit gegeben, die du mir gegeben hast; denn sie sollen eins sein, wie wir eins sind, ich in ihnen und du in mir. So sollen sie vollendet sein in der Einheit, damit die Welt erkennt, daß du mich gesandt hast und die Meinen ebenso geliebt hast wie mich‹ [Jesus in Joh 17,22-23]. Die Einheit, um die Christus bittet, ist für unser gemeinsames Hören auf Gott unerläßlich. Unser Individualismus erhebt sich gegen alle göttlichen und menschlichen Dinge; er erhebt sich sogar gegen die Dinge, die uns in die innige Gemeinschaft mit Gott oder mit anderen führen. Er ist für beides ein Ersatz: für die persönliche Freiheit und für unser Sein als Person. Unser Herr sprach nie im Sinne der Individualität, vom isolierten Standort … des Menschen, sondern immer im Sinne der Persönlichkeit – ›damit sie eins seien, wie wir eins sind‹«.[6]

Der Apostel Paulus besaß eine unglaubliche Freiheit, doch er war mit dem Leib Christi eins und bemühte sich sehr darum, die Einheit dieses Leibes zu bewahren. Heute wird oft nur eine Imitation dieser echten Freiheit gelebt, weil wir nicht mehr zwischen dem Guten und dem Bösen unterscheiden können. Die Einheit, die Gott gibt, kommt daher, daß wir in seiner Wahrheit und Liebe eins sind. Paulus wußte, wie man liebt, und liebte sogar seine Feinde. Gleichzeitig ging er nie Kompromisse ein, wenn es um die Wahrheit ging. Wir haben nur in der Wahrheit Einheit.

Unser Hören, unser Ausüben der Gaben des Heiligen Geistes ist ohne das Hören gleichgesinnter Gebetspartner blutleer, dünn und kränkelnd. Wir müssen uns voreinander verantworten und einander so lieben, daß wir die

Wahrheit sagen, daß wir uns gegenseitig ermahnen, korrigieren und sogar erziehen, wo dies nötig sein sollte.

Wir haben von der Kraft des Gebetes keine Ahnung, solange wir diese Einheit nicht kennen. Ich bin erstaunt darüber, wie wenige Christen solche Gebetspartner haben, selbst unter Verantwortlichen. Wenn dies bei uns der Fall sein sollte, dann müssen wir täglich darum bitten, bis wir Gebetspartner finden. Wo immer ich hingehe, überall habe ich »geschulte« Christen, die beten, damit sich eine solche Gruppe bildet. Ich sage dies, um zu betonen, daß es selbst dann, wenn solche Gebetspartner nicht »zur Hand« sind, überall Menschen gibt, die nur darauf warten, angeleitet zu werden.

Diese Einheit wird dort nie erreicht werden, wo das Gute mit dem Bösen und die Finsternis mit dem Licht versöhnt werden, wie ich oben bereits angedeutet habe.

4. Wir brauchen dringend Demut

»Daher erlahmt unser Eifer nicht in dem Dienst, der uns durch Gottes Erbarmen übertragen wurde ... Diesen Schatz tragen wir in zerbrechlichen Gefäßen; so wird deutlich, daß das Übermaß der Kraft von Gott und nicht von uns kommt« (2 Kor 4,1.7).

Es ist sehr wichtig, daß wir wissen, wir sind fehlbar und hören nicht immer richtig. Als »zerbrechliche Gefäße« sind wir zu zerbrechlich, um den Schatz, der das Wort ist, ganz aufnehmen zu können. Wir können das Wort des Lebens, das Christus spricht, nicht völlig verstehen. Daher sollten wir uns freuen, daß uns Zeit gegeben wird. Wir müssen wichtige Worte der Unterweisung und der Führung dem Herrn hinhalten und ihm im voraus für die Unterscheidungsfähigkeit danken, die wir brauchen.

In wichtigen Dingen bitten wir andere, denen wir vertrauen können, um ihr Gebet: »Würdest du in dieser Sache mit mir gemeinsam den Herrn um die Gabe der Unterscheidung bitten?« Wenn andere uns bezüglich dieser Unterscheidungsfähigkeit korrigieren oder ermahnen, sollten wir genau auf unsere Reaktion achten. Reagieren wir subjektiv und versuchen sofort, uns zu verteidigen? Dies ist immer ein Zeichen dafür, daß etwas nicht stimmt.

Wenn andere uns falsch korrigieren und ermahnen, dann sollten wir ebenfalls nicht mit einer subjektiven Verteidigung reagieren. Wenn wir unsere Identität auch nur teilweise aus unserer »Begabtheit« im Hören gewinnen, dann werden wir uns subjektiv verteidigen. Ebenso wird es sein, wenn wir ichbezogene und eigene Gedanken für Weishalt halten. Doch wenn wir demütig reagieren, weil wir wissen, daß wir dieses Wort dem Herrn hinhalten können, damit er uns weitere Erkenntnis darüber schenkt, dann wird schließlich die Wahrheit sichtbar werden. Unsere Motive und der Zustand unseres Herzens werden sich fast immer daran erweisen, wie wir Korrektur aufnehmen. Unser Empfangen im Gebet ist nur dann recht und gut, wenn unser Herz und unsere Motive recht und rein vor dem Herrn sind.

Wenn geistlicher Stolz uns bestimmt, dann maßen wir uns selbst die Weisheit an, die allein Gott geben kann; wir maßen uns Erfolg an, der nur von Gott kommt. Der Satz: »Ich habe es erreicht« ersetzt dann, vielleicht auf sehr subtile Weise, die Freude dessen, daß ein anderer in mir lebt. Die leidvolle Untugend der Einbildung bricht im Leben eines Menschen in der Regel nicht mit voller Kraft los. Der Stolz scheint sich langsam auf Samtpfoten einzuschleichen. Nach und nach beanspruchen wir immer mehr von dem, was nur Gott zugeschrieben werden kann, für uns:

»Wer sich einbildet, etwas zu sein, obwohl er nichts ist, der betrügt sich« (Gal 6,3).

»Aufgrund der Gnade, die mir gegeben ist, sage ich einem jeden von euch: Strebt nicht über das hinaus, was euch zukommt, sondern strebt danach, besonnen zu sein, jeder nach dem Maß des Glaubens, das Gott ihm zugeteilt hat« (Röm 12,3).

Auf Gott zu hören und von ihm Weisheit, Erkenntnis, Heiligung und die Kraft des Heiligen Geistes für den Dienst am Reich Gottes zu empfangen, all dies läßt keinen Raum für Hochmut. »Wir sind unwürdige Knechte«, so rufen wir aus. Wir bekennen, daß wir diese Gaben und auch den Geber in unendlich zerbrechlichen Gefäßen tragen. Weisheit von Gott ist immer gekennzeichnet von der Demut.

»Wer von euch ist weise und verständig? Er soll in weiser Bescheidenheit die Taten eines rechtschaffenen Lebens vorweisen. Wenn aber euer Herz voll ist von bitterer Eifersucht und von Ehrgeiz, dann prahlt nicht, und verfälscht nicht die Wahrheit! Das ist nicht die Weisheit, die von oben kommt, sondern eine irdische, eigennützige, teuflische Weisheit. Wo nämlich Eifersucht und Ehrgeiz herrschen, da gibt es Unordnung und böse Taten jeder Art. Doch die Weisheit von oben ist erstens heilig, sodann friedlich, freundlich, gehorsam, voll Erbarmen und reich an guten Früchten, sie ist unparteiisch, sie heuchelt nicht. Wo Frieden herrscht, wird (von Gott) für die Menschen, die Frieden stiften, die Saat der Gerechtigkeit ausgestreut« (Jak 3,13-18).

Weltliche Weisheit ist ständig von »bitterer Eifersucht und von Ehrgeiz« gekennzeichnet, wie auch von Angeberei: »Liebt nicht die Welt [der Sünde] … Denn alles, was in der Welt ist, die Begierde des Fleisches, die Begierde der Augen und *das Prahlen mit dem Besitz*, ist nicht vom Vater, sondern von der Welt. Die Welt und ihre Begierde vergeht; wer aber den Willen Gottes tut, bleibt in Ewigkeit« (1 Joh 2,15-17; Hervorhebung durch den Autor).

Weltliche Weisheit läßt uns leer zurück und verführt uns dazu, zu prahlen und uns zu sehr darum zu sorgen, was andere denken: »Weigere dich, das zu achten, was aus dem Munde von Menschen kommt«, so sagt F. B. Meyer.[7] Thomas von Kempen hat es folgendermaßen ausgedrückt:

»Willst du etwas zu deinem Nutzen wissen und lernen, so habe es gern, daß man nichts von dir weiß und dich gar nicht beachtet! Das ist die höchste, wertvollste Wissenschaft: wahre Selbsterkenntnis und geringe Meinung von sich selbst … Wir alle sind schwach, aber keinen sollst du für schwächer halten als dich selbst! Aller Vollkommenheit in diesem Leben haftet ein Unvollkommenes an; all unser Forschen und Schauen entbehrt nicht einiger Dunkelheit. Demütige Selbsterkenntnis führt sicherer zu Gott als tiefstes wissenschaftliches Forschen. Nicht als ob Wissenschaft oder auch ein beliebiges einfaches Wissen zu tadeln wäre: es ist in sich gut und von Gott geordnet; aber höher soll uns immer das gute Gewissen stehen und ein rechtschaffenes Leben«.[8]

»Die Worte des Herrn sind lautere Worte« (Ps 12,7). Im Gegensatz zum angeberischen, schmeichelnden Reden der Prahler, sind die Worte Gottes wie ein überfließender Segen. Oswald Chambers spricht davon, Gott »… das Beste [zu] geben, was wir von Ihm erhalten haben. Geh sorgfältig um mit dem Besten, was du hast! Jedesmal, wenn du von Gott eine Segnung empfängst, dann gib sie Ihm wieder zurück als eine Liebesgabe.«[9] Dies wird das Prahlen erfolgreich ersetzen. Wenn wir irgend etwas mit Erfolg erkennen oder lernen wollen, dann müssen wir uns danach sehnen, unbekannt und für nichts geachtet zu bleiben.

»Nichts von sich halten, von andern immer gut und hoch denken, das ist große Weisheit und Vollkommenheit.«[10]

Diese Worte von Thomas von Kempen finden heute wenig Anerkennung. Ein Beispiel zeigt dies: Die kleine Tochter einer meiner Freundinnen ist in der zweiten Klasse in der Grundschule. Ihre Lehrerin hält viel davon, den Schülern Selbstbewußtsein zu vermitteln. Sie forderte ihre kleine Schülerin auf, etwas zu sagen, das zur Auswirkung gehabt hätte, daß sie für die anderen Kinder als etwas ganz Besonderes erscheinen würde. Das kleine Mädchen wehrte sich und sagte zur Lehrerin: »Da würde ich ja angeben.« Wie viele Kinder wüßten wohl heute noch, daß das die richtige Antwort auf diese Aufforderung ist! Sie war ein Kind, das von ihren Eltern in rechter Weise Bestätigung erfuhr und in der Lage war, sich gegen die in der Klasse vorherrschenden Gewohnheiten zu stellen. Einem Kind das Prahlen beizubringen erreicht bei weitem nicht, daß dieses Kind Bestätigung findet und Segen erfährt.

Die Ermahnung, die Thomas von Kempen ausspricht, ist paradox und wunderbar zugleich: Wir müssen uns erst annehmen, bevor wir in der Lage sind, diese Art von Demut zu zeigen. Ohne Selbstannahme könnte solch ein Rat dazu führen, daß Menschen ihr wahres Selbst verneinen statt Eitelkeit und Neid. Im großen und ganzen ist die »Selbstbewußtseins-Bewegung«, jene psychologische Bewegung, die das Selbstbewußtsein der Menschen fördern will, nur die Schattenseite unserer Unfähigkeit, die Selbstannahme zu entdecken. Selbstannahme entsteht durch die Demut und ist eine Folge dessen, daß wir unsere wahre Identität in etwas finden, das größer ist als das narzißtische, neidische Selbst. Weil diese Identität fehlt, jagt das Selbst hin und her, von der Eitelkeit zum Selbsthaß und wieder zurück, immer und immer wieder und ohne zur Ruhe zu finden.

Wahre Gemeinschaft mit Gott führt zu einem fruchtbringenden Leben

In der Gegenwart des Herrn findet nicht nur Gespräch statt, hier wächst auch Frucht: eine unglaubliche Menge an Frucht. Wir hören auf das Wort, wir werden vom Herrn geführt, wir tun uns mit Gott zusammen – darin ist Leben.

»Leben und Tod lege ich dir vor, Segen und Fluch. *Wähle* also das Leben, damit du lebst, du und deine Nachkommen. Liebe den Herrn, deinen Gott, *hör auf seine Stimme*, und halte dich an ihm fest; denn *er ist dein Leben*« (Dtn 30,19-20; Hervorhebung durch den Autor).

Und um unsere Metaphern ein wenig zu vermischen, sage ich: der »Baum« des Lebens ist derart mit Frucht beladen, daß wir entdecken, wie wir mit allerlei Gutem schwanger gehen – wir sind kreative Schöpfer im Ebenbild

Gottes. Wenn wir die Wahrheit allein lieben und ihr allein dienen, so bringen wir die Frucht hervor, die Gott wachsen läßt. Diese Frucht begegnet den Verleumdungen, dem bitteren Neid und der eitlen Einbildung derer, die uns verdammen. Auf ein Leben zurückzuschauen, das von Ichbezogenheit regiert wurde, bedeutet, auf eine unerträgliche Sterilität und Einöde zurückzublicken.

Wo echte Gemeinschaft mit Gott herrscht, da ist eine unglaubliche Fruchtbarkeit: Freundschaft, Sohnschaft, Einheit, Demut, Heiligkeit, Fülle des Seins:

>Nicht ihr habt mich erwählt, sondern ich habe euch erwählt und dazu bestimmt, daß ihr euch aufmacht und Frucht bringt und daß eure Frucht bleibt. Dann wird euch der Vater alles geben, um was ihr ihn in meinem Namen bittet. Dies trage ich euch auf: Liebt einander!« (Joh 15,16-17).

Gottes Wege sind immer größer als unsere eigenen (vgl. Jes 55,9; Ps 145,3), wir können sie nicht ergründen. Wir erkennen nur teilweise wie durch einen Spiegel (vgl. 1 Kor 13,12). Dennoch besitzen wir alles, was wir für diesen Weg benötigen, und es ist so viel mehr, als die meisten Christen erleben oder auch nur für möglich halten.

>Und wenn ich … alle Erkenntnis hätte; wenn ich alle Glaubenskraft besäße und Berge damit versetzen könnte, hätte aber die Liebe nicht, wäre ich nichts« (1 Kor 13,2).

Der Weg, auf dem wir unterwegs sind und auf dem wir diese Weisheit der Fruchtbarkeit mit uns tragen, ist der wunderbare Weg der Liebe. Hier wird die Fähigkeit zu erkennen – Gott zu hören und die Gaben des Heiligen Geistes auszuüben – etwas Wertvolles. Diesen Weg zu gehen bedeutet, »nicht aufgrund menschlicher Weisheit, sondern aufgrund göttlicher Gnade« (2 Kor 1,12) zu leben. Mit Paulus sprechen wir, daß dies alles ist, worauf wir stolz sind.

Kapitel 14

Was wir beim hörenden Gebet vermeiden müssen – neognostisches* Hören

»Bis heute ist nicht die Heuchelei der tödlichste Pharisäismus, sondern unsere unbewußte Unwirklichkeit.« (Oswald Chambers)[1]

»Das Gebet, das allen Gebeten vorangehen muß, lautet: ›Möchte das wirkliche Ich sprechen. Möchte ich das wirkliche Du anreden.‹« (C. S. Lewis)[2]

Ob es nun um unser eigenes Hören geht oder um das der Menschen, die wir in Jüngerschaft anleiten, wir müssen uns vor allem vor einem ichzentrierten Subjektivismus hüten, der sich häufig darin zeigt, daß die eigenen Gefühle eines ichbezogenen Menschen alles beherrschen und alles blockieren. Daraus entsteht eine Subjektivität, die uns nicht nur den Weg zum hörenden Gebet versperrt, sondern auch zu seinem Ersatz wird.

Dabei verlieren wir unsere Kommunikation mit Gott. Das isolierte Selbst kommuniziert mit sich allein. Hierbei verlieren wir die richtige Anwendung unserer Vorstellungskraft mit ihrer Fähigkeit, das Wirkliche aus dem Bereich der Natur, des Übernatürlichen oder des absoluten Seins intuitiv wahrzunehmen. Die Wirklichkeit wird ausgeblendet; wenn sie überhaupt wahrgenommen wird, dann wird sie auf das reduziert, was man persönlich fühlt.

---

* Die Gnosis stellte für die junge Christenheit eine große Herausforderung dar. Sie vergeistlichte den Versuch des Menschen, aus eigener Kraft oder aus geheimen Quellen sich Wissen und Fähigkeiten anzueignen, die ihn zu etwas Besonderem (mit entsprechender Bevollmächtigung) machten. Solche Bestrebungen gab es zu allen Jahrhunderten, sind aber gerade in verschiedenen Strömungen unserer Zeit zu entdecken. Daher: *neognostisch*.

Die Objektivität der Gefühle bewahren

Es ist tragisch genug, wenn ein Mensch ganz vom ichzentrierten Subjektivismus eingenommen ist. Noch tragischer ist es jedoch, wenn die narzißtischen Äußerungen der eigenen subjektiven Gefühle als »Worte des Herrn« ausgegeben werden. Hier setzt eine sehr tiefe geistliche Täuschung ein.

Daß Gefühle nicht subjektiv, sondern objektiv sein sollten, ist das Geheimnis aller großen Poesie und Prosa. Dieses Geheimnis müssen wir ebenfalls zu erkennen lernen, wenn wir als gesunde, ganze Menschen leben wollen.

Charlotte M. Mason hatte diese psychologische Wahrheit 1904, als sie über die Gefühle schrieb, sehr treffend ausgedrückt:

»Solange die Gefühle objektiv bleiben, sind sie wie Pfirsichblüten, die letzte Vollendung eines schönen Charakters; doch wenn sie subjektiv werden, wenn die Gefühle sich mit dem Ego befassen, setzt ... ein morbider Zustand ein. Der Mensch wird ›überempfindlich‹, Hysterie mischt sich hinein, vielleicht auch Melancholie, und das Leben wird völlig verdorben. George Eliot hat eine feine Chrakterstudie gezeichnet, die diesen subjektiven Zustand der Gefühle treffend beschreibt. Sie erzählt uns, daß ein Philosoph und Freund sie darauf hinwies, daß die Oberfläche eines Spiegels oder einer Metallplatte zwar in allen Richtungen mit lauter feinen Kratzern übersät sein mag, doch wenn man eine Kerze an diese Oberfläche hält, so erscheinen all diese willkürlichen Kratzer so, als bildeten sie Strahlen, die vom Zentrum der Flamme ausgehen. Ebenso ist es mit dem Menschen, dessen Gefühlen erlaubt wurde, dem eigenen egoistischen Bewußtsein zu dienen: alle Dinge des Himmels und der Erde werden so ›empfunden‹, wie sie sich in der Berührung mit der eigenen Persönlichkeit darstellen.«[3]

Das obige Zitat stammt aus Charlotte Masons exzellenter sechsbändiger Reihe über die Erziehung von Kindern. Sie wußte, was auch C. S. Lewis so gut verstanden hatte, nämlich daß Gefühle objektiviert werden können und damit auch erziehbar sind. Wenn wir Kindern dabei nicht helfen, weil wir sie nicht zu einer angemessenen Objektivität ihrer Gefühle erziehen, so machen wir sie anfällig für die »Krankheit der Ichzentriertheit«. Durch diesen Zustand setzt immer eine unbewußte Nicht-Wirklichkeit ein; ein kränklicher subjektiver Mythos, eine Lebensgeschichte, entspinnt sich daraus – »meine eigene Geschichte«, die vom Standpunkt eines ichbezogenen Bewußtseins aus erzählt wird. Eine solche Geschichte mag Wahres an sich haben, doch sie wird dennoch zu einer schwerwiegenden Verirrung führen.

Christen, die in dieser »unbewußten Nicht-Wirklichkeit« versinken, beginnen zwangsläufig damit, die Schuld für ihr eigenes Unglücklichsein auf andere zu schieben. Sie werden Gott und anderen Menschen Vorwürfe machen.

Und einige Christen, die sich in dieser »unbewußten Nicht-Wirklichkeit« befinden, fangen an, den Widersacher für ihre Not verantwortlich zu machen. Anschließend konzentrieren sie sich dann auf dämonische Mächte und Gewalten und so weiter. So fügen sie zu ihrer Selbstbezogenheit auch noch das Fixieren auf dämonische Mächte hinzu. Sie hören auf diese Mächte ebenso, wie sie auf das »verletzte Kind« in ihrem Innern und auf ihre narzißtische Persönlichkeit gehört haben. Diese Menschen enden ohne Ausnahme bei der schlimmsten Art geistlicher Täuschung, da sie sich nicht nur subjektive, sondern auch noch dämonische Mythen erdacht haben. »Dämonenlehren« entstehen auf diese Weise.

Mit Menschen, die in ihrer eigenen Subjektivität gefangen sind, hält man es nicht lange aus. Man benötigt einen Verteidigungswall und starke Mauern gegen die Intensität und Affektiertheit ihrer Gefühle. Es kann gut sein, daß sie von anderen Menschen verlangen, sie sollten diese kranken Gefühle als heroisch oder sogar als »poetische« Erkenntnis (z. B. wenn wir es mit dem »verletzten Künstler« zu tun haben) anerkennen, indem sie sie auf irgendeine Weise bestätigen oder daran teilhaben.

Es wird noch komplizierter, wenn diese Menschen anfangen, die Stimme dieser kläglichen Gefühle als ein »Wort vom Herrn« zu bezeichnen. Die Worte »Gott hat mir gesagt …« dienen dann als Vorbemerkung dieser Empfindungen, aus denen sich die persönliche Geschichte entspinnt. Je ausgeprägter die narzißtische Persönlichkeit ist, um so mehr neigt sie dazu, naive oder nicht unterscheidungsfähige Menschen in diese leere Welt kranker Gefühle hineinzuziehen. Indem sie die konfuse Gefühlswelt und die psychische Abhängigkeit, die solche Menschen umgibt, ansprechen, gewinnt eine solche Person viel Unterstützung, um ihre Illusionen und Wahnvorstellungen, kurzum ihre »Geschichte«, »auszuleben«.

Die Kraft zu fühlen und die Fähigkeit »Gefühle zu haben« sind eine wunderbare Gabe Gottes. An irgendeinem Punkt unseres Lebens braucht jeder von uns einen Therapeuten oder einen weisen Seelsorger, der uns den Spiegel unserer Gefühle vorhalten kann und uns sagt, welche der Gefühle angemessen und welche unangemessen sind, und der uns hilft, sie auf rechte Weise zu objektivieren.

Charlotte Mason schreibt über die Gefühle von Kindern und über die herrliche Aufgabe, sie zu erziehen, und versichert den Eltern:

»Es gibt nur einen Fall, in dem den Gefühlen kein freier Lauf gelassen werden sollte, und zwar dann, wenn sie das Bewußtsein des Egos widerspiegeln. Was im allgemeinen durch die Zugehörigkeit zu einem zarten und empfindlichen Charakter als sensible Gefühle bezeichnet wird – also die Empfänglichkeit eines Menschen für sich selbst und bezüglich seiner selbst, seine Breitschaft, Vernachlässigung oder Herabsetzung, Verurteilung oder Einverständnis wahrzunehmen –, ist selbst von geringerem Wert und muß sorgsam gelenkt werden, damit kein kränklicher Zustand entsteht ... Es scheint ein unabänderliches Gesetz zu sein, daß unsere Gefühle, wie auch unsere Empfindungen, einer Beschäftigung mit Dingen bedürfen, die außerhalb ihrer selbst liegen. Sobald sie nach innen auf sich selbst gerichtet sind, entsteht Schaden.« [5]

Wir hören vertikal – wie Sonnenblumen, die sich nach der Sonne ausrichten.

»Jede gute Gabe und jedes vollkommene Geschenk kommt von oben, vom Vater der Gestirne, bei dem es keine Veränderung und keine Verfinsterung gibt« (Jak 1,17).

Die Weisheit, die wir vom Geist Gottes erhalten, kommt wie alle guten und vollkommenen Gaben von Gott zu uns. Ein Teil der Wirklichkeit der Menschwerdung, eben die Weisheit Gottes, steigt nach dem Vorbild der Menschwerdung Jesu zu uns herab. Christus kam vom Himmel zu uns, der Heilige Geist wird von oben ausgegossen, die Neugeburt geschieht vom Himmel her: Alles Erleben der Gegenwart Gottes kommt vom Himmel her zu uns »herab«. Unsere Seele erfährt ein transzendentes Gut ganz und gar als Geschenk.

Von Gott zu empfangen bedeutet also, den Blick unserer Seele von der horizontalen Ebene der Erde und des Selbst zu lösen und auf eine transzendente, zu einer anderen Welt gehörenden Ebene zu richten. Wenn wir dies tun und wie die Sonnenblumen uns ganz der Sonne zuwenden, dann richten wir unseren Blick geradewegs auf Gott. Wir richten uns eindeutig vertikal aus und können so ganz anders hören.

Das, was dann von Gott zu uns herabkommt, übersteigt unseren hilflosen Geist und unsere Vorstellungskraft, obwohl diese geschaffenen Instrumente unserer Seele gleichzeitig der Kanal sind, mit dem wir die Gaben Gottes empfangen. Gott selbst »regnet« vom Himmel auf uns herab – als Wort und Geist. Wir haben teil an seiner Weisheit und Gerechtigkeit.

»Wir aber haben nicht den Geist der Welt [die Weisheit dieser Welt] empfangen, sondern den Geist, der aus Gott stammt, damit wir das erkennen, was uns von Gott geschenkt worden ist. Davon reden wir auch, nicht mit Worten, wie menschliche Weisheit sie lehrt, sondern wie der Geist sie lehrt, indem wir den Geisterfüllten das Wirken des Geistes deuten. Der irdisch gesinnte Mensch aber läßt sich nicht auf das ein, was vom Geist Gottes kommt. Torheit ist es für ihn, und er kann es nicht verstehen, weil es nur mit Hilfe des Geistes beurteilt werden kann« (1 Kor 2,12-14).

Wenn das Selbst zum Selbst redet

Der ichzentrierte Subjektivismus bewegt sich ganz offensichtlich nur auf der horizontalen Ebene. Hier redet das Selbst zum Selbst. In einem solchen Kontext dominieren die »weltliche Weisheit«, die Ichbezogenheit (Sehnsüchte) und schließlich das Böse selbst. Wer auf der horizontalen Ebene hört, kann keine Weisheit vom Heiligen Geist empfangen. Wer auf dieser Ebene mehr als das Normale »hören« will, wird früher oder später zu okkulten oder gar dämonischen »Erkenntnisweisen« geführt. Weisheit, die in der Trennung von Gott aus dem rein weltlichen Denken – dem Intellekt und der Vorstellungskraft – gewonnen wird, wird immer am Ziel vorbeigehen. Dies nennt die Schrift »weltliche Weisheit«. Als solche unterscheidet sie sich radikal von der Weisheit, die von Gott kommt. »Weltliche Weisheit« führt letztlich immer in Bereiche des Okkulten.

Wir sind heute eine Nation und im großen und ganzen auch eine Kirche, die aus moralischen und geistlichen Analphabeten besteht. Unsere westliche Zivilisation verleugnet Gott und das Transzendente. Wir haben das moralisch und geistlich Gute verloren. Daher kreisen wir um das menschliche Selbst, das zutiefst einsam ist und verkümmert. Wir sind Menschen, die im Materialismus und daher im Narzißmus versinken.

Charlotte Mason lehrte christliche Eltern, wie sie mit einem Kind umgehen sollen, das sich auf den ichzentrierten Subjektivismus einläßt und nicht mehr herausfindet. Sie wies die Eltern an, wie sie ihrem Kind helfen können, zur Objektivität heranzuwachsen, damit es erkennen kann, daß das Sein der Gefühle nicht seine eigentliche Mitte ist.

Heute sehen wir uns jedoch mit der Tatsache konfrontiert, daß vielen Gemeinden eine ganze Reihe Erwachsener angehört, die auf narzißtische Weise unreif geblieben sind. Ihre Kinder erfahren keine Erziehung, da sie von Eltern aufgezogen werden, die selber nicht merken, wie sehr sie vom atheistischen Materialismus und dem Subjektivismus einer sterbenden Kultur tief in ihrer Seele geprägt wurden. Ihre Augen sind verschlossen, so daß sie Gott ebensowenig sehen können wie die blinden Götzen, die sie verehren. Diese Eltern und Kinder strömen nun in unsere Beratungsstellen. Unglücklicherweise beten die meisten Pfarrer nicht mit ihnen, um ihnen so zu einer Befreiung von der »Weisheit der Welt«, der Ichbezogenheit und des Widersachers zu verhelfen. Sie unterweisen sie auch nicht darin, wie man auf Gott hören kann. Oft werden sie statt dessen der Psychoanalyse überlassen, die ihrem Wesen nach nicht weniger materialistisch ist.

Der Subjektivismus in der Psychoanalyse – der neue Gnostizismus

Durch die Psychoanalyse kann nur allzu leicht eine krankhafte Subjektivität entstehen. Dies geschieht nahezu zwangsläufig, denn das Selbst, das getrennt von Gott und von aller transzendenten Bedeutung betrachtet wird, wird somit an die Stelle Gottes gesetzt. Dieses Selbst redet und sammelt seine Erkenntnisse zudem nur auf der horizontalen Ebene.

Ungelöste psychologische und geistliche Probleme machen Menschen für solche Ratschläge und eine solche »geistliche« Führung offen. Diese wird oft von Menschen angeboten, die den Subjektivismus in ihre Psychoanalyse, insbesondere in die nach C. G. Jung – inklusive seiner »gnostischen Spiritualität« – aufgenommen haben. Die »christianisierten« säkularen Psychologien, die von Jung beeinflußt wurden, sind dem Gnostizismus verfallen. Dazu gehört auch, daß sich kaum noch ein Unterschied zwischen Sünde, dem Bösen und der Unschuld feststellen läßt. Die Sünde und das Böse, die sich in einem Menschen oder einer Situation zeigen, werden umbenannt. Oft wird tatsächlich das Böse gut und das Gute böse genannt. Gut und Böse werden auf diese Weise »synthetisiert« – in eins gebracht und miteinander versöhnt.

Das Ergebnis dieser Art von Beratung und Führung ist immer tragisch, insbesondere für den getauften Christen. Viele Christen, viele Pfarrer, Autoren und Lehrer eingeschlossen, waren nicht in der Lage oder nicht willens, innerhalb der Kirche Heilung für sich zu finden, und sind dadurch unwissend diesem Gnostizismus verfallen. Es ist nicht leicht, damit zu brechen, weil sich im Zentrum dieser seelenbetonten Spiritualität eine geistliche Verführung verbirgt. Die durch eine horizontale Sicht entwickelte Weisheit hat sich mit okkulten, ja sogar dämonischen Wegen der »Erkenntnis« verbunden.

Wer sich auf eine solche Therapie oder sogenannte »christliche« Beratung einläßt, die eine Mischung aus Gnostik, Jungscher Psychoanalyse und Feminismus integriert hat, erlebt zwangsläufig den Verlust des objektiv Wahren, des objektiv Guten. Die Bilder und krankhaften Gefühle des

Herzens, die einem bedürftigen Ego entspringen, werden dabei für den Betroffenen zum »objektiven« Wort, zu einer persönlichen »heiligen Schrift«. Sie führen zwangsläufig zur Zerstörung.

Wer diesen falschen Psychologien glaubt, dem wird ein Spiegel in die Hand gegeben – der gleiche Spiegel, den der Versucher der grünen Dame in C. S. Lewis' Roman »Perelandra« gibt. Man beginnt, neben sich herzugehen, und gewinnt ein entschieden dramatisches Bild über sich selbst. Es tritt eine verwirrende Art Zwangsvorstellung gegenüber den inneren Stimmen und den differenzierten psychologischen *Persona*, z. B. dem »verletzten Kind«, dem »homosexuellen Selbst«, dem »verletzten Künstler« und so weiter, ein.

Wenn diese bedürftigen Menschen nicht länger in ihrer Sinnlosigkeit und Blindheit leben können, werden sie die »Spiritualität« unseres Zeitalters in Ermangelung von etwas Besserem in sich aufnehmen – falls ihnen nicht das Echte gegeben wird. In der Jung'schen Spiritualität werden diese *Persona* »Archetypen« genannt, denen ein hoher Stellenwert eingeräumt wird. Viele fixieren sich regelrecht darauf. Was solche Menschen jedoch in Wirklichkeit benötigen, ist eine auf Christus zentrierte Spiritualität, die die transzendente Wirkliche mit einschließt. Wenn dies fehlt, werden Hilfesuchende letztlich mit Methoden des alten Heidentums »behandelt«.

Neognostische Spiritualität

> »Weh den törichten Propheten, die nur ihrem eigenen Geist folgen und nichts geschaut haben ... Sie haben nichtige Visionen, verkünden falsche Orakel ...« (Ez 13,3.6).

Spiritualität als solche ist allen Menschen und allen Religionen eigen. Andere Arten der Spiritualität neben dem Neognostizismus sind ebenfalls nur auf der horizontalen Ebene mentaler und emotionaler Denkvorgänge entstanden. Manche von ihnen werden »christlich« genannt, sind jedoch in Wirklichkeit unheilige Vermischungen, die mit echter Weisheit von Gott wenig oder gar nichts zu tun haben.

Die Spiritualität, die heute in der westlichen Zivilisation grassiert, ist jedoch der Neognostizismus. Er führt immer auf direktem Weg zu den alten Baal- und Astartenkulten mit ihrer lustvollen Sinnlichkeit. Aus seinem übersteigerten Intellektualismus, dem Bruch zwischen Kopf und Herz, folgen immer sexuelles Fehlverhalten bis hin zu hemmungslosen Ausschweifungen. Der Neognostizismus ist direkt aus einem dekadenten, atheistischen Materialismus entstanden, der sich mit okkulten oder gar dämonischen Erkenntniswegen verbunden hat. Diese Systeme sehen alle keinen Unterschied mehr zwischen Gut und Böse. In dieser neuen Art von Spiritualität finden sich Christen aller Couleur, viele von ihnen werden rasch politisiert. Statt auf Gott zu hören, versinken wir mehr oder weniger im ichzentrierten Subjektivismus der einen oder anderen Prägung, welcher die Sünde und das Böse unschuldig nennt.

Neognostisches Hören

»... als sie euch sagten: Am Ende der Zeit wird es Spötter geben, die sich von ihren gottlosen Begierden leiten lassen. Sie werden die Einheit zerstören, denn es sind irdisch gesinnte Menschen, die den Geist nicht besitzen« (Jud 1,18-19).

Neognostisches Hören wird heute gemeinhin »New Age« genannt. Innerhalb dieser Bewegung ist das objektiv Wirkliche völlig verlorengegangen. Das Selbst und seine Gefühle werden vergöttert und bilden die einzige Autorität, deren Wert anerkannt wird und auf die man hört.

Erst kürzlich befand ich mich an einer Universität, die ursprünglich dem Dienst an Christus geweiht worden war. Eine Professorin, die junge Studentinnen aus christlichen Familien wirklich in die Irre führt, schaute mir ins Gesicht und sagte zu mir, während sie ganz in ihrer neugefundenen »Spiritualität« ruhte, die sündiges Verhalten für unschuldig hält: »Der Herr hat zu mir gesagt, daß es völlig in Ordnung ist, wenn Lesben zusammenleben. Er sagte mir, sexuelles Verhalten ist okay, wenn zwei Frauen eine feste Bindung eingehen.« Dies, liebe Freunde, ist gnostisches Hören.

An dieser Universität ist das objektiv Wirkliche verlorengegangen. Es sträuben sich einem die Haare, wenn man sieht, wie diese Universität nicht nur von einer lesbisch-feministisch-homosexuellen Ethik und deren entsprechenden politischen Methoden überflutet wird, sondern wenn man mitbekommt, wie mit Taktiken, die aus Hitlers »Mein Kampf« stammen könnten, diejenigen eingeschüchtert werden, die gegen den allgemeinen Trend zu schwimmen versuchen.[6] Der blanke Sentimentalismus blüht und läßt keinen Raum mehr für das Rationale und erst recht nicht für den gesunden Menschenverstand. Auch war eine Macht der Finsternis gegenwärtig, die als Element dieser gnostischen Spiritualität herbeigerufen worden war. Sie bezog sich auf die Verehrung weiblicher Gottheiten und die Verbreitung der Hexerei.

Ich würde in einem Buch über hörendes Gebet von so etwas nicht berichten, wenn es sich um etwas Ungewöhnliches oder sogar Seltenes handeln würde. Doch dies ist nicht so, im Gegenteil. Heutzutage breitet sich diese Spiritualität aus und befällt in einem gewissen Grad alle größeren Denominationen. Ich mußte traurig mit ansehen, wie diese neognostische Spiritualität große Teile der katholischen und anglikanischen Erneuerungsbewegung durchsetzte und zerstörte. Ebenso erging es auch den älteren protestantischen Denominationen. Nun überflutet sie die evangelikale Welt. Diese Spiritualität ist geprägt von der Abneigung, wirklich lernen zu wollen: dem gesunden Menschenverstand, der mit der Weisheit des Heiligen Geistes einhergeht. Und immer wird bei dieser Spiritualität das Böse mit dem Guten versöhnt. Die Sünde und sündiges Verhalten werden entschuldigt und als nicht so tragisch bezeichnet.

Viele, die heute in kirchlichen Organisationen Verantwortung tragen, sind in die Falle des Neognostizismus gegangen. Sie publizieren dieses neue »Evangelium« nicht nur eifrig unter den Menschen, die es hören wollen, sondern sie setzen es auch mit Hilfe ihrer Autorität in ihren Organisationen als neues »Gesetz« durch. Man hört oder liest von ihnen heute oft als »christliche« Referenten, Lehrer und Autoren. Dies ist das Endergebnis unseres ichzentrierten Subjektivismus und der Tatsache, daß wir das objektiv Wirkliche verloren haben.

Angesichts solcher Zeitgenossen, die nur ihren Instinkten folgten und sich dennoch Christen nannten, sprach Judas die wunderbare Ermahnung aus:

»Ihr aber, liebe Brüder, gründet euch auf euren hochheiligen Glauben, und baut darauf weiter, betet in der Kraft des Heiligen Geistes, haltet fest an der Liebe Gottes, und wartet auf das Erbarmen Jesu Christi, unseres Herrn, der euch das ewige Leben schenkt« (Jud 1,20-21).

Sektenjäger, die die Spiritualität des »New Age« verfolgen

Der größere Teil der christlichen Erneuerung unserer Tage ist entweder durch das Eindringen der neognostischen Spiritualität oder durch die Unterdrückung und den Verlust der wirklichen Spiritualität, der Weisheit durch den Heiligen Geist, verlorengegangen. Diese Unterdrückung geschieht oft durch dilletantische Versuche, den Gnostizismus auszurotten. Der Gnostizismus lebt parasitär. Er kann nur auf einem Wirt existieren, von dem er eine Tradition, eine Ideologie oder eine Religion bezieht. Er besitzt nichts eigenes und versucht immer, sich an das wirklich Christliche anzuheften.

Johannes erlebte dieses Problem mit dem Evangelium, das er geschrieben hatte. Die Gnostiker seiner Tage versuchten, es zu mißbrauchen und sich davon zu nähren wie die Parasiten. Unsere Evangelien wurden bewahrt, weil die gesamte jüdisch-christliche Botschaft und ihre transzendenten Erkenntniswege, wie auch ihre eindeutigen Unterschiede zum gnostischen Heidentum der damaligen Zeit, proklamiert wurden. Sie wurden nicht dadurch bewahrt, daß man das Übernatürliche des Christentums mit den »Parasiten« vertrieb.

Sektenjäger leiden heute unter einem schwerwiegenden Bruch zwischen Kopf und Herz. Sie sind daher vom gesunden Menschenverstand und von der Gelehrsamkeit abgeschnitten, obwohl sie sich häufig als Gelehrte verstehen. Und obwohl sie es oft abstreiten werden, sind sie auch von den guten Wegen abgeschnitten, über die das Herz das unsichtbare Wirkliche wahrnimmt. Sie trennen den Parasiten nicht vom Wirt. Statt dessen zerstören sie beide miteinander.

Professionelle Sektenjäger sind genauso gefährlich wie die Gnostiker, die sie so sehr fürchten. Sie beanspruchen den Platz der wahren Theologen und Propheten, die mit dem Denken und der Befindlichkeit des Gottesvolkes in Verbindung stehen und von dieser Position aus Warnungen aussprechen und auf eine für Laien verständliche Art ausgewogene theologische Antworten geben. Sektenjäger machen irregeleitete Laien ebenfalls zu beutegierigen Wölfen. Ohne es zu wissen, verurteilen, verleumden und verschlingen sie das Volk Gottes mitsamt seinen »Häresien«, die sie glauben, entdeckt zu haben.

Die Sektenjäger haben keinen aufbauenden Dienst, sondern einen negativen Dienst, bei dem sie andere kritisieren. Sie sind daher dazu verurteilt, neue Häretiker zu finden, um ihre Bücher, ihre Lehren und ihre Fernsehprogramme am Laufen zu halten. Und wie die Neognostiker, die sie verfolgen, tun sie dies mit Hilfe ihres Verstandes und ihrer Vorstellungskraft, die nichts mit dem Geist Gottes zu tun haben. Ihrem Geist fehlt die Weisheit von Gott. Weil sie die Wirklichkeit, daß Christus in uns Mensch wird, und das Werk des Heiligen Geistes verachten, sind sie selbst Gnostiker – der Gegenpol derer, die sie jagen. Dies ist tragisch, denn die einzige Verteidigung gegen den Neognostizismus, den ichzentrierten Subjektivismus der heutigen Zeit ist eine echte pulsierende christliche Spiritualität – das Übernatürliche des Christentums in all seiner transzendenten Herrlichkeit.

Wir müssen immer zur Quelle aller Weisheit, zu Gott, dem objektiv Wirklichen, aufblicken. Wenn wir diesen vertikalen Blickwinkel verlieren, öffnen wir uns dem Götzendienst und den schädlichen Praktiken, die wir in diesem Kapitel diskutiert haben. Die Infektion, der wir uns öffnen, wird sich ausbreiten – dies werden wir im nächsten Kapitel erörtern.

Kapitel 15

Wenn die Kirche selbst vom neognostischen Hören infiziert ist

»Um die Sünde und die Gnade in den Blick zu bekommen, muß noch ein weiteres vor Augen geführt werden, das diesen beiden Sinn gibt – das Heilige ... Wenn unser Evangelium unverständlich sein sollte, dann ist es für die unverständlich, denen der schwache Gott ihrer Zeit den Verstand geblendet hat oder die ein milder Gott aus der Spannung des Glaubens entlassen und den Heiligen verborgen hat, der in der Ewigkeit lebt. Diese Heiligkeit Gottes ist ... das vorherrschende Interesse der christlichen Religion ...

Weder Liebe noch Gnade, Glaube oder Sünde besitzen mehr als nur eine beiläufige Bedeutung, wenn sie nicht auf die Heiligkeit Gottes gegründet sind, wenn sie nicht daraus entspringen und dorthin zurückkehren, wenn sie diese Heiligkeit nicht zufriedenstellen, sie sichtbar werden lassen, sie stärken und diese Heiligkeit überall und für immer sicherstellen. Die Liebe ist nur der Ausdruck der Heiligkeit; die Sünde nur Verachtung derselben; die Gnade ist nur das Handeln der Heiligkeit mit Blick auf die Sünde; das Kreuz ist der Sieg der Heiligkeit; der Glaube verherrlicht die Heiligkeit ... Was wir auf Erden unter den Menschen Gerechtigkeit nennen, nennen die Heiligen im Himmel Heiligkeit in Gott.« (P. T. Forsyth) [1]

In der Seele eines Christen, der die neognostische Sichtweise auch nur zu einem geringen Grad aufnimmt, wird unvermeidlich das Obszöne in das Heilige eindringen – letztlich eine Art schwarze Messe innerhalb der Seele selbst.[2]

Viele Christen sind schon zu lange in einer fehlgeleiteten Kirchenorganisation gewesen und haben versucht, sie von innen heraus zu reformieren. Im Ergebnis sind sie jedoch durch die Predigt, die Lehre und die »Heilung«, die von »vergifteten« Kanzeln, Altären und Klassenzimmern verbreitet werden, selbst am neognostischen Hören beteiligt. So bemerken sie heute bei sich selbst die gleiche Infektion mit dem Neognostizismus wie in ihren Gemeinden.

Sie geben den Worten der Schrift neue symbolische Interpretationen, sie definieren sie neu, um die heidnische Theologie des Neognostizismus zu unterstützen, der das Gute und das Böse miteinander versöhnt. Mit der Zeit werden sie selbst durch das veränderte Symbolsystem umdefiniert. Und da sie weiterhin bereitwillig zuhören, wird ihre Identität auf der Grundlage der Gnostik re-formiert.[3]

Selbst die Altäre sind an solchen Orten vergiftet. Diejenigen, die dort dienen, dienen offen dem Baal, dem Gott sexueller Orgien. Sie stellen dies zur Schau und nennen es gut. Damit sind diejenigen gemeint, die der sexuellen Freizügigkeit frönen und mit vollem Bewußtsein Menschen, die nicht zur Umkehr bereit sind, die Sakramente austeilen. Wer mit denen an einem Tisch sitzt und denen die Hand reicht, die einen solchen Götzendienst lehren, partizipiert an dem, was nicht heilig ist.

Die wahre Kirche existiert; sie gehört Gott, er beschützt sie, und die Pforten der Hölle werden sie nicht überwinden. Doch die wahre Kirche ist nicht das, was viele Christen heute »Kirche« nennen. Über die wahre Kirche heißt es: »Aber das feste Fundament, das Gott gelegt hat, kann nicht erschüttert werden. Es trägt als Siegel die Inschrift: Der Herr kennt die Seinen, und: Wer den Namen des Herrn nennt, meide das Unrecht« (2 Tim 2,19).

Der nächste Abschnitt gilt besonders den teuren Schafen Jesu, die sich in der Falle solchen – und sei es nur in ganz geringem Maß – infizierten Organisationen befinden. Wir sollten unsere Seele prüfen und uns die folgenden Fragen stellen: Wie kann ich, ein Geschöpf dieses Jahrhunderts, dessen Identität vom psychologischen Reduktionismus und der Umgestaltung der Symbole berührt wird, erkennen, wenn ich Sünde übersehe und sie nicht als solche bekenne? Was sollte ich für meine betäubte Seele tun?

Dies ist für das hörende Gebet äußerst wichtig, denn wir müssen dafür sorgen, daß die Mauern der Heiligkeit fest und ungebrochen bleiben. Wenn wir, statt auf Gott zu hören, auf unser Selbst hören, wird unsere Seele infiziert. Diese Infektion hat nicht nur einzelne Menschen ereilt, sondern auch die institutionelle Kirche.

Kirchliches Strukturdenken

»Niemand kann zwei Herren dienen; er wird entweder den einen hassen und den andern lieben, oder er wird zu dem einen halten und den andern verachten« (Mt 6,24).

»Wenn der Gedanke der Hierarchie erst einmal ganz erfaßt wurde, so erkennen wir, daß Ordnung auf zweierlei Weise zerstört werden kann: (1) wenn man über von Natur aus Gleichgestellte herrscht oder ihnen gehorcht, d. h. durch die Tyrannei der Unterwürfigkeit; (2) wenn es uns nicht gelingt, dem uns von Natur aus Überlegenen zu gehorchen oder das uns von Natur aus Unterlegene zu beherrschen, d. h. durch Rebellion oder Nachlässigkeit.«[4]

Im Namen christlicher Einheit haben manche sich mit falschen Hirten zusammengetan. Zum Beispiel sind in meiner Diözese einige der Priester und einige andere nicht damit einverstanden, daß Homosexuelle, die nicht zur Umkehr bereit sind, ordiniert werden, doch sie arbeiten mit denen zusammen, die dies befürworten, und führen deren Anweisungen aus. Sie handeln damit so, als sei diese abtrünnige Hierarchie die Kirche.

Diese Menschen dienen einer Struktur, die mit der wirklichen Kirche nichts zu tun hat. Diese Struktur wird zum Ersatz echter Gemeinschaft im Heiligen Geist. Die weltweite Gemeinde derer, die, unabhängig ihrer Konfession, vom Herrn erlöst wurden und ihm im Gehorsam nachfolgen, gehorcht diesen falschen Hirten nicht und bleibt nicht mit ihnen in Verbindung. Vor allem achtet sie auf ihre Verbindung zu Jesus, ihrem Haupt. Er ist das Banner, das sie tragen und dem sie folgen; sie haben sich entschlossen, durch den Gehorsam Jesus gegenüber in ihm zu bleiben. Sie bewahren nicht nur ihre Einheit mit der universalen Kirche, sie leben sie auch auf eine über die Maßen vollkommene Weise. Die Evangelisation, die Verkündigung des Evangeliums, fließt wie ein mächtiger, heiliger Strom. Er bringt für eine suchende Menschheit mannigfaltige und tiefe Heilungen des Geistes, der Seele und des Körpers mit sich. An die Stelle dieser unglaublichen Wirklichkeit setzen manche ein falsches kirchliches Strukturdenken.

Es handelt sich dabei, wie Dr. John A. Mackay in »Christian Reality and Appearance« festgestellt hat, um die Verehrung von Strukturen, die zu »Götzen« erhoben werden. »Die christliche Wirklichkeit besitzt vier unterschiedliche, aber auch untrennbar miteinander verbundene Merkmale«, so sagt Mackay. Diese sind:

1. Gottes Selbstoffenbarung
2. Die transformierende Begegnung
3. Die Gemeinschaft Christi
4. Christlicher Gehorsam.[5]

Zu jedem dieser Merkmale gibt es eine entsprechende Imitation, die »gleich aussieht, aber nicht das gleiche ist«. Tatsächlich handelt es sich um einen Götzenersatz der Wirklichkeit. Diese sind:

1. Eine Vergötzung theologischer Gedanken
2. Eine Vergötzung der Gefühle
3. Eine Vergötzung von Strukturen
4. Eine Vergötzung ethischer Vorschriften.[6]

Die Vergötzung von Strukturen ist eine komplexe und häufig subtile Mischung verschiedener Dinge und Ideen, die dann einsetzt, wenn eine kirchliche Organisation, Denomination oder Splittergruppe dem Volk Gottes ermöglicht, »die Kirche zu sein«. Die Organisation ist zum Selbstzweck geworden. Menschen, die diese Imitation akzeptieren, dienen dann diesem götzendienerischen Selbstzweck.

Wenn diesem falschen Selbstzweck lange genug gedient wird, setzt die geistliche Verführung ein. Diejenigen, die der Organisation dienen, tun dies auch dann noch, wenn diese Organisation gar nicht mehr nach Kirche aussieht. Zum Beispiel dienen sie ihr selbst dann noch, wenn dort durch die Ordination von Menschen, die bewußt von sexuellen Sünden nicht umkehren und in sexueller Perversion leben, Baalaltäre aufgerichtet wurden. Und sie dient dem anderen Gesicht Baals, dem Moloch, dem Götzen, dem heute durch Abtreibungen Kinder geopfert werden. Wer vergifteten Altären dient, gerät in die schreckliche Lage, gegen Gott zu kämpfen. Er riskiert, an einen verderbten Geist dahingegeben zu werden (vgl. Röm 1), an jenen Zustand, wo aller gute Menschenverstand verloren geht. Es herrscht die Verwirrung.

John Mackay hat sehr treffend definiert, was die Kirche ist:

»*Die gemeinschaftliche Dimension der christlichen Wirklichkeit war ein Zeugnis dafür, daß es keinen Raum für den blanken Individualismus gibt, selbst wenn echtes Christsein bedeutet, daß der einzelne eine direkte Beziehung zu Gott hat. Die ›neuen Menschen in Christus‹ sind Glieder einer Gemeinschaft des Glaubens, welche Kirche genannt wird, eine einzigartige Vereinigung, die von Christus durch den Heiligen Geist geschaffen wurde. Diese geschichtliche Gemeinschaft wurde zu Pfingsten auf dramatische Weise geboren. Von Beginn an drückte die Kirche ihr universales Wesen über alle Sprachbarrieren hinweg aus. Sie zeigte auch die Wirklichkeit und die praktischen Auswirkungen der Liebe zu Gott und untereinander. Sie wurde von den Aposteln und den frühen Christen als das ›neue Israel‹, das Israel Gottes, die ›Gemeinschaft des Geistes‹ gepriesen*«.

Wo war die Kirche zu finden? Woran konnte sie erkannt werden? Im Laufe der Jahre verbreitete sich ein geflügeltes Wort: »Die Kirche ist da, wo Christus ist.« In unserem Jahrhundert hat der deutsch-schweizer Theologe

Karl Barth die apostolische und postapostolische Interpretation der Kirche als einer Gemeinschaft ausgedrückt, indem er sagte, die Kirche sei die Gemeinschaft all derer, für die Jesus Christus der Herr ist, die lebendige Gemeinde des lebendigen Jesus Christus.

Während die Gemeinschaft den Kern der kirchlichen Wirklichkeit ausmacht, muß sich die Gemeinschaft aus religiösen wie säkularen Gründen heraus organisieren. Sie muß sich eine sichtbare organisatorische Struktur schaffen. Im Lauf der Jahrhunderte besaß und besitzt die christliche Kirche viele verschiedene Strukturformen. Doch bei all den Veränderungen, die die Kirche in den vielen Jahren durchlaufen hat, und egal, wie ihre organisatorische Gestalt auch sein mag, gibt es doch über die Grenzen von Kultur, Rasse, Ozeanen, Bergen und Wäldern hinweg gewisse unveränderliche zentrale Grundsätze, die von allen Gliedern der Gemeinschaft Christi beachtet werden müssen.

Erstens, das Ziel der Kirche ist unverrückbar. Sie existiert, um in ihrem Leben, ihrem Denken und all ihrem Handeln Christus und sein Evangelium zu bezeugen und das Gebot Christi ernst zu nehmen, ihn bis zu den Enden der Erde bekannt zu machen. Indem sie dies tut, verleiht die Gemeinschaft Christi – in der Liebe Gottes, in der Nächstenliebe und in der Liebe zueinander – einer völlig neuen Art und Dimension menschlicher Gemeinschaft eine weltweite Realität.

Zweitens, die Form der organisatorischen Struktur, die eine christliche Gemeinschaft – wo immer sie auch geographisch angesiedelt sein mag – annimmt, muß von diesem Grundsatz geleitet sein. Unter der Anleitung des Heiligen Geistes und entsprechend dem Wesen und den Anforderungen der christlichen Gemeinschaft, so wie sie in der Heiligen Schrift aufgestellt sind, müssen kirchliche Organisationen die Kirche befähigen »Kirche zu sein«, und zwar in dem speziellen Umfeld, in dem ihre Glieder leben und Zeugnis geben. Das soll heißen, die Kirche darf nicht versuchen, eine bestehende Organisationsstruktur so weit zu verabsolutieren, daß die Struktur auf subtile Weise und mit katastrophalen Folgen zu einem Selbstzweck wird und so an die Stelle dessen tritt, wofür die Kirche überhaupt existiert.

Die Kirche ist nur dann Kirche und kann ihre Funktion in ihrem Umfeld und in ihrer historischen Situation nur dann erfüllen, wenn sie sich selbst als Werkzeug versteht, als ein Mittel, das Gott benutzt, um »dem Herrn den Weg zu bereiten«, damit das Reich Gottes kommen kann. Das Leben und das Zeugnis der Kirche muß dem Reich Gottes gewidmet sein. Unter der Herrschaft Christi muß die Kirche als erlösende und versöhnende Wirklichkeit in allen Facetten menschlichen Lebens und menschlicher Beziehungen fungieren. Um es mit den brillanten Worten Johannes Calvins zu sagen, die Kirche ist wesentlich »ein Werkzeug zur Ehre Gottes« und muß bereit sein, dies auch zu leben. Im Leben und Denken ihrer Glieder, ob sie nun individuell oder als Gemeinschaft in Erscheinung treten, muß die Kirche dem Charakter Gottes und seinem Ziel der Versöhnung für die Menschheit Ausdruck verleihen.

Damit die Kirche ihr höchstes Ziel erreichen und ihren wahrhaft »werkzeughaften« Charakter als eine Schicksalsgemeinschaft in dieser und in der kommenden Welt zeigen kann, müssen alle ihre Glieder ihre Identität, ihre Zugehörigkeit zum Leib Christi, ernst nehmen. Sie müssen daher für die Erfüllung ihrer Rolle als Nachfolger Christi und als Glieder im Hause Gottes ausgebildet und vorbereitet werden. Dafür muß der heutigen Kirche bewußt gemacht werden, daß sie der Aufforderung des Apostels Paulus in seinem Brief an die Epheser, die Christen sollten für ihren Dienst angemessen zugerüstet werden (vgl. Eph 4,12), eine unserer Zeit entsprechende Bedeutung geben muß. Nach Paulus ist es Aufgabe der Kleriker, d. h. der vollzeitlichen ausgebildeten Leiter der Kirche, die Laien auf die »Erfüllung des Dienstes« (Eph 4,12) vorzubereiten. Jeder Christ hat die Verantwortung, ein Diener Gottes zu sein. Und die kirchlichen Organisationen haben die Aufgabe, darauf zu achten, daß aus jedem Glied auch wirklich ein Diener wird. Nur so können die Kirche und ihre Glieder ihre Berufung mit Ernst wahrnehmen.[7]

John Mackay beschreibt das falsche Strukturdenken – den götzendienerischen Ersatz für die wahre Kirche – so gut, daß ich seine Worte hier zitieren möchte:

»Die christliche Kirche, dies haben wir bereits beobachtet und betont, wurde als eine Gemeinschaft von Menschen geboren, die ihr Leben Jesus Christus gewidmet haben. Doch die Kirche wurde, wie dies ganz natürlich der Fall ist, organisiert und nahm, um funktionieren zu können, eine institutionelle Form an. Im Laufe der Zeit erschien sie im Gewand vieler Strukturen. Während die gemeinschaftliche Wirklichkeit nicht völlig verschwand, nahm ihre Bedeutung doch in vielen Fällen ab. Gleichzeitig wurde der Organisation größere Bedeutung beigemessen und ihre Leitung erhielt immer mehr Macht. Es kam der Augenblick, in dem die Leiter der Kirche proklamierten, sie seien die Kirche. Sie waren nicht mehr die Diener der Kirche, sondern ihre Herren. Gleichzeitig hörte die Kirche auf, die Dienerin Gottes zu sein und wurde zu Gottes Gönnerin, die sich die Rolle und die Rechte einer Gottheit anmaßte. Für viele Kirchenmitglieder wurde es wichtiger, zur Kirche zu gehören und ihr zu gehorchen, als zu Gott selbst zu gehören und ihm zu gehorchen. Die Institution Kirche wurde so zum sichtbaren,

historischen Ausdruck der christlichen Wirklichkeit und zum höchsten Ziel christlicher Loyalität. Die Wirklichkeit machte dem Erscheinungsbild Platz. Eine zur Dienerschaft geschaffene Organisation wurde zum Götzen, den es anzubeten galt.

Während dieser Trend in den großen, hierarchisch gegliederten Kirchen, insbesondere der römisch-katholischen, am beunruhigsten wurde, so ist er doch auch in den kirchlichen Denominationen des Protestantismus zu finden. In der Folge der Reformation entstanden Splittergruppen, die sich selbst als die Kirche ansahen und einen arroganten und selbstgefälligen Geist annahmen. Ein Stolz, wie er Prometheus beherrschte, hat die Christen zu allen Zeiten geplagt und hat das Haupt der Gemeinschaft vor viele Probleme gestellt, tragische wie auch ironische. Falsche Lehrmeinungen und sündhafte persönliche Überheblichkeiten haben kirchliche Götzen hervorgebracht.«[8]

Wir müssen diesen Götzendienst durch Umkehr brechen und dem wahren Gott dienen.

Manasse »tat, was dem Herrn mißfiel, und ahmte die Greuel der Völker nach, die der Herr vor den Israeliten vertrieben hatte. Er baute die Kulthöhen wieder auf ... errichtete Altäre für den Baal ... warf sich vor dem ganzen Heer des Himmels nieder und diente ihm« (2 Kön 21,2-3). Er führte sein Volk in die sexuelle Perversion. Als das Gesicht der sexuellen Sünde zu dem Molochs wurde und den Schrecken des rituellen Mißbrauchs und der Ermordung von Kindern annahm, ließ der König »seinen Sohn durchs Feuer gehen«. Doch als er sich vor dem Herrn demütigte und seine Schuld bekannte, vergab ihm der Herr und stellte sein Königtum wieder her (vgl. 2 Chron 33,12-13).

Das einzige Heilmittel für das Volk Gottes, das in abtrünnigen Strukturen gefangen ist, ist sehr grundsätzlicher Natur. Doch es wird oft übersehen, vielleicht wegen seiner herrlichen Schlichtheit. Wir finden Befreiung in der Umkehr als einzelne und als Gemeinschaft.

Das Gebet der Vergebung, das die *Church of the Resurrection of Illinois* unter der Führung des Heiligen Geistes formuliert hat und als Teil der göttlichen Liturgie betet, steht im Anhang C. Ich ermutige alle Pfarrer, ihre Gemeinden zu diesem oder einem ähnlichen Gebet anzuleiten.

Was steht bei der sexuellen Freizügigkeit auf dem Spiel?

Viele verstehen merkwürdigerweise nicht, was auf dem Spiel steht, wenn wir Homosexualität und sexuelle Sünden billigen. Auch dies ist ein Punkt,

218

an dem sich die Infektion des Leibes Christi zeigt. Menschen, die diese Freizügigkeit zulassen und sie ausleben, geraten unter die Tyrannei der Sünde. Daher steht das Kreuz und die Botschaft vom Kreuz auf dem Spiel – und damit das zentralste Anliegen des christlichen Glaubens. Diese Tyrannei zu wählen bedeutet, aus Christus und seiner Versöhnung herauszutreten; wer dies tut, bleibt nicht in Christus.

»Daher soll die Sünde euren sterblichen Leib nicht mehr beherrschen, und seinen Begierden sollt ihr nicht gehorchen. Stellt eure Glieder nicht der Sünde zur Verfügung als Waffen der Ungerechtigkeit, sondern stellt euch Gott zur Verfügung als Menschen, die vom Tod zum Leben gekommen sind, und stellt eure Glieder als Waffen der Gerechtigkeit in den Dienst Gottes. Die Sünde soll nicht über euch herrschen; denn ihr steht nicht unter dem Gesetz, sondern unter der Gnade« (Röm 6,12-14).

Die folgende Aussage gilt heute noch genauso wie in den Tagen, als Paulus sie niederschrieb. Der Preis für den Abfall von Gott ist auch heute noch der Tod und ein unermeßlicher Verlust:

»Denn der Lohn der Sünde ist der Tod, die Gabe Gottes aber ist das ewige Leben in Christus Jesus, unserem Herrn« (Röm 6,23).

Christus gehorsam zu sein bedeutet, das Leben zu wählen – die Kraft zu wählen, mit der wir der Sünde widerstehen können. Das Kreuz und die Gnade, die aus dem Tod und der Auferstehung Christi entspringt, genügen uns völlig. Sie sind sogar mehr als genug! Sie sind nichts weniger als der tiefste Sinn dessen, was es heißt, in Christus zu sein.

Jeder kann von heterosexuellem oder homosexuellem sündhaften Verhalten befreit werden, genauso wie von jeder anderen Sünde und jedem anderen zwanghaften Verhalten. Doch die Befreiung tritt nur ein, wenn wir beschließen, in Gott zu bleiben. Sie kommt daher, daß wir Gott lieben und dem alten verletzten und narzißtischen Selbst (»ungeachtet jeglicher Neigungen«, wie C. S. Lewis sagte) absterben – dem Selbst, das losgelöst und auf sich selbst gestellt sein will.

Die Verleugnung der Sünde und des Bösen

Dr. Mackay hat bereits zu einem früheren Zeitpunkt in diesem Jahrhundert erklärt, daß wir in einer Zeit leben, in der die christliche Wirklichkeit fast völlig von ihren schattenhaften Imitationen ersetzt wurde. Diese Ersatzimitationen beinhalten auch falsche Ansichten, die den Menschen Scheuklappen verpassen. Viele Christen geraten ins Stolpern, weil die Sünde und das Böse nicht erkannt und entsprechend behandelt werden; auf diese Weise wird die Kirche davon infiziert. Zum einen sieht das Böse selten böse aus:

> *»Nur wenige Menschen, die böse sind, sehen auch danach aus, selbst wenn ihr Betrug, ihre zerstörerische Natur und ihre Härte bloßgelegt werden. Der kleine alte Mann, der die Vögel füttert und freundlich lächelt, wenn man an seinem Haus vorbeigeht, könnte einer sein, der in den letzten fünfzig Jahren hundert Kinder mißbraucht hat. Wenn man ihn erwischt, würden die meisten nicht glauben, daß die Anklage stimmt, oder sie würden zumindest am Ausmaß des Übels zweifeln.«*[9]

Menschen die beständig die Sünde wählen, rationalisieren sie im allgemeinen weg, indem sie sagen, ihr Handeln sei schon in Ordnung. Dann beginnen sie, die Sünde zu verleugnen. Scott Peck hat bereits in seinem Buch »Die Lügner« festgestellt, daß das zentrale Problem des Bösen nicht die Sünde ist, sondern die Weigerung, diese Sünde einzugestehen.

Diejenigen, die ständig Böses tun, es aber verleugnen, haben hauptsächlich zwei Mechanismen, wie sie diese Weigerung aufrechterhalten. Der eine Mechanismus besteht darin, andere zum Sündenbock zu machen; der andere besteht in der Aufhebung des Gegensatzes von gut und böse. Dr. Peck hat den ersten Mechanismus sehr gut erkannt, bei der andere zum Sündenbock gestempelt werden: ein psychologischer Projektionsmechanismus derer, die die Grenzlinie überschritten haben:

> *»Sie projizieren ihre Bosheit auf den Rest der Welt. Sie halten sich selbst niemals für böse; andererseits sehen sie viel Böses bei anderen. Merkwürdigerweise sind böse Menschen oftmals gerade deshalb zerstörerisch, weil sie versuchen, das Böse zu zerstören. Das Problem besteht darin, daß sie das Böse falsch plazieren. Statt andere zu zerstören, sollten sie der Krankheit in sich selbst zu Leibe rücken.«*[10]

Der zweite Mechanismus ist in unserer Kultur tragischerweise weit verbreitet. Aufgrund der eigentümlichen Blindheit unserer Zeit erkennen nur wenige die Aufhebung des Gegensatzes zwischen Gut und Böse, und wenn sie es tun, so haben sie Schwierigkeiten, dies in Worte zu fassen. Als trauriges, aber sehr aufschlußreiches Beispiel mag Dr. Peck dienen: er erkannte den ersten Mechanismus so gut, scheint jedoch den zweiten in seinen späteren Werken überhaupt nicht ins Blickfeld bekommen zu haben. Obwohl wir diesen zweiten Mechanismus im Kapitel 14 behandelt haben, möchte ich noch näher darauf eingehen, da er heute eine so große Bedeutung besitzt.

Die Versöhnung von Gut und Böse entspringt dem psychologischen Reduktionismus, der mit unserem Materialismus einhergeht, durch den die geistliche und die moralische Dimension der menschlichen Seele nicht erkannt werden und somit unsichtbar bleiben. Diese Dimensionen werden im Grunde völlig vernachlässigt. Die Sünde und das Böse erhalten neue Namen. Sie bekommen ein soziologisches oder psychologisches Etikett verpaßt. Auf diese Weise werden Gut und Böse synthetisiert, in eins gebracht, miteinander versöhnt. Das Böse des Bösen und unsere Verantwortung, davon umzukehren, werden verleugnet. Unnötig zu sagen, daß das durch und durch gute Wesen Gottes und die Art, wie er uns, den gefallenen Menschen, seine Gerechtigkeit zuteil werden läßt, keinerlei Beachtung finden.

Auch die Christen haben im Einklang mit ihrer Kultur den Gegensatz zwischen Gut und Böse mehr oder weniger aufgehoben – die Tugenden mit den Untugenden gleichgesetzt, indem sie Sünde rein psychologisch definiert haben. Auf diese Weise versöhnen wir auf der tiefsten Ebene unseres Seins das Gute mit dem Bösen – wir versäumen es, unsere Sünden zu bekennen und uns von ihnen abzuwenden.

Dies macht die Untugend der Sentimentalität, die in unserer Kultur heute so sehr grassiert, zu der wahrhaft bösartigen Sünde, als die sie sich herausstellt. Das Böse, das im Zusammenhang mit soviel Gutem erscheint, hat bereits einen neuen Namen. In Gestalt dieser Untugend wird es schlichtweg ignoriert.

Die Untugend der Sentimentalität (falsches Mitgefühl)

Zum Wesen der Versöhnung von Gut und Böse gehört auch die Untugend der Sentimentalität. Sie ist eine Facette eines weiteren Hauptbetrügers (vgl. Mackay), nämlich der Vergötterung des Gefühls. Wer sich im Würgegriff der Sentimentalität befindet, sieht im Objekt seines Verlangens nur das Gute und blendet das Böse aus; er verleugnet das Böse.

Ein Beispiel, das uns erschrecken mag, da es wie eine Karikatur dieser Untugend aussieht, zeigt sich dort, wo die christliche Gemeinschaft als Struktur angesehen wird. In diesem Fall besteht das begehrte Objekt in der kirchlichen Hierarchie. Ein einflußreicher kirchlicher Leiter, der als Verfechter der orthodoxen Haltung gegenüber sexueller Freizügigkeit gilt, antwortete der Kritik eines besorgten Christen an der Theologie, der

Psychologie, dem Verhalten und dem geradezu häretischen Handeln von Bischof Spong. Statt jedoch der orthodoxen Position recht zu geben, lächelte dieser Leiter ruhig, wissend und sogar überlegen vor sich hin und antwortete dann: »Die Dinge sind nicht immer so, wie sie aussehen.« Denjenigen, die seine Antwort hörten, stockte der Atem. Dieser Leiter hatte all das Böse, das durch die Sünde und den Abfall ihrer ordinierten Geistlichen über die Kirche gekommen war, leichtfertig beiseite geschoben. Wie gewaltig ist die Nicht-Wirklichkeit, als die sich diese Sentimentalität erweist.

Die Sentimentalität ist natürlich selten so unverblümt. Doch auch hier gilt: die wenigsten können sie beim Namen nennen, selbst wenn sie der Übertreibung dieser Sentimetalität begegnen. Ob nun subtil oder offen, diese Untugend ist entsetzlich, weil sie das Böse des Bösen verleugnet und ihm so ein Nest bereitet. Sie zeigt sich heute überall in der Kirche und gibt sich selbst voller Stolz als Liebe aus.

Die beste Erklärung, die ich dazu gelesen habe, stammt aus Mark Jeffersons Essay »What is Wrong with Sentimentality?« [»Was ist falsch an der Sentimentalität?«] Dr. Jefferson stimmt zu, daß der übersentimentale Mensch die Welt falsch darstellt, um in seinen Gefühlen schwelgen zu können, und zeigt die Eigentümlichkeiten der Sentimentalität auf. Er spricht von der Untugend, wie wir sie an denen erkennen können, die nach Erregungen suchen, die melodramatisch, verächtlich, selbstgerecht oder wunderlich sind. Lassen Sie mich ein kurzes Beispiel geben: »Der melodramatische Mensch stellt die Welt falsch dar, um Teile davon mit einer uneingeschränkten Warmherzigkeit erleben zu können.« Diese Gewohnheit wird »durch die Verdrehung der Dinge« gestützt.

»Doch das Wesen der Verdrehung von Dingen unterscheidet sich je nachdem, worin man schwelgen möchte. Jede Art von Genußsucht verlangt eine eigene Art von Nicht-Wirklichkeit, die auf die Welt projiziert wird. Ich möchte behaupten, daß man Einwände gegen die Sentimentalität geltend machen kann, und zwar nicht nur deshalb, weil dazu Phantasien nötig sind, sondern auch weil es zur Natur der Sentimentalität gehört, Phantasien aufrechtzuerhalten.« [11]

»Die Sentimentalität verleiht den Objekten ihres Verlangens den Hauch der Unschuld.« Es muß die Fiktion der Unschuld aufrechterhalten werden; so werden die begehrten Objekte als »süß, entzückend, klein, makellos und so weiter« bezeichnet. Und hierbei, so zeigt Jefferson, begegnen wir einer »direkten Beeinträchtigung jeder ethischen Betrachtung, da man hier grundsätzlich vom Objekt ausgeht.«

Wenn, so sagt Jefferson, die Sentimentalität eines Menschen auf einen

Pudel gerichtet ist, dann werden über das geliebte Haustier allerlei positive Fiktionen erdacht und auf den Hund übertragen. In diesem Fall mag die Sentimentalität noch recht harmlos sein. Doch wenn sich die Sentimentalität »auf Menschen oder Länder richtet«, dann liegt die Situation völlig anders. Der Autor erinnert seine Leser an E. M. Forsters »Auf der Suche nach Indien«, einen Roman, der die Brutalität dieser Untugend zeigt. In dieser Geschichte werden die Tugenden und die Aufrichtigkeit einer jungen Britin sentimentalisiert, eine tragische Fiktion wird ersonnen und aufrechterhalten, und das Leben eines Inders wird zu Unrecht verleumdet und zerstört.

»Um die Unschuld aufrechtzuerhalten, die auf ein Objekt des eigenen Verlangens projiziert wurde, ist es oft nötig, andere, gefährliche Fiktionen über die Dinge zu konstruieren, mit denen dieses Objekt in Beziehung steht.« [12]

Heiligkeit zu predigen, ist voller Gefahren

»Die Vorstellung, Gott wolle uns zu vollkommenen Musterbildern dessen machen, was Er an uns zu tun imstande sei, ist ein Fallstrick; Gott hat die Absicht, uns mit sich selbst eins zu machen.«

Es ist gefährlich, über die Heiligkeit zu predigen, wenn ihre Beziehung zur Gnade und zur wirklichen Gegenwart Gottes nicht verstanden wird. In den letzten zehn Jahren ist ein öffentlicher Vertreter der Kirche nach dem anderen aufgestanden und hat, als Reaktion auf die eklatanten Sünden in der Kirche, in den Medien lautstark von Heiligkeit geredet. Doch noch bevor seine Schäfchen die Zeit hatten, das Gepredigte in die Tat umzusetzen, verfiel der Prediger selbst einer sexuellen Sünde. Erstaunt fragen wir, wie das sein kann. Es ist schrecklich unheilig, geschmacklos und wäre sogar lachhaft, wenn es nicht so tragisch wäre.

Der Grund liegt natürlich darin, daß das Wissen und die Predigt über das Gesetz Gottes einen Menschen noch lange nicht befähigen, es auch zu halten. Nur die Gnade kann dies tun. Doch der Prediger sollte dies wissen. Was liegt hier falsch? In diesen Fällen haben der Moralismus und die Gesetzlichkeit das Hören auf Gott und die Demut vor dem Herrn ersetzt. Die tödliche Infektion mit der Sünde setzt ein.

Gott bewahrt uns in seiner Heiligkeit (vgl. Joh 17,15), wenn wir ihm im Gehorsam untertan bleiben (vgl. Röm 6,22). Wir müssen in der Einheit mit Christus bleiben (vgl. Joh 15,4-5; 17,9). Doch echte Einheit mit Christus wird heute kaum noch verstanden und gelebt. Der tiefe Graben oder Bruch zwischen Kopf und Herz, zwischen Handeln und Sein, zwischen Männlichem und Weiblichem [14] bringt viele Menschen dazu zu meinen, Einheit mit Christus bedeute eine mehr oder weniger geistliche Vollkommenheit. Wenn ohne ein Verständnis für diese Einheit – die Menschwerdung Jesu in uns – und ohne eine Umsetzung dieser Einheit im Leben über Heiligkeit gepredigt wird, dann entsteht daraus Gesetzlichkeit. Obwohl das Lippenbekenntnis zur Gnade reichlich ausgesprochen wurde, wird sich dort Gesetzlichkeit finden, wenn auch in unterschiedlicher Dosierung.

Wo es Gesetzlichkeit gibt, gibt es immer auch Stolz. Wir werden diesen geistlich erscheinenden Perfektionismus besitzen, der behauptet: »Ich halte das Gesetz durch mein eigenes Streben, und weil ich so gut bin.« Wir vergessen die Worte des Paulus, was zur Folge hat, daß »ich starb, als das Gesetz wieder lebendig wurde«.

Wir können nur so lange gefahrlos über die Heiligkeit predigen, solange wir erkennen, daß dem guten Wesen Gottes niemals die Gerechtigkeit und Heiligkeit der Gottesfürchtigen gegenübersteht, sondern immer die Gottlosigkeit der Ruchlosen. Nur wenn wir in der Einheit mit ihm leben, wenn wir auf ihn hören und seine Anweisungen ausführen, sind wir heilig. Wenn wir dies durch irgend etwas anderes ersetzen, so fehlt uns die Erkenntnis, daß wir stolze Sünder und Heilige zugleich sind.

Leider ist keiner von uns besser als die übrigen. Wir haben den Drang in uns, frei zu bleiben und heilig zu sein, indem wir das Gesetz vollkommen erfüllen. Im Grunde wollen wir Gott sein. Wir wollen das Banner Christi tragen – doch im Zeitalter des Individualismus wollen wir es nur tragen, wenn unser eigener Name darauf steht. Wir wollen die Kontrolle besitzen; wir wollen andere vor Bewunderung und Unterwerfung in die Knie zwingen. Dieser Stolz ist im Herzen eines jeden Menschen. Wir gleiten in die Sünde ab, sobald wir vergessen, den Tyrannen in uns zu bekennen und anzuerkennen, daß unsere Heiligkeit in jedem Augenblick unseres Lebens von einem anderen stammt: sie ist eine Folge dessen, daß Gott Mensch wurde.

Jesus verleiht uns nicht nur ein reines Herz, er ist die Reinheit in unserem Herzen; ›Gott hat ihn zur Gerechtigkeit geschaffen‹.« [15]

Die geistlich Armen, die Demütigen auf Erden schätzen die Heiligkeit und bringen ihre Früchte hervor. Sie sind begeistert vom Jesusgebet. Auf die eine oder andere Weise beten sie immer und immer wieder: »Herr Jesus Christus, sei mir Sünder gnädig.« Sie werden ihren Stolz und ihren Mangel an Demut schleunigst bekennen und täglich davon umkehren.

Ohne die Heiligkeit werden wir Gott nicht sehen. Dies lehrt uns die Schrift. Heiligkeit ist ein teures Gut. Gott verfügt darüber, sie ist ein Merkmal Gottes, und er selbst bringt sie in seinem Volk hervor. Wenn wir das Evangelium predigen, so lehren wir das Wesen der Heiligkeit (vgl. Jes 35,8). Und ohne Heiligkeit gibt es keinen wirklichen Gottesdienst (vgl. Ps 24,3-4). Es gibt nichts Schöneres und Heilbringenderes auf Erden, als unter einem Volk zu sein, das den lebendigen Gott wahrhaftig und von ganzem Herzen anbetet.

Heiligkeit ist sowohl ein uns anvertrautes Gut als auch ein Weg. Es ist der Weg, wie wir in Christus bleiben und in der Gegenwart Gottes leben können. Das Wissen um das Gesetz ist gut und notwendig. Doch das Gesetz zu predigen, ohne das Leben im Heiligen Geist zu lehren, sagt dem Volk Gottes nur, was es tun sollte, ohne daß ihm die Kraft gegeben wird, es zu tun. Die Gesetzlichkeit ist der Feind der Heiligkeit, weil sie die Wirklichkeit der Menschwerdung beiseite läßt. Sie kann uns niemals zu einem Leben im Heiligen Geist befreien.

Wie wir gesehen haben, breitet sich überall im Leib Christi die Infektion durch neognostisches Hören, kirchliches Strukturdenken, sexuelle Freizügigkeit, die Verleugnung der Sünde und des Bösen, die Untugend der Sentimentalität und ein falsches Verständnis über die Heiligkeit aus. Dies alles kommt von einem horizontal und nicht vertikal ausgerichteten Hören. Um uns von diesen Infektionen zu befreien, müssen wir umkehren und auf den schauen, der uns Weisheit von oben schenkt.

Lebendiges Wasser

»Die Elenden und Armen suchen Wasser, doch es ist keines da; ihre Zunge vertrocknet vor Durst. Ich, der Herr, will sie erhören, ich, der Gott Israels, verlasse sie nicht. Auf den kahlen Hügeln lasse ich Ströme hervorbrechen und Quellen inmitten der Täler. Ich mache die Wüste zum Teich und das ausgetrocknete Land zur Oase« (Jes 41, 17-18).

Als Menschen, die über Jahre hinweg miteinander gebetet und gedient haben, haben meine Gebetspartner und ich das kennengelernt, was schon der Psalmist erkannt hat; mit ihm beten wir:

»Herr, du hilfst Menschen und Tieren. Sie laben sich am Reichtum deines Hauses; du tränkst sie mit dem Strom deiner Wonnen. Denn bei dir ist die Quelle des Lebens, in deinem Licht schauen wir das Licht« (Ps 36,7.9-10).

Connie Boerners wundervolles Lied »Fließ, du gewaltiger und heiliger Strom« singen wir sehr häufig. Wir, die wir vom Strom der Wonne Gottes getrunken haben, geben davon weiter. Connie wurde zu diesem Lied inspiriert, als wir uns im *PCM*-Team auf einen Dienst in England vorbereiteten. Sie hatte fürbittend für England und die Christen auf den britischen Inseln gebetet, als sie in einem Augenblick voll der Gegenwart Gottes in einer Vision sah, wie der Herr vor den Thron des Vaters trat und die Anliegen und Fürbitten singend vortrug:

»Fließ, du gewaltiger und heiliger Strom.

Fließ, du gewaltiger und heiliger Strom.
Fließ in der Fülle und mit ganzer Kraft.
Halte deinen reichen Segen nicht zurück,
überflute diese Wüste mit deinem Lied.

Ausgedörrt und öde – hör das Schreien
deiner verlassenen und gebrochenen Kirche.
Bring den Sterbenden Erneuerung,
lösche den Schmerz ihres Durstes.

Öffne, Herr, noch einmal deine Schleusen,
laß die fruchtbringende Berührung deines Himmels
auf dieses Land herabregnen,
bis die Erde, friedevoll und froh,
die Botschaft deiner Liebe ausruft.

Fließ, du gewaltiger und heiliger Strom.
Fließ in der Fülle und mit ganzer Kraft.
Halte deinen reichen Segen nicht zurück,
überflute diese Wüste mit deinem Lied.[1]

Man braucht wohl nicht extra zu erwähnen, daß wir dieses Lied mit viel Eifer und mit großem Segen sangen, als wir 1989 in England waren; und wir singen es heute nicht weniger eifrig.

Wir haben Christus zu uns sprechen hören, wie er auch schon mit der Samariterin am Brunnen geredet hatte:

»Wenn du wüßtest, worin die Gabe Gottes besteht und wer es ist, der zu dir sagt: Gib mir zu trinken!, dann hättest du ihn gebeten, und er hätte dir *lebendiges Wasser* gegeben ... Wer von diesem Wasser trinkt, wird wieder Durst bekommen; wer aber von dem Wasser trinkt, das ich ihm geben werde, wird niemals mehr Durst haben; vielmehr wird das Wasser, das ich ihm gebe, in ihm zur sprudelnden Quelle werden, deren Wasser *ewiges Leben* schenkt« (Joh 4,10.13-14; Hervorhebung durch den Autor).

Und wie Elizabeth Goudge in »Das Erbe der Miss Lindsey« haben wir verstanden, wie die Begriffe lebendiges Wasser, ewiges Leben und Heiliger Geist zusammenfinden, wie sich in den Worten, die unser Herr zu uns spricht, eine Metapher mit der anderen verbindet. In der Todesszene einer Christin (vgl. »Wie wir uns auf den Tod und das Gericht vorbereiten können« in Kapitel 5) stellt sich Frau Goudge wunderbar vor, wie das lebendige Wasser das Zimmer der sterbenden Frau durchflutet, sie stellt sich das ewige Leben als eine goldene Flut vor und wie das Licht eines wunderbaren Sonnenunterganges, auf der die Sterbende »auf lebendigem Wasser« hinaussegelt.

Nachdem Jesus tief in das Leben der Samariterin hineingesprochen hatte, wiederholte er die gleichen Wahrheiten auch vor der größeren Menge der Menschen, die ihm nachfolgten. Der Apostel Johannes, der nun den Vorteil besaß, zurückschauen zu können, interpretiert die Bedeutung der Worte Jesu im Licht des Pfingstereignisses und der Ausgießung des Heiligen Geistes auf die Gläubigen:

> »›Wer Durst hat, komme zu mir, und es trinke, wer an mich glaubt. Wie die Schrift sagt: Aus seinem Inneren werden Ströme von lebendigem Wasser fließen.‹« Damit meinte er den Geist, den alle empfangen sollten, die an ihn glauben« (Joh 7,27-39).

Es ist gut, ein Buch über das hörende Gebet mit einer kurzen Meditation über Christus, unseren Herrn, die überfließende Quelle des Lebens, zu beenden. Wenn wir auf ihn harren, empfangen wir. Wie die frühen Christen das Gebot Christi hörten und befolgten, so haben wir dies auch getan. Wir haben auf ihn gewartet und von ihm die Verheißung empfangen:

> »›Geht nicht weg von Jerusalem, sondern wartet auf die Verheißung des Vaters, die ihr von mir vernommen habt. Johannes hat mit Wasser getauft, ihr aber werdet schon in wenigen Tagen mit dem Heiligen Geist getauft … Aber ihr werdet die Kraft des Heiligen Geistes empfangen, der auf euch herabkommen wird; und ihr werdet meine Zeugen sein in Jerusalem und in ganz Judäa und Samarien und bis an die Grenzen der Erde.‹ Als er das gesagt hatte, wurde er vor ihren Augen emporgehoben, und eine Wolke nahm ihn auf und entzog ihn ihren Blicken« (Apg 1,4-5.8-9).

Leben bedeutet, neues Leben von Christus zu empfangen, weit über das hinaus, was wir verstehen oder auch nur in Ansätzen ausdrücken können. »Denn in ihm leben wir, bewegen wir uns und sind wir« (Apg 17,28). Wir werden für das Werk des Reiches Gottes bevollmächtigt. Doch, so traurig dies auch ist, wir Menschen verlassen immer und immer wieder die Quelle unseres Lebens:

> »Denn mein Volk hat doppeltes Unrecht verübt: Mich hat es verlassen, den Quell des lebendigen Wassers, um sich Zisternen zu graben, Zisternen mit Rissen, die das Wasser nicht halten« (Jer 2,13).

Meine Hoffnung besteht darin, daß das Gebetsleben, von dem in diesem Buch die Rede war, vielen Mut machen wird, um die Taufe im Heiligen

Geist zu bitten und sie zu empfangen. Ich hoffe, es ermutigt, sich auszu-
strecken nach den vielen nachfolgenden Erfüllungen und Erneuerungen
durch seinen Heiligen Geist. Ich lade Sie ein, das folgende Gebet zu
sprechen:

>Komm, Heiliger Geist, komm.
Gieße das lebendige Wasser deiner Gegenwart
auf den durstigen Grund meines Herzens.

Laß Ströme lebendigen Wassers
auf die verlassenen Höhen meiner Seele fließen,
laß in all ihren Tälern Quellen sprudeln.

Möge ich die Kraft empfangen, Herr Jesus Christus,
um dein Zeuge zu sein,
dort, wo ich lebe, und bis an die Enden der Erde.
Sei du in mir die Quelle des lebendigen Wassers,
die nicht versiegen wird bis hin zum ewigen Leben.

Du hast mich gerecht gemacht,
um am Erbe der Heiligen im Reich des Lichtes teilzuhaben.
Du hast mich errettet aus dem Reich der Finsternis
und hast mich in das Reich deines teuren Sohnes geführt,
in dem mir die Erlösung
und die Vergebung der Sünden zuteil wurde (Kol 1).
Du hast mich versiegelt,
dein Geist in meinem Herzen
wird meinen Ausgang behüten.
In Christus stehe ich fest (2 Kor 1,21-22).
Ich sage dir Dank, daß du mich zu deinem Kind angenommen hast.
Dafür preise ich deinen heiligen und gnädigen Namen.

Und ich preise dich als den,
der seinen Geist zu uns Menschen sendet,
die deinem Namen vertrauen:
>Du, der Geist der Salbung,
teilst deine siebenfältigen Gaben aus.<[2]

Ich bitte dich nun um die Taufe im Heiligen Geist
und um die ungehinderte Freiheit,
in der Kraft deines Geistes zu leben,
zur Ehre deines Namens und zur
Ausbreitung deines Reiches.

Ich weiß, Herr, der Tag wird kommen,
an dem die Erde erfüllt von der Erkenntnis
der Herrlichkeit Gottes sein wird,
wie die Meere von Wasser bedeckt sind.
Darin bin ich fröhlich und bitte dich nun,
daß dein Heiliger Geist mich in dieser Weise ausfüllen,
bedecken und umkleiden möge.
Ich bitte auch um die Gnade und Kraft,
so vor dir zu leben, daß der Heilige Geist
in keiner Weise betrübt oder verletzt sein möge,
sondern daß er in mir bleiben und
immer Gefallen daran finden möge,
auf mir zu ruhen.

Vater, ich danke dir schon jetzt
für diese Taufe in deinem Geist,
die auch in Zukunft in mir wirksam sein wird
und durch mich hindurch-
und aus mir herausfließen wird.

Dies bete und empfange ich im heiligen Namen Jesu.
Amen.«

Wir sind vorbereitet, auf das heilende Wort des Herrn zu warten, er spricht immer so, daß wir zunächst auf seine göttliche Gabe warten müssen. Von dieser Erfahrung sagt R. A. Torrey zu Recht: »Es kann gut sein, daß wir etwas, ja sogar viel von der Gegenwart des Geistes und seinem Wirken in unserem Herzen haben und doch diese besondere Fülle und dieses Wirken vermissen, das in der Bibel als die Taufe oder die Erfüllung mit dem Heiligen Geist bekannt ist.«[3]

Doch es gibt, wie die Schrift und unsere eigene Erfahrung deutlich zeigen, auch erneute Erfüllungen mit dem Heiligen Geist, um die wir bitten sollen: »Wenn in unserem Dienst neue Nöte auftreten, so müssen wir erneut mit dem Heiligen Geist erfüllt werden.«[4] »Komm, Heiliger Geist, komm und fülle mich neu« ist sicher eine der Bitten, die sich in meinen Gebetstagebüchern am häufigsten finden – und das über einen Zeitraum von sechsunddreißig Jahren.

Ich bin immer wieder erstaunt, wieviel Mangel Christen erleben, die aufgrund ihrer theologischen Vorurteile davon abgehalten werden, solche wichtigen Gebete wie das obige zu sprechen. R. E. O. White schreibt, während er über die theologischen Debatten klagt, die zu diesen unglücklichen Ansichten führen:

»Unterschiedliche Exegesen und theologische Debatten dürfen die zentrale Wahrheit nicht verdunkeln: der Geist des lebendigen Christus möchte Christen aller Generationen bereichern, befähigen und bevollmächtigen. Die geistliche Bedeutung der apostolischen Taufe und die der Taufe, wie sie in der modernen Kirche vorherrscht, unterscheiden sich so sehr voneinander, daß für die meisten Christen die ›Fülle des Geistes‹ eine Erfahrung sein wird, die lange nach der Taufe folgt. Doch wie wir die Erfahrung beschreiben ist weniger wichtig, als daß wir unser Herz, unseren Verstand und unseren Willen der Kraft und der Freude öffnen, die der Heilige Geist uns schenken möchte. Die heutige Kirche und die moderne Welt bedürfen der christlichen Taufe im Heiligen Geist sehr.«[5]

Einige von uns, die von Anfang an beim *PCM*-Team dabei waren, sind älter geworden, und heute sind wir Großeltern. Ich selbst fühle mich wie Ijob in seinen späteren Tagen – mit einer großen Familie reich gesegnet. Erwachsene Enkel, die so großartig und wirksam in Christus leben, stehen nun mit mir und den unglaublichsten geistlichen Söhnen und Töchtern im Dienst, die ich mir je hätte erhoffen können. Der Dienst ist an sie übergegangen, und ich kann sehen, wie er sich in immer breitere Ströme verzweigt und aufregende neue Wege geht. Der Herr schenkt mir meine Becher voll ein.

Und obwohl einige von uns älter geworden sind, mag es doch sein, daß wir noch etwas *von jenem Tag* erleben, von dem die Schrift spricht. Die Zeichen deuten darauf hin. Es heißt:»Dann wird es einen Tag lang – er ist dem Herrn bekannt – weder Tag noch Nacht werden, sondern am Abend wird Licht sein« (Sach 14,7) – die Völker werden sich gegen Jerusalem verschwören, nur um erkennen zu müssen, daß Gott es zu einem unerschütterlichen Felsen machen wird und daß ihre Führer den Herrn bekennen (vgl. Sach 12). Von jenem Tag wird auch gesagt:»Doch über das Haus David und über die Einwohner Jerusalems werde ich den Geist des Mitleids und des Gebets ausgießen. Und sie werden auf den blicken, den sie durchbohrt haben« (Sach 12,10). Und weiter:»An jenem Tag wird für *das Haus David und für die Einwohner Jerusalems eine Quelle fließen* zur Reinigung von Sünde und Unreinheit« (Sach 13,1; Hervorhebung durch den Autor).

Es scheint Anzeichen dafür zu geben, daß der Schleier von den Augen vieler im Volk Gottes, Israel, genommen wird. Wenn dies geschieht, wird die Kirche eine Heilung erfahren, die der Heilung Israels wohl in nichts nachstehen wird. Ich möchte in solcher Weise an der Verkündigung des Evangeliums teilhaben, daß erstens Christen zutiefst von ihren Sünden umkehren, die sie am Volk der Juden begangen haben, und daß wir zweitens eine solche Salbung im Heiligen Geist erfahren, daß wir von Gott beim Lüften dieses Schleiers benutzt werden können. Ich möchte bereit sein, nicht nur das Evangelium zu verkünden, sondern auch an jenem Tag voller Freude, gereinigt und erfüllt vom Heiligen Geist dazustehen:

»Seine Füße werden an jenem Tag auf dem Ölberg stehen, der im Osten gegenüber von Jerusalem liegt. Der Ölberg wird sich in der Mitte spalten, und es entsteht ein gewaltiges Tal von Osten nach Westen. Die eine Hälfte des Berges weicht nach Norden und die andere Hälfte nach Süden ... Dann wird der Herr, mein Gott, kommen und alle Heiligen mit ihm« (Sach 14,4-5).

»An jenem Tag wird aus Jerusalem lebendiges Wasser fließen, eine Hälfte zum Meer im Osten und eine Hälfte zum Meer im Westen; im Sommer und im Winter wird es fließen. Dann wird der Herr König sein über die ganze Erde. An jenem Tag wird der Herr der einzige sein und sein Name der einzige« (Sach 14,8-9).

»An jenem Tag wird auf den Pferdeschellen stehen: Dem Herrn heilig. ... Und kein Händler wird an jenem Tag mehr im Haus des Herrn der Heere sein« (Sach 14,20-21).

In einem der großartigsten Kirchenlieder unseres Jahrhunderts wird Christus von einem Dichter gefeiert, den das Schicksal hinter den »eisernen Vorhang« verschlagen hatte. Das Leid, das er als Christ unter diesen Umständen erfuhr, erklärt zweifellos die große Tiefe seiner poetischen Bilder. Hier wird Christus als der »Baum des Lebens« gefeiert. Wieder geht eine Metapher in die nächste über, und wir feiern den lebenspendenden Baum gleichzeitig mit dem Kreuz Christi:

»Dort, im Garten Gottes, steht der Baum der Erkenntnis, dessen Blätter das Heil für die Völker bezeugen: Baum aller Erkenntnis, Baum aller Barmherzigkeit, Baum aller Schönheit.

Sein Name ist Jesus, der Name, der sagt: ›Unser Erlöser!‹ Seht auf seinen Ästen die Narben des Leides, seht, wo sich menschliche Selbstsucht vom Blut seines Lebens nährt.

An seinem Laub zeigen sich Dornen, die nicht seine eigenen sind; unsere Gier hat ihm die Nahrung genommen, unsere Verachtung hat ihn erstickt. Doch seht! Er lebt! Seine Trauer hat ihn nicht zerstört, und das Feuer hat ihn nicht verzehrt.

Seht, wie er seine Äste zu uns ausstreckt, um uns willkommen zu heißen. Hört, was die Stimme sagt: ›Kommt zu mir, ihr Müden! Gebt mir eure Krankheit, gebt mir all eure Traurigkeit, und ich werde euch meinen Segen geben.‹

Dies ist mein Ziel, dies ist meine Auferstehung; in deine Hand, Herr, befehle ich meinen Geist. Danach habe ich gesucht; nun kann ich es besitzen. Dieser Boden ist heilig.

Alle Himmel singen: ›Dank sei Christus, der uns durch sein Leiden voller Gnade Heilung, Kraft und Vergebung anbietet. Völker und Nationen, nehmt davon, nehmt umsonst!‹ Amen! Mein Herr!«[6]

»Wahrhaftig, Gott hat »uns das ewige Leben gegeben, und dieses Leben ist in seinem Sohn« (1 Joh 5,11). Zu denen, die auf ihn hören, sagt der Sohn Gottes:

»Wer Ohren hat, der höre, was der Geist den Gemeinden sagt: Wer siegt, dem werde ich zu essen geben vom Baum des Lebens, der im Paradies Gottes steht« (Offb 2,7).

»Und [der Engel] zeigte mir einen Strom, das Wasser des Lebens, klar wie Kristall; er geht vom Thron Gottes und des Lammes aus. Zwischen der Straße der Stadt und dem Strom, hüben und drüben, stehen Bäume des Lebens. Zwölfmal tragen sie Früchte, jeden Monat einmal; und die Blätter der Bäume dienen zur Heilung der Völker« (Offb 22,1-2).

Schriftstellen
zum geistlichen Kampf

Wir sind berufen, den guten Kampf zu kämpfen

»Diese Ermahnung lege ich dir ans Herz, mein Sohn Timotheus, im Gedanken an die prophetischen Worte, die einst über dich gesprochen wurden; durch diese Worte gestärkt, kämpfe den guten Kampf, gläubig und mit reinem Gewissen. Schon manche haben die Stimme ihres Gewissens mißachtet und haben im Glauben Schiffbruch erlitten ...« (1 Tim 1,18-19).

»Kämpfe den guten Kampf des Glaubens, ergreife das ewige Leben, zu dem du berufen worden bist und für das du vor vielen Zeugen das gute Bekenntnis abgelegt hast« (1 Tim 6,12).

»Liebe Brüder, da es mich sehr drängt, euch über unsere gemeinsame Rettung zu schreiben, halte ich es für notwendig, euch mit diesem Brief zu ermahnen: Kämpft für den überlieferten Glauben, der den Heiligen ein für allemal anvertraut ist« (Jud 1,3).

Wir kämpfen gegen »die Welt«

»Dies habe ich zu euch gesagt, damit ihr in mir Frieden habt. In der Welt seid ihr in Bedrängnis; aber habt Mut: Ich habe die Welt besiegt« (Joh 16,33).

»Denn alles, was von Gott stammt, besiegt die Welt. Und das ist der Sieg, der die Welt besiegt hat: unser Glaube. Wer sonst besiegt die Welt, außer dem, der glaubt, daß Jesus der Sohn Gottes ist?« (1 Joh 5,4-5).

Gegen die Ichbezogenheit

»Ich sehe aber ein anderes Gesetz in meinen Gliedern, das mit dem Gesetz meiner Vernunft im Streit liegt und mich gefangenhält im Gesetz der Sünde, von dem meine Glieder beherrscht werden« (Röm 7,23).

»Jeder Wettkämpfer lebt aber völlig enthaltsam; jene tun dies, um einen vergänglichen, wir aber, um einen unvergänglichen Siegeskranz zu gewinnen. Darum laufe ich nicht wie einer, der ziellos läuft, und kämpfe mit der Faust nicht wie einer, der in die Luft schlägt; vielmehr züchtige und unterwerfe ich meinen Leib, damit ich nicht anderen predige und selbst verworfen werde« (1 Kor 9,25-27).

»Damit ich mich wegen der einzigartigen Offenbarungen nicht überhebe, wurde mir ein Stachel ins Fleisch gestoßen: ein Bote Satans, der mich mit Fäusten schlagen soll, damit ich mich nicht überhebe« (2 Kor 12,7).

»Liebe Brüder, da ihr Fremde und Gäste seid in dieser Welt, ermahne ich euch: Gebt den irdischen Begierden nicht nach, die gegen die Seele kämpfen« (1 Petr 2,11).

Für die Menschen, die mir nicht wohlgesonnen sind

»Die mich ohne Grund befehden, sind stark; viele hassen mich wegen nichts« (Ps 38,20).

»Täglich stellen meine Gegner mir nach; ja, es sind viele, die mich voll Hochmut bekämpfen. An dem Tag, da ich mich fürchten muß, setze ich auf dich mein Vertrauen. Ich preise Gottes Wort. / Ich vertraue auf Gott und fürchte mich nicht. Was können Menschen mir antun?« (Ps 56,3-5).

»Sieh her: Sie lauern mir auf, Mächtige stellen mir nach. Ich aber habe keinen Frevel begangen und keine Sünde« (Ps 59,4).

Gegen den Widersacher

»Feindschaft setze ich zwischen dich und die Frau, zwischen deinen Nachwuchs und ihren Nachwuchs. Er trifft dich am Kopf, und du triffst ihn an der Ferse« (Gen 3,15).

»… damit wir nicht vom Satan überlistet werden; wir kennen seine Absichten nur zu gut« (2 Kor 2,11).

»Ordnet euch also Gott unter, leistet dem Teufel Widerstand; dann wird er vor euch fliehen. Sucht die Nähe Gottes; dann wird er sich euch nähern. Reinigt die Hände, ihr Sünder, läutert euer Herz, ihr Menschen mit zwei Seelen! Klagt und trauert und weint! Euer Lachen verwandle sich in Trauer, eure Freude in Betrübnis. Demütigt euch vor dem Herrn; dann wird er euch erhöhen« (Jak 4,7-10).

»Denn wir haben nicht gegen Menschen aus Fleisch und Blut zu kämpfen, sondern gegen die Fürsten und Gewalten, gegen die Beherrscher dieser finsteren Welt, gegen die bösen Geister des himmlischen Bereichs« (Eph 6,12).

»Seid nüchtern und wachsam! Euer Widersacher, der Teufel, geht wie ein brüllender Löwe umher und sucht, wen er verschlingen kann. Leistet ihm Widerstand in der Kraft des Glaubens! Wißt, daß eure Brüder in der ganzen Welt die gleichen Leiden ertragen müssen!« (1 Petr 5,8-9).

»Da geriet der Drache in Zorn über die Frau, und er ging fort, um Krieg zu führen mit ihren übrigen Nachkommen, die den Geboten Gottes gehorchen und an dem Zeugnis für Jesus festhalten« (Offb 12,17).

Was wir brauchen, um den guten Kampf kämpfen zu können

»Seid wachsam, steht fest im Glauben, seid mutig, seid stark!« (1 Kor 16,13).

»Laßt uns an dem unwandelbaren Bekenntnis der Hoffnung festhalten, denn er, der die Verheißung gegeben hat, ist treu« (Hebr 10,23).

»Seid wachsam, steht fest im Glauben, seid mutig, seid stark! Alles, was ihr tut, geschehe in Liebe« (1 Kor 16,13-14).

»Darum wollen wir nicht schlafen wie die anderen, sondern wach und nüchtern sein. Denn wer schläft, schläft bei Nacht, und wer sich betrinkt, betrinkt sich bei Nacht. Wir aber, die dem Tag gehören, wollen nüchtern sein und uns rüsten mit dem Panzer des Glaubens und der Liebe und mit dem Helm der Hoffnung auf das Heil« (1 Thess 5,6-8).

»Leide mit mir als guter Soldat Christi Jesu« (2 Tim 2,3).

»Das alles erdulde ich um der Auserwählten willen, damit auch sie das Heil in Christus Jesus und die ewige Herrlichkeit erlangen« (2 Tim 2,10).

»Jeder Wettkämpfer lebt aber völlig enthaltsam; jene tun dies, um einen vergänglichen, wir aber, um einen unvergänglichen Siegeskranz zu gewinnen. Darum laufe ich nicht wie einer, der ziellos läuft, und kämpfe mit der Faust nicht wie einer, der in die Luft schlägt; vielmehr züchtige und unterwerfe ich meinen Leib, damit ich nicht anderen predige und selbst verworfen werde« (1 Kor 9,25-27).

»Der Herr ist mein Licht und mein Heil: Vor wem sollte ich mich fürchten? Der Herr ist die Kraft meines Lebens: Vor wem sollte mir bangen? Dringen Frevler auf mich ein, um mich zu verschlingen, meine Bedränger und Feinde, sie müssen straucheln und fallen. Mag ein Heer mich belagern: Mein Herz wird nicht verzagen. Mag Krieg gegen mich toben: Ich bleibe dennoch voll Zuversicht« (Ps 27,1-3).

»Streite, Herr, gegen alle, die gegen mich streiten, bekämpfe alle, die mich bekämpfen! Ergreife Schild und Waffen; steh auf, um mir zu helfen! Schwing den Speer und die Lanze gegen meine Verfolger! Sag zu mir: ›Ich bin deine Hilfe‹« (Ps 35,1-3).

Gottes Verheißung von Schutz und Erlösung

»Herr, mein Gebieter, meine starke Hilfe, du beschirmst mein Haupt am Tag des Kampfes« (Ps 140,8).

»Der Herr wird mich allem Bösen entreißen, er wird mich retten und in sein himmlisches Reich führen. Ihm sei die Ehre in alle Ewigkeit. Amen« (2 Tim 4,18).

»Sie stießen mich hart, sie wollten mich stürzen; der Herr aber hat mir geholfen« (Ps 118,13).

»Denn ich bin der Herr, dein Gott, der deine rechte Hand ergreift und der zu dir sagt: Fürchte dich nicht, ich werde dir helfen. Fürchte dich nicht, du armer Wurm Jakob, du Würmlein Israel! Ich selber werde dir helfen – Spruch des Herrn. Der Heilige Israels löst dich aus« (Jes 41,13-14).

»Als wir nach Mazedonien gekommen waren, fanden wir in unserer Schwachheit keine Ruhe. Überall bedrängten uns Schwierigkeiten: von außen Widerspruch und Anfeindung, im Innern Angst und Furcht. Aber Gott, der die Niedergeschlagenen aufrichtet, hat auch uns aufgerichtet, und zwar durch die Ankunft des Titus – nicht nur durch seine Ankunft, sondern auch durch den Trost, den er bei euch erfahren hatte. Er erzählte uns von eurer Sehnsucht, eurer Klage, eurem Eifer für mich, so daß ich mich noch mehr freute« (2 Kor 7,5-7).

»Schmach und Schande kommt über alle, die sich über dich erhitzen. Die Männer, die mit dir streiten, werden zunichte und gehen zugrunde. Du wirst sie suchen, aber nicht mehr finden, die Männer, die mit dir zanken. Sie werden zunichte und finden ihr Ende, die Männer, die dich bekriegen« (Jes 41,11-12).

»Ich bin es, ja, ich, der euch tröstet. Was hast du, daß du dich fürchtest vor sterblichen Menschen, vor Menschen, die dahinschwinden wie Gras?« (Jes 51,12).

»Ihr aber, meine Kinder, seid aus Gott und habt sie besiegt; denn Er, der in euch ist, ist größer als jener, der in der Welt ist. Habt sie besiegt: gemeint sind die, die Jesus nicht auch als echten Menschen bekennen« (1 Joh 4,4).

»Er sende dir Hilfe vom Heiligtum und stehe dir bei vom Zion her« (Ps 20,3).

»Fürchte dich nicht, denn ich bin mit dir; hab keine Angst, denn ich bin dein Gott. Ich helfe dir, ja, ich mache dich stark, ja, ich halte dich mit meiner hilfreichen Rechten« (Jes 41,10).

»Er aber antwortete mir: Meine Gnade genügt dir; denn sie erweist ihre Kraft in der Schwachheit. Viel lieber also will ich mich meiner Schwachheit rühmen, damit die Kraft Christi auf mich herabkommt« (2 Kor 12,9).

»Aber der Herr stand mir zur Seite und gab mir Kraft, damit durch mich die Verkündigung vollendet wird und alle Heiden sie hören; und so wurde ich dem Rachen des Löwen entrissen« (2 Tim 4,17).

Auszüge aus dem Buch

The Secret of Guidance

von F. B. Meyer

Ich möchte einige Vorschläge darüber machen, welchen Wandel der Vater von uns erwartet und welche Werke er uns übertragen will. Die Bedeutung dieses Themas kann gar nicht übertrieben werden: so viel von unserer Kraft und unserem Frieden hängt davon ab, dies zu wissen.

Das Manna fällt nur dort vom Himmel, wo die Wolkensäule steht. Wenn wir uns genau an dem Platz befinden, an dem unser himmlischer Vater uns haben möchte, so können wir ganz sicher sein, daß er uns mit Nahrung und Gewand und allem übrigen versorgen wird. Wenn er seine Diener nach Jabesch sendet, wird er sogar den Raben befehlen, daß sie ihnen Nahrung bringen sollen.

Wieviel von unserem Wirken als Christen verlief im Sande, weil wir darauf bestanden haben, es aus eigener Kraft ins Leben zu rufen, statt uns zu versichern, was Gott tut und wo er uns haben möchte. Wir träumen vom großen Erfolg. Wir versuchen, ihn zu erzwingen, und rufen allerlei Mittel zu Hilfe, und schließlich kehren wir um, entmutigt und beschämt. Dies alles wäre nicht geschehen, wenn wir uns von vornherein unter der sicheren Führung Gottes befunden hätten. Er mag uns Prüfungen unterziehen, aber er könnte es nicht zulassen, daß wir Fehler machen.

Ganz natürlich wendet sich das Kind Gottes, das den Willen seines Vaters erkennen will, an die Heilige Schrift und belebt sein Vertrauen, indem es sich bewußt macht, wie Gott durch alle Zeiten hindurch die geleitet hat, die es gewagt haben, ihm bis zum Letzten zu vertrauen, selbst wenn sie manchmal, wie wir, verblüfft waren. Wir wissen, wie Abraham seine Heimat und seine Familie verließ, um allein Gottes Führung vertrauend durch die weglose Wüste zu ziehen in ein Land, das er nicht kannte. Wir wissen, wie die Israeliten vierzig Jahre durch die Sinaihalbinsel mit ihren Labyrinthen aus rotem Sandstein und ihrem Ödland geführt wurden. Auch als Josua in das verheißene Land einzog, war er in der Lage, mit den Problemen einer ihm unbekannten Region zurechtzukommen und große und kriegerische Völker zu überwinden, weil er zu dem blickte, der die himmlischen Heerscharen anführt, der immer zum Sieg führt. In der frühen Kirche konnten sich die Apostel selbst in den schwierigsten Fragen zurechtfinden und die verwirrendsten Probleme lösen und Prinzipien aufstellen, die die Kirche bis ans Ende der Zeiten leiten werden; dies alles war möglich, weil ihnen der Heilige Geist offenbarte, was sie tun und sagen sollten.

Gott verheißt ganz eindeutig seine Führung

»Ich unterweise dich und zeige dir den Weg, den du gehen sollst. Ich will dir raten; über dir wacht mein Auge« (Ps 32,8). Dies ist Gottes spezielle Zusage an alle, deren Übertretungen vergeben sind, deren Sünden bedeckt wurden und die den Willen Gottes schneller erkennen, als Pferd oder Maultier dem Zaumzeug folgen.

»Such ihn zu erkennen auf all deinen Wegen, dann ebnet er selbst deine Pfade« (Spr 3,6). Ein festes Wort, auf das wir uns verlassen können, wenn wir nur die vorangehenden Bedingungen erfüllen und ihm von ganzem Herzen vertrauen, statt unserem eigenen Gutdünken zu folgen.

»Der Herr wird dich immer führen« (Jes 58,11). Es wäre unmöglich, überhaupt anzunehmen, daß er uns leitet, wenn er uns nicht immer leiten würde.

»Ich bin das Licht der Welt. Wer mir nachfolgt, wird nicht in der Finsternis umhergehen, sondern wird das Licht des Lebens haben« (Joh 8,12). Der Herr verspricht, für alle treuen Seelen, auf ihrem Pilgerweg zur Stadt Gottes, das zu sein, was die Wolkensäule für das Volk Israel war auf ihrem Weg in das verheißene Land.

Dies sind nur Beispiele. Und doch mag es manchem leidgeprüften Herzen so erscheinen, als würde jedem, von dem im Wort Gottes gesprochen wird, geholfen, nur ihnen nicht. Sie haben vor verwirrenden Problemen gestanden, Auge in Auge mit den Geheimnissen des Lebens und mit der tiefen Sehnsucht zu erfahren, was sie tun sollten, doch es erschien kein Engel, um es ihnen kundzutun, und die vergitterten Türen ihres Gefängnisses öffneten sich nicht.

Manche machen ihre eigene Unwissenheit dafür verantwortlich. Sie haben das Gefühl, sie begreifen die Ziele Gottes nicht, die anderen ganz deutlich wären. Sie sind so besorgt, nichts falsch zu machen, daß sie nicht klar erkennen können, was richtig ist. »Wer ist so blind wie mein Diener oder so taub wie der Bote, den ich gesandt habe?« Ihr, die ihr erschöpft und verwirrt seid, glaubt der großen Liebe Gottes und werft euer Vertrauen darauf in dem sicheren Wissen, daß er in eure Unkenntnis hinabsteigen und sich euren Nöten annehmen wird.

Es gibt einige praktische Hinweise, die wir beachten müssen, um den Willen des Herrn zu erkennen.

1. Unsere Motive müssen rein sein

»Dein Auge gibt dem Körper Licht. Wenn dein Auge gesund ist, dann wird auch dein ganzer Körper hell sein« (Lk 11,34). Sollten wir uns in letzter Zeit in Finsternis befunden haben, dann mag dieser Bibelvers auf die Ursache hindeuten. Das Auge war nicht gesund. Der Blick war auf irgendeine Weise getrübt, das geistliche Auge hat geschielt. Dadurch wurde unser Erkennen der Hinweise auf den Willen Gottes behindert, der uns sonst so klar vor Augen gestanden hätte wie am hellen Tag.

Wenn wir durch die Gnade Gottes von den gröberen Formen der Sünde erlöst wurden, dann neigen wir dennoch weiterhin zu den subtileren Formen der Selbstsucht, auch in unseren heiligsten Stunden. Sie vergiften unsere Motive. Sie wenden den Geist von seinen heiligen Zielen ab.

Solange wir noch an den persönlichen Vorteil denken oder daran, Ansehen bei Menschen zu gewinnen, solange wir uns noch selbst erheben wollen, wird es uns unmöglich sein, Gottes Willen für uns zu erkennen. Gegen all diese Dinge müssen wir uns verschließen, wenn wir die leise Stimme Gottes hören wollen. Bitten Sie den Heiligen Geist, Ihnen gesunde Augen zu geben und den Blick Ihres Herzens auf eines allein zu richten: auf das, was den Herrn dazu bewegte und ihm die Kraft dazu gab, im Rückblick auf sein Leben auszurufen: »Ich habe dich auf Erden verherrlicht.« Dann »wird auch Ihr ganzer Körper hell sein und nichts Finsteres an sich haben, wie der helle Schein der Kerze Licht spendet.«

2. Wir müssen unseren Willen Gott ausliefern

»Mein Gericht ist gerecht, weil es mir nicht um meinen Willen geht, sondern um den Willen dessen, der mich gesandt hat« (Joh 5,30). Das ist das Geheimnis, das Jesus nicht nur lebte, sondern auch lehrte. Auf die eine oder andere Weise beharrte er darauf, daß der Schlüssel zur vollkommenen Erkenntnis in der völligen Hingabe des eigenen Willens besteht. »Wer seinen Willen tut, wird erkennen.«

Es besteht ein großer Unterschied zwischen einem ausgelöschten und einem hingegebenen Willen. Gott verlangt nicht die Zerschlagung unseres Willens; er will nur, daß wir ihm mit »Ja« antworten. Wir sollen für ihn formbar sein, wie der Weidenzweig in der Hand eines geübten Korbflechters.

Weil uns dies fehlt, vermissen wir so oft die Führung, die wir suchen. Zwischen unserem Willen und dem Willen Gottes findet ein heimlicher Kampf statt. Und wir werden nie so sein, wie wir sollen, solange wir es nicht zulassen, daß er uns nimmt und zerbricht und uns gestaltet. Wenn Sie diese Bereitschaft nicht haben, dann beten Sie, daß Sie bereit sind, sich bereit machen zu lassen. Liefern Sie sich Gottes Wirken in Ihnen aus, damit er nach seinem Wohlgefallen handelt.

3. Wir müssen nach Informationen für unseren Verstand suchen

Darin besteht gewiß der nächste Schritt. Gott hat uns die wunderbare Fähigkeit gegeben zu denken, und er wird dies nicht außer acht lassen. In seiner Gnade wird er die wunderbaren Dinge, mit denen er uns gesegnet hat, nicht außer Funktion setzen, sondern er wird sie benutzen, um seine Ziele und Gedanken mitzuteilen. Wir müssen nicht umherlaufen und unsere Freunde fragen, was wir tun sollen. Doch es kann nicht schaden, wenn wir uns die Mühe machen und alle verläßlichen Informationen zusammentragen, von denen sich die Flamme heiliger Gedanken und geweihter Ziele nährt. Wir müssen uns letztlich, so wie Gott uns unterweist, entscheiden, aber seine Stimme mag durch die Stimme des geheiligten »gesunden Menschenverstandes« und aufgrund des Materials, das wir zusammengetragen haben, zu uns gelangen. Doch meist wird Gott als Ergebnis bewußter Überlegungen zu uns reden, indem wir das Für und Wider abwägen.

Als Petrus im Gefängnis eingeschlossen war, besaß er keinerlei Möglichkeit, sich selbst zu befreien. Daher wurde ein Engel gesandt, um das zu tun, was Petrus selbst nicht tun konnte. Doch nachdem sie ein oder zwei Straßenzüge vom Gefängnis entfernt waren, verließ ihn der Engel, damit Petrus selbst über das Geschehene nachdenken konnte. Auch heute handelt Gott auf diese Weise. Er wird übernatürliche Dinge in Gang setzen, indem er ein Wunder befiehlt. Doch wenn das einfache Licht menschlichen Denkens der Situation angemessen ist, dann wird er es uns überlassen, so zu handeln, wie es die Situation erfordert.

4. Wir müssen im Gebet beständig um Wegweisung bitten

Die Psalmen sind voller ernsthafter Bitten um klare Wegweisungen: »Weise mir, Herr, deinen Weg und leite mich einen geraden Weg, um meiner Feinde willen.« Im Haus Gottes gilt, daß die Kinder Gottes um das bitten sollen, was ihnen mangelt. »Fehlt es aber einem von euch an Weisheit, dann soll er sie von Gott erbitten; Gott wird sie ihm geben, denn er gibt allen gern und macht niemand einen Vorwurf« (Jak 1,5).

In einer Zeit der Umwälzungen und der Krisen müssen wir viel Zeit im Gebet verbringen. Wir müssen nicht nur auf unseren Knien liegen, sondern auch jenes innere Gebet praktizieren, durch welches sich der Geist ständig Gott hingibt und darum bittet, daß der Herr ihm seinen Willen offenbaren möge. Der vertrauensvolle Gläubige, der sich so ins Gebet eingehüllt hat, kann Nacht für Nacht auf Deck Wache halten und sicher sein, daß der, der den Sternen ihre Bahn gibt, es nicht versäumen wird, die Seele zu leiten, die kein anderes Ziel kennt, als Gottes Willen zu tun.

5. Wir müssen darauf warten, daß sich Gottes Plan nach und nach entfaltet

Gottes Eindrücke in uns (1) und sein Wort vor unseren Augen (2) werden immer von seiner Vorsehung (3), die uns umgibt, bekräftigt, und wir sollten ruhig abwarten, bis diese drei Lichter sich in einem Punkt konzentrieren. Manchmal sieht es so aus, als müßten wir handeln. Jeder sagt, wir sollten etwas unternehmen. Und es mag wirklich so scheinen, als seien die Dinge so festgefahren, daß wir irgend etwas tun müßten. Hinter uns die Ägypter, rechts und links unzugängliche Gebiete, und vor uns das Meer. Es fällt in solchen Situationen nicht leicht, auf Gottes Rettung zu warten; doch genau das müssen wir tun. Als Saul sich genötigt sah, etwas zu unternehmen und das Opfer darbrachte, weil er dachte, Samuel würde zu spät eintreffen, beging er den größten Fehler seines Lebens.

Gott mag nicht sofort in Gestalt seiner Vorsehung für uns erscheinen. Der Augenblick, als endlich Sanheribs Heer wie totes Laub vor der heiligen Stadt lag, hatte lange auf sich warten lassen. Es hatte gedauert, bis endlich Jesus am Morgen auf dem Wasser zu seinen Jüngern kam; ebenso wie er wartete, bevor er Lazarus von den Toten auferweckte. Er wartet lange genug, um unsere Geduld im Glauben auf die Probe zu stellen, doch er wird in höchster Not keinen Augenblick zu lange ausbleiben. Es ist äußerst bemerkenswert, wie Gott uns durch äußere Umstände führt. Im einen Augenblick scheint uns der Weg verstellt, und dann tritt irgendein unwichtiger Umstand ein, der einem Beobachter nicht viel bedeuten mag, der jedoch unsere Seele ermutigt auszuharren, bis Gott das Nötige gibt. Wir sollten die Sanftmut, mit der er uns leitet, kultivieren und unseren Verstand schärfen, damit wir die kleinsten Zeichen seines Willens erkennen mögen.

Laßt uns gegürtet und mit der Lampe in der Hand bereitstehen, damit wir umgehend ihm gehorchen können. Solche Diener sind gesegnet, und ihnen wird der rechte Weg gezeigt werden, damit sie die goldene Stadt der Heiligen erreichen.

Gebet der Umkehr vom kirchlichen Strukturdenken

(Church of the Resurrection of Illinois)

Leiter: »Herr Jesus Christus, wir treten mit Lob und Dank vor dich. Komm, Heiliger Geist, und höre das Gebet deines Volkes. Gütiger Vater, wir bitten für deine Kirche. Erfülle sie mit Wahrheit. Wo sie korrupt ist, reinige sie; wo sie sich im Irrtum befindet, leite sie; wo sie auf falschen Wege ist, reformiere du sie; wo sie Mangel hat, sorge für sie; wo sie geteilt ist, führe sie wieder zusammen; wo sie das Rechte tut, stärke sie, um deines Sohnes Jesu Christi, unseres Heilandes willen. Amen.«

Leiter: »Wir bekennen dir die Schuld unserer Welt, unserer Kultur und der Kirche:«

Alle: »Öffne unsere Herzen, oh Herr, daß wir unsere Sünden wahrhaftig und demütig bekennen.«

Leiter: »Wir bekennen unsere Arroganz und Rebellion, daß wir uns von dir abgewandt haben:«

Alle: »Herr, wir bekennen dies als unsere Schuld, und wir bitten um deine Barmherzigkeit.«

Leiter: »Wir haben deine Gnade nicht geachtet, die du in deinem Sohn, Jesus Christus, offenbart hast:«

Alle: »Herr, wir bekennen dies als unsere Schuld, und wir bitten um deine Barmherzigkeit.«

Leiter: »Wir haben dein Wort nicht verkündigt und deine Botschaft nicht zu den Enden der Erde getragen:«

Alle: »Herr, wir bekennen dies als unsere Schuld, und wir bitten um deine Barmherzigkeit.«

Leiter: »Voller Stolz haben wir die Wahrheit abgelehnt, die du uns in deinem Wort offenbart hast:«

Alle: »Herr, wir bekennen dies als unsere Schuld, und wir bitten um deine Barmherzigkeit.«

Leiter: »Wir haben die Armen unterdrückt und unseren Nächsten nicht geliebt:«

Alle:	»Herr, wir bekennen dies als unsere Schuld, und wir bitten um deine Barmherzigkeit.«
Leiter:	»Wir haben das Leben der Armen, der Unschuldigen und der Ungeborenen nicht geschützt:«
Alle:	»Herr, wir bekennen dies als unsere Schuld, und wir bitten um deine Barmherzigkeit.«
Leiter:	»Wir haben deine Schöpfung mißbraucht und ausgebeutet:«
Alle:	»Herr, wir bekennen dies als unsere Schuld, und wir bitten um deine Barmherzigkeit.«
Leiter:	»Wir haben in unserem Materialismus das Geschaffene angebetet, statt dich, den Schöpfer, anzubeten:«
Alle:	»Herr, wir bekennen dies als unsere Schuld, und wir bitten um deine Barmherzigkeit.«
Leiter:	»Wir haben Götzen angebetet, indem wir versucht haben, unsere Nöte durch Sucht, Vergnügen und Maßlosigkeit zu stillen:«
Alle:	»Herr, wir bekennen dies als unsere Schuld, und wir bitten um deine Barmherzigkeit.«
Leiter:	»Wir haben versucht, die Sünde zu rechtfertigen, indem wir den heiligen Gott mit unheiligen Götzen vermischt haben:«
Alle:	»Herr, wir bekennen dies als unsere Schuld, und wir bitten um deine Barmherzigkeit.«
Leiter:	»Wir haben sexuelle Freizügigkeit, Ehebruch und homosexuelles Verhalten toleriert:«
Alle:	»Herr, wir bekennen dies als unsere Schuld, und wir bitten um deine Barmherzigkeit.«
Leiter:	»Wir haben zuwenig Glauben gehabt und haben deine Güte, deine Barmherzigkeit und deine heilende Kraft den Menschen nicht verkündet:«
Alle:	»Herr, wir bekennen dies als unsere Schuld, und wir bitten um deine Barmherzigkeit.«
Leiter:	»Wir haben anderen nicht vergeben, obwohl du uns vergeben hast:«
Alle:	»Herr, wir bekennen dies als unsere Schuld, und wir bitten um deine Barmherzigkeit.«
Leiter:	»Wir bitten dich um die Vergebung unserer Schuld.«

(Stille)

Alle:	»Wir beugen uns vor dir und bekennen unsere Schuld und Verantwortung. Um des Blutes Jesus Christus willen, deinem Sohn, bitten wir dich, gieße deine Gnade und Vergebung über uns

aus, daß wir uns an deinem Willen erfreuen mögen und in deinen Wegen wandeln mögen zur Ehre deines Namens. Amen.«

Pfarrer: »Der allmächtige Gott erbarme sich unser. Er vergibt uns all unsere Schuld im Namen unseres Herrn, Jesus Christus. Er reinigt uns in seiner Gnade. Er gibt uns die Kraft, ihm zu gehorchen, und er erhält uns zum ewigen Leben durch den Heiligen Geist, der in euch wohnt. Amen.«

Leiter: »Wir beten für die Kirche Jesu Christi hier und auf der ganzen Welt. Schenke ihr eine erneuerte Vision von der Heiligkeit Gottes:«

Alle: »Damit deine Kirche am letzten Tag rein und unbefleckt sein möge.«

Leiter: »Wir bitten für die Einheit deines Leibes:«

Alle: »Möge deine Liebe in der Welt sichtbar werden.«

Leiter: »Wir bitten, daß du mutige Männer und Frauen rufst, die demütige Zeugen Jesu Christi sein mögen:«

Alle: »Möge sich dein Reich überall auf dieser Welt ausbreiten.«

Leiter: »Wir bitten um die Kraft, den Menschen zu verkündigen, daß allein im Kreuz Jesu die Erlösung ist:«

Alle: »Mögen alle Nationen mit Gott versöhnt werden.«

Leiter: »Wir bitten für die Bekehrung deiner ›Feinde‹, oh Herr:«

Alle: »Mögen jene, die dich hassen, anbetend vor deinem Thron niederfallen.«

Leiter: »Wir bitten, daß die Frucht deines Heiligen Geistes in dieser Gemeinde sichtbar wird:«

Alle: »Verwandle uns in den Leib Christi.«

Leiter: »Wir erheben dich, Gott, unser König.«

Alle: »Und preisen deinen heiligen Namen ewiglich.«

ANMERKUNGEN

Einleitung

1   Für weitere Informationen über den tiefen Graben zwischen den eher rationalen Erkenntniswegen und den eher intuitiven verweise ich auf mein Buch *Heilende Gegenwart. Heilung der Zerbrochenen durch Gottes Liebe.* Neukirchen-Vluyn, 1994; insbesondere die Kapitel 10 und 11.

Kapitel 1

1   Mutter Basilea (Klara) Schlink. *Er redet noch.* Darmstadt, 1976. S. 265.

Kapitel 2

1   Das Bibelstudium als solches besitzt einen großen Stellenwert als eine Zeit, in der wir uns mit all unseren intellektuellen Fähigkeiten darum bemühen zu verstehen, was die Schrift uns lehrt. Bei dieser Tätigkeit beten wir nicht über der Schrift, sondern wir machen uns an die wichtige Arbeit, uns eine gesunde Lehre anzueignen, die uns hilft, die Unterschiede zwischen der jüdisch-christlichen Wirklichkeit und den heutigen materialistischen und gnostischen (heidnischen) Weltanschauungen, die ersteren entgegenstehen, zu erkennen. Je kundiger wir in einer fest in der Schrift verwurzelten Lehre sind, um so besser verstehen wir die Bibel selbst und um so besser können wir durch die Schrift auf Gott hören.
2   John Gaynor Banks. *The Master and the Disciple.* St. Paul, Minnesota, 1954, S. 94 (15. Juli).
3   ebd., S. 149 (9. Dezember).

Kapitel 3

1   F. B. Meyer. *Our Daily Walk.* Grand Rapids, Michigan, 1961, S. 381.
2   Samuel J. Mikolaski (Hsg.). *The Creative Theology of P. T. Forsyth.* Grand Rapids, Michigan, 1969, S. 55-56.
3   C. S. Lewis. *Wunder: möglich – wahrscheinlich – undenkbar?* Basel, Gießen, Brunnen Verlag 1991, S. 129.
4   Banks, S. 22.
5   Lewis. *Wunder: möglich – wahrscheinlich – undenkbar?* Basel, Gießen, Brunnen Verlag 1991, S. 133.

6   vgl. mein Buch *Real Presence: The Christian Worldview of C. S. Lewis as Incarnational Reality*. Wheaton, Illinois, 1988.
    »Praise My Soul the King of Heaven«; in: The Hymnal 1940. New York, 1940, S. 282.

8   Dallas Willard. *Be Imitators of Christ*, Institute of Clinical Theology, 29-30 Mai, 1992, Regent University, Virginia Beach, Virginia.

9   ebd.

10 vgl. Sach 12,10; Röm 8,15; Gal 4,6.

11 Dies ist nur ein weiteres Beispiel dafür, daß jede okkulte Manifestation des Übernatürlichen nur eine grobe dämonische Imitation echter Manifestationen des Übernatürlichen ist.

12 vgl. Jes 61,3.10.

13 Näheres vgl. *Heilende Gegenwart*, S. 98ff.; Real Presence, Kapitel 8.

14 Elizabeth Goudge. *Der Vogel im Baum*, Freiburg, 1969, S. 269.

15 C. S. Lewis. *Pardon, ich bin Christ*, Basel, Gießen, Brunnen Verlag 1995, S. 121.

16 Nach dem *Evangelical Dictionary of Theology* (Walter L. Elwell [Hsg.], Grand Rapids, Michigan, 1984, S. 57-58) kommt das Wort »Antinomismus« von den griechischen Wörtern *anti* (»gegen«) und *nomos* (»Gesetz«) und bezeichnet die Lehre, die besagt, daß ein Christ die Moralgesetze des Alten Testamentes nicht predigen und/oder befolgen muß. Die Verfasser des Neuen Testamentes befaßten sich mit verschiedenen gnostischen Formen dieser häretischen Lehre.

17 John A. Mackay. *Christian Reality and Appearance*. Richmond, Virginia, 1969, S. 13.

18 Zitiert in *The Character Dimensions of Leadership*. Burke, Virginia, 1993, S. vii.

Kapitel 4

1   Donald G. Bloesch; in: Walter A. Elwell (Hsg.). *The Evangelical Dictionary of Theology*. Grand Rapids, Michigan, 1986, S. 867.

2   Agnes Sanford war eine großartige Frau des Gebetes, und ihre Bücher enthalten viel Grundsätzliches über das Gebet. Die Kapitel 14 und 15 ihres Buches *Heilendes Licht* (Claren/Stier, 1978) sind ein hervorragender Beitrag zum Thema der weltweiten Fürbitte.

3   *The Best of A. W. Tozer*. Grand Rapids, Michigan, 1978, S. 37.

4   Weitere Informationen zu diesem Thema finden Sie in *Heilende Gegenwart*, Kapitel 12 »Selbstbespiegelung oder wahre Imagination«; Real Presence, S. 66-74.

5   Vgl. Dallas Willard. *The Spirit of the Disciples*. San Francisco, 1988.

6   Einen exzellenten Überblick über die Notwendigkeit von Askese und darüber, wann diese im Leben des Christen ihren Platz hat, sowie zum Verständnis darüber, wie es überhaupt dazu kam, daß dieser wichtige Gedanke verlorenging, liefert Dr. Willard im Kapitel 7 seines Buches (a.a.O.).

7   Näheres vgl. *Heilende Gegenwart*, S. 187-195.

8   Näheres zum Thema der Substitution vgl. »Menschgewordene Realität – Der Schlüssel zum Tragen des Kreuzes«, Kapitel 13 von *Heilende Gegenwart*; die Seiten 187-195 befassen sich ganz besonders mit dem Thema der fälschlichen

Substitution. Das Thema wird in den Kontext der Substitution Jesu für uns gesetzt; außerdem geht es um die Frage, was christliches Leiden eigentlich ist.

9 *New International Version Study Bible.* Grand Rapids, Michigan, 1985, S. 12.

10 Selbst wo es einen dämonischen Befall gibt, werden diese Mächte durch diese Art zu »beten« meist nicht vertrieben, oder sie kehren zurück, weil man sich nicht angemessen mit der Sünde oder Verletzung befaßt hat. Wir müssen lernen, die Gegenwart des Dämonischen zu erkennen (durch die echte Gabe der Unterscheidung der Geister), und wir müssen lernen, wie wir handeln sollen. Die dämonische Macht hält das Licht nicht aus und muß unserem Befehl folgen und fliehen. Gott beantwortet in seiner Gnade allerlei »auf Fehlinformationen beruhendes« Gebet, doch als Christen sind wir zur Weisheit berufen und dazu, die Seele des Menschen zu verstehen.

11 C. S. Lewis. *Dienstanweisungen für einen Unterteufel.* Freiburg, 1992, S. 7.

12 eine von E. W. Kenyon stammende Theologie.

13 Ich kenne Menschen und habe ihnen auch gedient, die ganze Mythologien über böse Mächte erfunden haben. Diese entstanden daraus, daß diese Menschen auf die dämonischen Kräfte gehört haben, auf die sie sich zu fixieren gelernt hatten. Sie glaubten daher jedem bösen Aberglauben und jeder dämonischen Furcht. Manche, die auf diese Weise verführt worden waren, befaßten sich schließlich mit einer Art »christianisierter« Zauberei. Alles und jeder, den sie nicht kontrollieren konnten, wurde schließlich als dämonisch und als »Hexerei« benannt, und um die Unglücklichen, die zum Opfer dieser Menschen wurden, wurde ein dämonischer Mythos gesponnen. Solchermaßen in die Irre geführte Menschen können zu »Amateur-Sektenjägern« werden, die wahre Diener Gottes als von »Dämonen befähigte Leute« brandmarken. Diese Verleumdung von Dienern Gottes gehört immer zu den zerstörerischsten Verleumdungen überhaupt.

14 Donald Coggin. *The Prayers of the New Testament.* London, 1967, S. 19.

15 F. B. Meyer. *Our Daily Walk,* S. 296 (1. Oktober); vgl. auch Eph 3,17-19.

Kapitel 5

1 Donald G. Bloesch; in: Walter A. Elwell (Hsg.), S. 867.

2 ebd.

3 ebd.

4 Banks, S. 5.

5 Meyer, *Our Daily Walk.* 28. Mai.

6 ebd., 16. Mai.

7 Ich nenne es sowohl Defekt als auch Sünde, weil sich diese Schwäche bei mir schon sehr früh zeigte. Als ich neun Monate alt war, mußte mein Vater ein Gitter über meine Wiege (die die üblichen hohen Wände besaß) bauen, um mich am Herausklettern zu hindern, und mit achtzehn Monaten schaffte ich es, einer Büroangestellten zu entwischen, die auf mich aufpaßte, während meine Mutter unsere Versicherung bezahlte, worauf ich umgehend aus dem Fenster des fünften Stocks und auf die Feuerleiter des Gebäudes kletterte. Diese merkwürdige Art von Frühreife, welche die natürliche Vorsicht in jeder Phase meiner Entwicklung überwand, schien daher nicht nur ein Fehlverhalten zu sein, sondern etwas, gegen das

ich erbbedingt anfällig war. Mein Vater hatte unter denselben Merkmalen gelitten, und wir können diese Dinge bis in die Generation seiner Eltern zurückverfolgen.
8 F. B. Meyer. *The Secret of Guidance*. Minneapolis, 1978, S. 15; im Anhang B des vorliegenden Buches finden Sie eine ausführlichere Ausführung.
9 Elizabeth Goudge. *Das Erbe der Miß Lindsay*. Freiburg, 1964, S. 9-10; [Änderung des Zitates gemäß dem englischen Original].
10 Dies ist so wichtig, daß ich dieser Frage ein ganzes Kapitel meines Buches *Restoring the Christian Soul Through Healing Prayer*. Wheaton, Illinois, 1991, (Kapitel 9) gewidmet habe.
11 Empfohlene Lektüre: F. B. Meyer. *Meet for the Master's Use*; die Kapitel 5 und 6 über das Empfangen aus der Hand Gottes.
12 vgl.»Schöpferische Kraft«, Kapitel 5 von *Heilende Gegenwart*.
13 Wer in der Vergangenheit seine Vorstellungskraft durch okkulte Praktiken mißbraucht hat oder wer schlimmen Mißbrauch durch einen anderen Menschen erfahren hat, so daß seine Vorstellungen von Angst und von unterdrückten und verzerrten Bildern beherrscht werden, braucht Heilung und oft auch eine Freisetzung der Fähigkeit, in Bildern zu denken. Dies muß geschehen, bevor es solchen Menschen möglich wird, richtig zu beten und echte Eindrücke vom Herrn zu empfangen. Die Antwort besteht also nicht darin, die Fähigkeit zum intuitiven wie auch bewußten, intellektuellen Denken zu unterdrücken und zu leugnen, sondern das Denken zu läutern, damit das, was von Gott kommt, empfangen werden kann und auf diese Weise das, was abwegig ist, wie die Ichbezogenheit oder gar Dämonisches, erkannt werden kann.

Kapitel 6

1 Vgl. Stichwort *temptation* in Walter L. Elwell, S. 1072; Hervorhebung durch den Autor.
2 Oswald Chambers. *Mein Äußerstes für sein Höchstes*. Bern, 1981, S. 110 (19. April).
3 Vgl. *Heilende Gegenwart,* Kapitel 13, »Menschgewordene Realität – Der Schlüssel zum Tragen des Kreuzes«.
4 *New International Version Study Bible*, Anmerkung zu 1 Petr 1,5.
5 Dan B. Allender / Tremper Longman. *Bold Love*. Colorado Springs, 1992, S. 243.
6 Beispiele über die Vergebung dessen, was nicht vergeben werden kann, vgl. *Restoring the Christian Soul,* Kapitel 7.
7 Näheres hierzu vgl. *Restoring the Christian Soul*, die Kapitel 7 und 10.
8 Allender / Longman, S. 243.
9 M. Scott Peck. *Die Lügner. Eine Psychologie des Bösen – und die Hoffnung auf Heilung*. München, 1990. Vgl. Fußnote S. 82: »Da das primäre Motiv des Bösen das Verstecken ist, ist einer der Orte, an dem böse Menschen vermutlich zu finden sind, die Kirche. Welch bessere Möglichkeit gibt es, die eigene Bosheit vor sich und zugleich vor anderen zu verbergen, als Diakon zu sein oder irgendeine andere deutlich sichtbare Form des Christseins anzunehmen – zumindest in unserer Gesellschaft?«
10 ebd. S. 65f.

11 ebd. S. 73f.; ihre Hervorhebung.
12 ebd. S. 76.
13 ebd. S. 77.
14 ebd. S. 63.
15 ebd. S. 79; [Der in eckige Klammern gestellte Teil des Zitates wurde nach dem englischen Originalzitat übersetzt, da die Quellenangabe inkorrekt war; Anm. d. Übers.]
16 ebd. S. 79.
17 ebd. S. 79, 80.
18 ebd. S. 198.
19 Vgl. Mario Bergner. *Umkehr der Liebe*. Projektion J Buch- und Musikverlag GmbH, 1995. Ich empfehle außerdem Kapitel 10 aus Allender / Longman sowie M. Scott Peck.
20 Chambers. *Mein Äußerstes für sein Höchstes*, S. 196 (14. Juli); Text in eckigen Klammern wurde dem deutschen Zitat nach dem englischen Original zugefügt, da er in der deutschen Übersetzung fehlte (Anmerk. d. Übersetzers).
21 Donald Bloesch. *Crumbling Foundations*. Grand Rapids, Michigan, 1984, S. 125.
22 ebd.
23 C. S. Lewis. *Über den Schmerz*. München, 1978, S. 48.
24 William Barclay. *Matthäusevangelium 2*. Neukirchen-Vluyn, 41989, S. 104.

Kapitel 8

1 Vgl. Kapitel 5 von *Heilende Gegenwart*.
2 Thomas Smail. *Der vergessene Vater*. Hamburg, 1989, S. 29.
3 ebd.
4 Chambers. *Mein Äußerstes für sein Höchstes*, S. 358 (23. Dezember).
5 Smail, S. 152.
6 C. S. Lewis. *Pardon, ich bin Christ*, Basel, Gießen, Brunnen Verlag 1995, S. 156f.
7 C. S. Lewis. *Über den Schmerz.*, Basel, Gießen, Brunnen 1978, S. 154.
8 Vgl. meine beiden Bücher *The Broken Image* (Wheaton, 1981) und *Heilende Gegenwart*.
9 C. S. Lewis. *Gott auf der Anklagebank*. Basel, 1981, S. 67.
10 C. S. Lewis. *Über den Schmerz.*, Basel, Gießen, Brunnen 1978, im englischen Text S 89.
11 Smail, S. 119; Hervorhebung durch den Autor.
12 ebd., S. 152.
13 ebd., S. 119.

Kapitel 9

1 Näheres vgl. mein Buch Heilende Gegenwart; insbesondere die Kapitel 7 und 10. Für ein klares Verständnis über Descartes und seinen Dualismus, der mit der Trennung des Verstandes von Seele und Körper endete, vgl. William Barret. Death of the Soul: From Descartes to the Computer. Garden City, New York, 1987.

2   Hunt stellte zwei Originale her; eines befindet sich in der »St. Pauls Kathedrale« in London, das andere im »Keble College« in Oxford.

3   Der Zustand einer geteilten Selbstwahrnehmung, bei der man sich selbst analytisch betrachtet.

4   C. S. Lewis. *Überrascht von der Freude.* Lüdenscheidt, 1982, S. 62.

5   ebd.

6   ebd., vgl. S. 64.

7   Beachten Sie, wie sich dies von der »aktiven Imagination« bei Jung unterscheidet.

8   Wir fragen den Betreffenden immer, was gezeigt wird; wir suggerieren niemals, was durch den Heiligen Geist im Herzen eines anderen Menschen geschieht.

9   Chambers. *Mein Äußerstes für sein Höchstes,* S. 126 (5. Mai).

10   Ich empfehle Reuben A. Torrey. *Der Heilige Geist.* Aßlar, 1966. Ein dünnes aber feines Buch.

11   Näheres vgl. Röm 6,4-7 sowie das Kapitel 10 von *Restoring the Christian Soul through Healing Prayer,* insbesondere S. 154-155.

12   Chambers. *Mein Äußerstes für sein Höchstes,* S. 18 (18. Januar).

13   Zitiert in Chambers. *The Best from All His Books.* Band 1. Nashville, 1987, S. 382.

14   ebd., S. 381.

15   C. S. Lewis, *Gott auf der Anklagebank.* [Das Zitat wurde nach dem englischen Original übersetzt; Anm. d. Übers.].

16   P. T. Forsyth. *The Justification of God.* London, 1948, S. 117.

17   vgl. Chambers. *Mein Äußerstes für sein Höchstes,* S. 220 (7. August).

18   Chambers. *Prayer: A Holy Occupation.* Grand Rapids, Michigan, 1992, S. 11.

19   Chambers. *Mein Äußerstes für sein Höchstes,* S. 220 (7. August).

Kapitel 10

1   Henri M. Nouwen. *Silence, the Portable Cell,* Sojourners, July 1980, S. 22.

2   vgl. Stichwort *Spiritual Gifts* in Walter A. Elwell (Hrsg.).

3   William Barclay. »Brief an die Galater« / »Brief an die Epheser«. Neukirchen-Vluyn, 41978, S. 132.

4   C. S. Lewis. *Über die Trauer.* Hameln, 1992, S. 101.

5   vgl. Dallas Willard. *In Search of Guidance.* San Francisco, 1993, S. 51f.

6   C. S. Lewis. *Du fragst mich, wie ich bete. Briefe an Malcolm.* Einsiedeln, 1976, S. 60.

7   Zitiert in Willard, S. 16f.

8   Lewis. *Du fragst mich, wie ich bete.* S. 59.

9   Willard, S. 2.

10   ebd., S. 3.

11   Payne L. *Real Presence,* S. 131-132; Zitate aus »The Oxford Dictionary, compact edition«, unter dem Stichwort *imagination.*

12   Vgl. C. S. Lewis. »Dogma and the Universe« in *God in the Dock* (dt. Gott auf der Anklagebank).

13   Chambers. *Mein Äußerstes für sein Höchstes,* S. 42 (11. Februar).

14   ebd. S. 41 (10. Februar).

Kapitel 11

1   Walter Hooper (Hsg). *Letters of C. S. Lewis to Arthur Greeves*, (1914-1963). New York, 1979, S. 197 (21. Dezember, 1941).
2   ebd., S. 477 (19. Dezember, 1935).
3   Chambers. *Mein Äußerstes für sein Höchstes*, S. 7 (7. Januar).
4   C. S. Lewis. *Was man Liebe nennt. Zuneigung, Freundschaft, Eros, Agape.* Gießen, 1990, S. 69.
5   Es gibt natürlich unmoralische Freundschaften, gegründet auf gemeinsamen Interessen, die bei weitem nicht edel, gut oder heilig sind.
6   Lewis. *Was man Liebe nennt*, S. 58.
7   vgl. mein Buch *Restoring the Christian Soul through Healing Prayer.*
8   Chambers. *Mein Äußerstes für sein Höchstes*, S. 7 (7. Januar).
9   ebd.
10 Mehr zu diesem Thema vgl. Kapitel 4 von *Heilende Gegenwart*, »Getrennt von Gottes Gegenwart. Der Fall – aus dem Gottesbewußtsein ins Ichbewußtsein«.
11 Chambers. *Mein Äußerstes für sein Höchstes*, S. 84 (24. März).
12 Vgl. die Abschnitte zur Leugnung des Bösen bei den eigenen Eltern in Mario Bergners Buch *Umkehr der Liebe*, Projektion J Buch- und Musikverlag GmbH 1995; vgl. auch Allender / Longman (a. a. O.).
13 Näheres im Kapitel 10 von Allender Longman (a. a. O.).
14 Dies ist in einem Zeitalter und in einer Kultur, in der die Anerkennung eines starken, guten, väterlichen Mannes mit Integrität keinen Platz mehr hat, extrem schwierig. Daher gibt es auch keine Möglichkeiten, Männer in ihren Pflichten als Ehemänner und Väter zu bestätigen.
15 Smail, S. 44f.

Kapitel 12

1   Smail, S. 22f.
2   Näheres vgl. *Heilende Gegenwart*, S. 90-98.
3   Es war so gewaltig, daß ich nur wenigen Menschen davon erzählte, denn ich wußte bereits damals, daß es aus mehreren Gründen falsch gewesen wäre, dies zu tun: man hätte es nicht geglaubt oder verstanden, und so hätte es nicht der Verherrlichung Gottes gedient. Meine Freude hätte abgenommen – ich mußte dies vor Gott in meinem Herzen bewahren – in der Vorbereitung auf das, was er tun wollte.
4   Dr. Jeffrey Satinovers Buch über Träume erscheint demnächst auf Englisch (Hamewith Books); vgl. auch den Anhang »Listening to Our Dreams« in *The Broken Image.*
5   F. B. Meyer. *The Secret of Guidance.* S. 15.
6   Ich denke, was das glaubensvolle Gebet angeht, so wurde der Einfluß, den Meyer auf mich hatte, nur von dem meiner Mutter übertroffen.
7   Vgl. die ausgezeichnete Abhandlung über F. B. Meyers »Three Lights« von Dallas Willard: *In Serach of Guidance* (a. a. O.).

Kapitel 13

1 C. S. Lewis. *Über den Schmerz*. S. 66.
2 Willard, S. 24.
3 Chambers. *Mein Äußerstes für sein Höchstes*, S. 45 (14. Februar).
4 ebd.
5 ebd.
6 Chambers. *Mein Äußerstes für sein Höchstes*, 12. Dezember, Seite 347.
7 F. B. Meyer. *Our Daily Walk*, 2. Januar.
8 Thomas von Kempen. *Nachfolge Christi*. Frankfurt/M., 1957, S. 41,42-43.
9 Chambers. *Mein Äußerstes für sein Höchstes*, S. 6 (6. Januar).
10 Thomas von Kempen, S. 41.

Kapitel 14

1 Chambers. *Mein Äußerstes für sein Höchstes*, S. 76 (16. März).
2 Lewis. *Du fragst mich, wie ich bete*. S. 91; das »möchte« in diesem Zitat ist als ein »möge es so sein, daß« zu verstehen [Anmerk. d. Übersetzers]
3 Charlotte M. Mason. *Parents and Children*. Band 2. Wheaton, Illinois, 1989, S. 194.
4 Heute wird dies häufig vernommen als das Weibliche, der »Künstler«, »Homosexuelle« oder die »Hautfarbe«, die sich allesamt beklagen und vernachlässigt wurden.
5 Mason, S. 202.
6 vgl. Eric Pollards Bericht über die faschistischen Aktivitäten der bekannten Homosexuellenorganisation ACT-UP in: »Time to Give up Fascist Tactics«, Washington Blade, 31. Januar 1992, S. 39.

Kapitel 15

1 Samuel J. Mikolaski (Hsg). *The Creative Theology of P. T. Forsyth*. Grand Rapids, Michigan, 1969, S. 55f.
2 Näheres vgl. Kapitel 14 von *Heilende Gegenwart*, »Falschen Göttern entsagen und den Heiligen annehmen«.
3 Weitere Informationen hierzu vgl. Jeffrey Satinovers Vortrag über den Gnostizismus, der inzwischen als *The Empty Self: The Gnostic Foundations of Modern Identity* (Boone, North Carolina, 1994) erhältlich ist.
4 C. S. Lewis. *A Preface to Paradise Lost*. London, 1969.
5 John A. Mackay. *Christian Reality and Appearance*. Richmond, Virginia, 1969, S. 23
6 ebd.
7 ebd., S. 26-28.
8 ebd., S. 31f.
9 Allender/Longman, S. 233.

10 M. Scott Peck. *Die Lügner*. S. 79, 80; diese Beschreibung trifft besonders auf die zuvor genannten »Sektenjäger« zu.

11 Mark Jefferson. »What is Wrong with Sentimentality?« in Robert B. Kruschwitz / Robert C. Roberts (Hsg). *The Virtues: Contemporary Essays on Moral Character*. Belmont, Kalifornien, 1987, S. 189f; Hervorhebung durch den Autor.

12 ebd., S. 193.

13 Chambers. *Mein Äußerstes für sein Höchstes*, S. 337 (2. Dezember).

14 Eine »vermännlichte« Kirche, wie wir sie heute haben, eine Kirche, die vom wirklich Weiblichen (das das Wirkliche intuitiv erkennen und sich vor ihm verneigen kann, um wie Maria zu sagen: »Mir geschehe, wie du es gesagt hast.«) abgetrennt ist, ist eine Kirche, die sich notwendigerweise durch Abstraktion und Aktivismus fortentwickelt. Dies bedeutet, daß sie entweder zu Kontrolle und Gesetzlichkeit neigen wird oder zur hedonistischen und häretischen »Weisheit« und Erkenntnis dieser Welt. Dies steht im Gegensatz zu der Haltung, mit Gott und damit auch mit seinen Wesensmerkmalen »schwanger zu gehen«, die da sind Wahrheit, Güte, Heiligkeit und so weiter. Das wirklich Männliche (die Kraft zur Initiative, zum Handeln) muß sich mit dem wirklich Weiblichen (der Kraft, umgehend und im Gehorsam Gott zu antworten) in einem Kontinuum befinden. Dann wird das Sein selbst bestätigt – wir finden die Kraft zu sein. Dann folgt unser Tun aus unserem Sein, einem Sein, das voller Sinn ist, weil es sich in einer Haltung des hörenden Gehorsams befindet – in der Einheit mit Gott.

15 Peter Kreeft. *Back to Virtue*. San Francisco, 1992, S. 172.

Schluß

1 Aufgenommen von »Integrity-Hosanna Music«: *Firm Foundations* © 1989 Connie Boerner Music, Jabez Productions. Alle Rechte vorbehalten. Abdruck erfolgt mit Genehmigung.

2 Aus dem Kirchenlied Veni Creator.

3 vgl. Torrey (a. a. O.).

4 ebd., S. 52f.

5 Walter A. Elwell (Hsg), S. 122. Neben Torreys Werk (a. a. O.) empfehle ich Thomas A. Smail *Reflected Glory*. (Grand Rapids, Michigan, 1976.

6 »The Tree of Life« von Pécselyi Kiràly Imre, 1961, paraphrasiert von Erik Routley, 1974. Textparaphrase © 1976 Hinshaw Music, Inc. Abdruck erfolgt mit Genehmigung.

Wege zu einer geheilten Sexualität

Immer wieder begegnet die Autorin in ihrer eigenen Seelsorgepraxis Menschen, die auf Grund von Missbrauchserfahrungen Probleme mit ihrer sexuellen Identität haben. Vor allem Menschen mit homosexuellen Neigungen suchen ihren Rat. Unter Berücksichtigung klinischer, psychologischer und theologischer Erkenntnisse erzählt Leanne Payne die Lebensgeschichte von Menschen, die Gott von ihrer sexuellen Not befreit hat. Ihr Buch ist ein Plädoyer für die heilende Kraft des Gebets und zeigt einfühlsam und konkret, wie Christen für Betroffene beten und sie auf dem Weg zu einer ganzheitlichen Identität begleiten können.

Leanne Payne
Du kannst heil werden
Paperback, 200 Seiten
Bestell-Nr. 657 195